普通高等院校实践教育教材

大学生社会实践选题指导

王　鹂　主　编

于林民　副主编

北　京

冶金工业出版社

2022

内 容 提 要

　　社会实践选题是学生实践中的重要环节。本书聚焦于讲解社会实践选题的思路和方向，帮助学生掌握社会实践选题的方法及评价标准，理解选题在社会实践活动中的重要性。在框架内容方面，本书涉及爱国敬党、乡村振兴、文化繁荣、环境保护、公益服务、科技创新、港澳台交流、职业发展、区域发展九大重点选题篇章，并分解细化为"选题解读""典型案例""拓展阅读"三个层次，使整体布局具备思想性、逻辑性和科学性。在案例选择方面，本书以北京科技大学的代表性案例为主，同时广泛汲取其他院校的社会实践选题经验，拓展学生选题视野与思路。

　　本书可作为普通高等学校大学生社会实践的理论讲授教材，也可供独立学院、高职高专师生，高校的专兼职学生思想政治工作者、学生辅导员以及相关研究人员阅读参考。

图书在版编目（CIP）数据

　　大学生社会实践选题指导 / 王鹏主编. —北京：冶金工业出版社，2022.6

　　ISBN 978-7-5024-9104-8

　　Ⅰ.①大…　Ⅱ.①王…　Ⅲ.①大学生—社会实践—高等学校—教材　Ⅳ.①G642.45

　　中国版本图书馆 CIP 数据核字（2022）第 049957 号

大学生社会实践选题指导

出版发行	冶金工业出版社	电　话	（010）64027926
地　址	北京市东城区嵩祝院北巷 39 号	邮　编	100009
网　址	www.mip1953.com	电子信箱	service@mip1953.com

责任编辑　刘小峰　美术编辑　彭子赫　版式设计　郑小利
责任校对　李　娜　责任印制　禹　蕊
三河市双峰印刷装订有限公司印刷
2022 年 6 月第 1 版，2022 年 6 月第 1 次印刷
710mm×1000mm　1/16；13.5 印张；208 千字；199 页
定价 45.00 元

投稿电话　（010）64027932　投稿信箱　tougao@cnmip.com.cn
营销中心电话　（010）64044283
冶金工业出版社天猫旗舰店　yjgycbs.tmall.com
（本书如有印装质量问题，本社营销中心负责退换）

前　　言

　　大学生社会实践是青年学生认识国情、增长才干、奉献社会，促进自身全面发展的重要途径，是学生走向社会过程中与生产劳动和人民群众相结合的有效载体，是学生适应社会、承担社会责任的重要依托。高校通过组织大学生社会实践活动，促进青年学生肩负时代责任、锤炼意志品格、满足社会需要，成为中国特色社会主义事业的合格建设者和可靠接班人。

　　党和国家高度重视大学生社会实践工作。2004 年，中共中央、国务院在《关于进一步加强和改进大学生思想政治教育的意见》中指出："高等学校要把社会实践纳入学校教育教学总体规划和教学大纲。"2005 年，中宣部、教育部、团中央联合下发《关于进一步加强和改进大学生社会实践的意见》，对社会实践工作的意义、原则、形式、内容、机制、保障等一系列问题作出详细论述。2017 年中央印发《关于加强和改进新形势下高校思想政治工作的意见》，提出高校把立德树人作为人才培养的根本任务，坚持全员、全过程、全方位育人。十九大以来，习近平总书记多次对青年学生参与社会实践活动提出期望和要求，在同知识分子、劳动模范、青年代表座谈时，习近平总书记强调："要坚持知行合一，在实践中学真知、悟真谛，加强磨炼、增长本领。"习近平总书记在给第三届中国"互联网+"大学生创新创业大赛"青年红色筑梦之旅"的大学生的回信中提出："希望你们扎根中国大地了解国情民情，在创新创业中增长智慧才干，在艰苦奋斗中锤炼意志品质，在亿万人民为实现中国梦而进行的伟大奋斗中实现人生价值，用青春书写无愧于时代、无愧于历史的华彩篇章。"

　　"大学生社会实践"是北京科技大学的"传家宝"，是青年学生练就过硬本领的"大熔炉"。学校在七十年办学历程中积淀形成了"学风严谨、崇尚实践"的光荣传统和"求实鼎新"的校训精神。2005年,学校将"大学生社会实践"作为全校本科生的公共必修课程纳入教学计划。2007年,时任校党委书记罗维东教授代表"大学生社会实践"课程组在人民大会堂向时任中共中央政治局委员王兆国和国务委员陈至立等领导同志做专题汇报,受到党和国家领导人的高度赞扬。2008年,北京科技大学"大学生社会实践"课程被教育部评为国家级精品课程。2009年,荣获国家级教学成果奖二等奖。2012年《求是》杂志刊发了题为《讲台传真知　实践育英才》的文章,介绍了"社会实践的北科大模式"。2013年,获评校园文化建设优秀成果一等奖。2018年,"新时代大学生社会实践'五位一体'模式质量提升工程"获教育部思想政治司工作第一批高校思想政治工作精品项目。2019年底,课程参与全国高校"金课"建设平台计划。自2020年起,学校深入贯彻落实《关于全面加强新时代大中小学劳动教育的意见》,将社会实践与劳动教育两门必修课程相融合,引导青年学生深入田间地头、厂矿车间,体验生产劳动,参与岗位实习,在"向实践学习、向人民群众学习"中树立劳动观念,锻炼意志品质。

学校坚持以习近平新时代中国特色社会主义思想为指引,深入落实高校思想政治工作创新发展新要求,建设具有时代性、综合性、开放性的新时代实践育人课程体系。截至目前,学校形成以《大学生社会实践理论与实务》为基础、以《大学生社会实践选题指导》《实践绘就最美青春——党的十八大以来北科大青年服务国家实践风采录》《青春实践路——三下乡社会实践活动指南》《大学生社会实践操作指南》《大学生社会实践工作手册》《大学生社会实践优秀成果集》《大学生社会实践精品基地培育手册》为补充的社会实践理论教材体系,为学生全方位地介绍社会实践概论与选题、策划与申报、实施与执行、方法与技能、总结与成果转化等内容,将实践教学经验总结提升为理论知识,为学生实践提供可借鉴、可参考的"锦囊妙计"。

其中，社会实践选题是学生实践中的重要环节。本书详细讲解社会实践选题的思路和方向，帮助学生掌握实践选题的方法及评价标准，理解选题在社会实践活动中的重要性。在框架内容方面，教材涉及爱国敬党、乡村振兴、文化繁荣、环境保护、公益服务、科技创新、港澳台交流、职业发展、区域发展九大重点选题篇章，并分解细化为选题解读、典型案例（含教师评析）、拓展阅读三个层次，使教材整体布局具备思想性、逻辑性和科学性；在案例选择方面，以北京科技大学的代表性案例为主，同时广泛汲取其他院校的实践选题经验，汇总形成素材资源库，介绍实践选题经验及优秀成果，拓展学生选题视野与思路，确保教材具有原创性、理论性、可读性和实用性。

作为一种时代色彩鲜明的教育活动，大学生社会实践教育正在不断发展、与时俱进，引导青年学生在成长成才过程中认识世界、改造世界。面对伟大时代的召唤，大学生应当怀揣梦想，大步前行，在实践中认识社会、感受社会、深入社会，在实践中检验真理、获得真知，以适应社会主义现代化建设对综合型人才的需要，最终实现服务人民、奉献社会的目标。

编　者

2021 年 12 月

目　　录

第一章　爱国敬党初心铸魂篇

第一节　选题解读

"我和我的祖国，一刻也不能分割""无论我走到哪里，都留下一首赞歌"……

2019 年，这首唱给祖国母亲的歌曲在大江南北再次传唱，熟悉的旋律，激昂的文字，唤起全体人民的共同记忆，全体人民用歌声表达了自己对祖国母亲的殷切热爱与美好祝愿。

爱国主义是中华民族的民族心、民族魂，是中华民族最重要的精神财富，是中国人民和中华民族维护民族独立和民族尊严的强大精神动力。在中华民族的历史长河中，爱国主义始终是激励各族人民自强不息的强大力量。

自古以来，爱国的思想和行为受到人们的褒奖和景仰，从爱国诗人屈原到民族英雄林则徐，从"匈奴未灭，何以家为"的霍去病到"有心杀贼，无力回天"的谭嗣同，中华民族泱泱五千年文明史中涌现出了无数为国家和民族作出杰出贡献的爱国志士和可歌可泣、感人肺腑的爱国故事。"苟利国家生死以，岂因祸福避趋之""位卑未敢忘忧国""报国之心，死而后已"等名言，都寄托了对祖国矢志不渝的热爱和赤诚之心。他们之中不乏以天下为己任的英雄人物，关心国家的命运和民生的苦乐，自觉地把个人的前途与国家的兴衰联系起来，把爱国的思想付诸实际的行动。"先天下之忧而忧，后天下之乐而乐""天下兴亡，匹夫有责"等思想深刻表达了中华民族的爱国情怀。

近代以来，在欧美坚船利炮下逐渐觉醒的中华民族，正是在爱国主义的伟大旗帜下聚拢，面对外来侵略逐渐团结起来，同仇敌忾，奋起反抗。正如习近平总书记在纪念五四运动 100 周年大会上评价五四运动时所说："五四运动以全民族的力量高举起爱国主义的伟大旗帜。五四运动，孕育了以爱国、进步、民主、科学为主要内容的伟大五四精神，其核心是爱国主义精神。爱国主义是我们民族精神的核心，是中华民族团结奋斗、自强不息的精神纽带。"五四运动前后，我国一批先进知识分子和革命青年，也是在爱国主义伟大旗帜的感召下，追求真理，追求进步，努力探寻反帝反封建和救国强国的正确路径，并在 1921 年正式成立中国共产党，由此，中国历史掀开了崭新一页。在中国共产党的领导下，中华民族的爱国主义精神得到了空前的激发，中国人民产生了空前的团结，迸发了蓬勃的力量，经过艰苦卓绝的革命战争，最终赢得民族独立和人民解放，建立了新中国。在二十余年的革命战争中，无数像杨靖宇、左权这样的革命先烈凭着爱国、救国、强国的壮志豪情，抛头颅，洒热血，用鲜血和生命托起新中国的旭日。

新中国成立以来，中国人民在中国共产党的领导下，自力更生，艰苦创业，把一个极度贫弱的旧中国逐渐变成一个初步繁荣昌盛、充满生机和活力的社会主义新中国。中国青年满怀对祖国和人民的赤子之心，为祖国献身、为幸福生活奋斗，用青春之我创造青春之中国、青春之民族，把最美好的青春献给祖国和人民，谱写了一曲又一曲壮丽的青春之歌。

党的十八大以来，以习近平同志为核心的党中央高度重视爱国主义精神的传承弘扬和爱国主义宣传教育，固本培元、凝心铸魂，作出一系列重要部署。2013 年 5 月，习近平在中国航天城同各界优秀青年代表座谈时勉励广大青年要自觉弘扬爱国主义、集体主义、社会主义思想。2014 年 5 月，习近平在北京大学召开师生座谈会时提到："爱国、进步、民主、科学，都是我们今天依然应该坚守和践行的核心价值，不仅广大青年要坚守和践行，全社会都要坚守和践行。""爱国"成为社会主义核心价值观公民个人层面 4 个价值理念中首要的价值理念。2015 年 12 月 30 日，中共中央政治局就中华民族爱国主义精神的历史形成和发展进行第二十九次集体学习时，针对当代青年，习近平尤其提到："要结合弘扬和践行社会主义核心价值观，在广大青少年中开展深入、持久、生动的爱国主义宣传教育，让爱国主义精神在广大青少年心中牢牢扎根，让广大青少年培养爱国之情、砥砺强国之志、实践报国之行，让爱国主义精神代代相传、发扬光大。"2017 年 10 月，在党的十九大上，习近平在报告中同样提到："加强爱国主义、集体主义、社会主义教育。"2018 年 5 月 2 日，习近平在北京大学召开师生座谈会时，向广大青年提出了"爱国、励志、求真、力行"四点希望,其中排在第一位的也是"爱国"。"爱国,是人世间最深层、最持久的情感,是一个人立德之源、立功之本。爱国,不能停留在口号上,而是要把自己的理想同祖国的前途、把自己的人生同民族的命运紧密联系在一起,扎根人民,奉献国家。"2019 年 11 月,中共中央、国务院印发《新时代爱国主义教育实施纲要》,将"社会实践"作为"新时代爱国主义教育"的重要渠道,要求广泛组织开展实践活动,要把爱国主义内容融入党日团日、主题班会、班队会以及各类主题教育活动之中,组织大中小学生参观纪念馆、展览馆、博物馆、烈士纪念设施,参加军事训练、冬令营夏令营、文化科技卫生"三下乡"、学雷锋志愿服务、创新创业、公益活动等,更好地了解国情民情,强化责任担当。

中华文明五千年,悠久的爱国主义传统形塑了中华民族的民族意识、民族性格和民族气概;新中国 70 年,伟大的爱国主义精神生发了中国人民的精神信仰、精神品格和精神力量。当前,中国特色社会主义进入新时代,实现中华民族伟大复兴正处于关键时期。新时代加强爱国主义教育,对于振奋民族精神、凝聚全民族力量,决胜全面建成小康社会,夺取新时代中国特色社会主义伟大胜利,实现中华民族伟大复兴的中国梦,具有重大而深远的意义,"赓续爱国主义传统,弘扬爱国主义精神"始终在路上。2019 年是新中国成立 70 周年,在这一年,一场场歌唱祖国的快闪活动在大江南北的高校竞相上演,无数青年学生用歌声表达着自己对祖国的热爱与祝福;数万名青年学生志愿者参与了庆祝新中国成立 70 周年大会群众游行、群众联欢、安全保卫、物资保障等服务保障活动,用实际行动体现爱国主义情怀;同样也有无数青年学生利用暑期时间再上井冈山,重走长征路,登临宝塔山……沿着革命先辈的足迹,回顾峥嵘岁月,寻访中国精神,传承红色基因,坚定理想信仰。

党的十八大以来,北京科技大学的青年学生一直牢记总书记嘱托,将"爱国情、强国志、报国行"融入大学生社会实践之中,让爱国主义精神在青年学生中生根发芽、茁壮成长。

这一领域社会实践的选题方向主要有:

选题具体方向一:红色革命文化教育行动。爱国与爱党、爱社会主义具有高度的一致性,作为 90 后、00 后青年学生,虽然我们所出生、成长的年代已经远离战火纷飞、硝烟遍地的革命战争，但是我们不能忘记"所谓的岁月静好，是因为有人在替我们负重前行"，我们不能忘记那些为实现国家独立、民族解放而抛头颅、洒热血、英勇牺牲的革命先辈，我们也不能忘记在革命战争年代发源、形成并传承至今的革命文化和革命精神。学习红色文化，传承红色基因，培育时代新人是我们首要的选题方向。具体做法主要有：到井冈山、瑞金、延安、西柏坡等革命老区参观学习，到爱国主义教育基地或不同地方革命历史纪念馆、纪念地拜谒、瞻仰、学习，如对北京市革命史迹开展寻访活动，了解革命史迹具体背景故事和保护现状，探究运用现代传媒方法对革命史迹进行宣传，让更多人了解红色革命文化；寻访、采访革命先烈后代或英模人物，重温革命战争时期艰苦岁月，学习革命先辈英雄事迹，丰富革命精神内容，挖掘新的时代内涵，像对红船精神、井冈山精神、长征精神、延安精神、西柏坡精神等革命战争年代形成的中国精神进行调研和传承。这类选题适合开展调查研究型实践，在参观、瞻仰、学习的基础上，实践团可以在指导老师的指导下确定针对红色革命文化的具体调研方向，提前设计调查问卷或访谈提纲，运用合理的调查方法发放问卷和回收问卷，针对革命先烈后代或英模人物等开展访谈，形成访谈录或口述史作品，结合问卷调查结果梳理挖掘革命文化、革命精神的核心内涵，形成有价值的学术成果。

选题具体方向二：重大史实纪念传承行动。"前事不忘，后事之师"。爱国强国首先要充分了解我们的国家，了解我们脚下这片热土，而学习历史，重温史实是加深对国情了解的重要途径，有助于帮助我们树立正确的历史观、民族观、国家观和文化观。社会实践是帮助新时代青年学生走进历史、了解历史的重要路径，很多青年学生在进入大学前，对历史的了解仅限于中学书本上的知识点和网上的只言片语，而进入大学后，青年学生可以借助社会实践平台，亲身前往重大历史事件的发生地，瞻仰历史遗迹，重温历史记忆，让历史变得更加鲜活，更加具体。而每逢重大历史事件的纪念日，党和国家都会举行一系列纪念活动，目的也是帮助人们铭记历史，吸取经验，珍惜当下，开创未来。在一年一度的重大历史事件纪念活动中，整数周年的纪念活动往往最为盛大，也成为青年学生开展社会实践选题的重要方向之一。党的十八大以来，长征胜利80周年、改革开放40周年等一系列重大历史事件的周年纪念活动均成为相应年份的重要社会实践选题之一。该类社会实践选题要着眼时效性，要能够与党和国家针对重大历史事件的纪念活动相承接，结合时代背景和特点开展社会实践，深入探究重大历史事件的现实意义和时代价值。这类选题既可以开展调查研究型实践，也可以开展公益服务型实践。调查研究方面，在参观、瞻仰、学习的基础上，实践团可以在指导老师的指导下确定针对重大历史事件的具体调研方向，设计调查问卷或访谈提纲，针对革命先烈后代或英模人物等开展调研，形成访谈录或口述史作品，结合问卷调查结果梳理挖掘历史史实的文化精神或核心内涵。公益服务方面，实践团可以通过组织理论知识宣讲团或夏令营的方式，走进偏远农村、城市社区、厂矿学校等地，面向民众、中小学生等群体讲解历史事件的背景、过程、意义、价值等内容，进一步普及历史知识，弘扬主旋律，传播正能量。

选题具体方向三：重大时政调研观察行动。习近平总书记在全国高校思想政治工作会议上提出，当代青年学生要形成"四个正确认识"，其中首当其冲的就是"正确认识世界和中国发展大势"，这就要求我们新时代青年不能做"两耳不闻窗外事，一心只读圣贤书"的"书呆子"，而要做助力国家发展、助力民族复兴的有心人，要积极地关心国家，关注社会，关爱身边的每一个人，对于党和国家出台的重大发展战略和政策措施，要能够认真学习了解、积极贯彻践行。将这些重大时政战略作为社会实践重要选题方向，也是青年学生热爱祖国、关心祖国的重要体现。近年来，大到京津冀协同发展、长三角区域一体化、粤港澳大湾区建设等，小到网约车管理、共享经济、互联网金融等，许多随着国家政策和社会发展涌现出来的新概念、新热点成为社会实践的选题方向。这类选题适合开展调查研究型实践，实践团深入乡镇农村、街道社区、工厂企业实地考察，到改革开放前沿和经济社会发展成效显著的地区，近距离直观地了解社会主义现代化建设的伟大成就，了解国家政策举措的落实情况，采用观察、访谈、问卷等调研方法深入把握经济社会发展脉搏，加深对党和国家路线、方针、政策的理解，增强自身作为社会主义建设者的责任感和使命感。

选题具体方向四：重大活动青年服务行动。"纸上得来终觉浅，绝知此事要躬行。"爱国不应该成为一句空话，而应该落实在具体的行动中。这类选题适合开展公益服务型实践，主要有两个具体方向，一是在大型博物馆、纪念馆、革命史迹、爱国主义教育基地等公共场所开展志愿服务活动，青年学生既可以担任志愿者开展日常讲解、安保、接待、技术支持等志愿服务活动，也可以与相关公共场所的管理机构合作，组织开展面向游客、附近街道社区居民等群体的专题宣讲会、座谈会、夏令营等活动。二是在各类国家级或省部级经济、文化、体育等大型活动中，担任接待、会务、礼仪、安保、宣传、技术支持等方面的志愿者，为国家建设和发展发挥自己的光和热。当今，开放的中国正在逐步走向世界舞台的中央，更加积极参与国际事务，彰显一个负责任大国的风采和担当。而作为新时代青年学生，我们要能够积极做中外文化交流的使者，为在中国举办的各种重大活动、赛事提供力所能及的志愿服务，身体力行表达我们对国家崛起、民族复兴的骄傲与自豪，让全世界都看到中国青年志愿者的青春风采。多年来，无数青年志愿者以社会实践的形式，投身于 2008 年北京奥运会、2009 年新中国成立 60 周年群众游行、2013 年第九届中国（北京）国际园林博览会、2018 年中非合作论坛北京峰会、2019 年中国北京世界园艺博览会、2019 年亚洲文明对话大会、2019 年新中国成立 70 周年群众游行等重大活动、赛事之中，为这些大型活动提供了热情、优质、高效的服务，赢得了海内外的高度赞誉。这些大型活动也成为一场场爱国主义教育的大课堂，让亲身参与其中的青年学子感受到了祖国的蓬勃向上和繁荣富强。

第二节　典型案例

案例 1：北京科技大学中国精神寻访实践团

北科大青年在基层实践的大熔炉中感悟中国精神

【事迹简介】

习近平总书记在第十二届全国人民代表大会第一次会议上指出："实现中国梦必须弘扬中国精神。这就是以爱国主义为核心的民族精神，以改革创新为核心的时代精神。这种精神是凝心聚力的兴国之魂、强国之魂。"寻访、弘扬、传承中国精神，努力成为推动中华民族复兴大业的重要力量和中国精神的现实传承者，是全国各族人民共同的追求和目标，也是当代青年学生的使命和担当。

2015~2017年夏天，北京科技大学337名学生组成中国精神寻访实践团，连续三年奔赴黑龙江大庆、四川汶川、浙江嘉兴、陕西延安、河南兰考、江西井冈山、广东深圳等全国30余个城市开展中国精神观察寻访的爱国主义实践活动。实践团在随行教师的指导下，有针对性地制定实践活动方案，他们以传播中国精神、讲好中国故事、践行社会主义核心价值观为目标，完成文献研究、人物寻访、遗迹参观、社会调研等实践内容。与此同时，实践团在实地调研期间组织"重走长征路——带本书给家乡的孩子"活动，队员在感悟中国精神，激发爱国热情的同时，传递书籍与爱心，为革命老区的贫困小学捐助3万余册少儿类图书，身体力行地打造新时代青年的中国精神。

三年来，实践团共发放调查问卷4000余份，采访抗战老兵、专家学者、政府官员、企业家、工农群众等各行各业代表200余人，撰写学术论文36篇，其中论文《努力推动学雷锋活动的常态化》《同根同源：沂蒙精神与社会主义核心价值观》被《中共山西省委党校学报》《现代交际》刊发收录。实践团整理加工实践过程中留存的音视频资料，形成微记录32部、访谈录25部。实践归来后，实践团利用实践资料制作了"大学生眼中的中国精神"宣传册和中国精神电子地图，完成了五幅中国精神书画作品，创作拍摄了原创革命歌曲MV，开展了中国精神的主题宣讲活动。

一代人有一代人的奋斗，一个时代有一个时代的担当，实践团成员通过多种多样的形式展示自己所闻、所见、所感的革命故事，从革命人物和英雄楷模的身上感受来自先辈的伟大感召，加深对爱党、爱国、爱社会主义的理解，也要求自己在未来的时间里，奋斗不息、继续前行，把国家富强、民族振兴、人民幸福作为自己发展的志向和目标，成为爱国主义的坚守者、传播者和奋斗者。

【教师评析】

中国精神寻访实践团在实践主题上，紧扣国家大政方针，宣传贯彻习近平总书记系列重要讲话精神。在实践过程中，奔赴红色老区，重走老一辈无产阶级革命家走过的英雄之路，深入祖国大地体味中国精神，以大学生的笔触书写心中的祖国与心中的党；在实践归来后，学生通过展播微电影、开展主题宣讲、举办图文成果展、发表论文、撰写调研报告、汇编故事集等形式凝练实践成果，潜移默化地扩大了中国精神在青年群体中的影响力，实践效果有深度、有广度、有宽度，是青年学生利用社会实践的机会培养爱国之情、砥砺强国之志、实践报国之行的标杆和典范。

但实践团在一些方面仍需改进，在调研期间，每支实践团平均下发调查问卷数量不足200份，回收有效问卷数量较少，涉及人群范围较窄，在调查研究中有一定的局限性。建议实践团在社会实践期间做好问卷准备、问题设计、问卷执行和结果分析，确定有代表性的调查样本范围和调查对象数量，采取网络平台、报刊投递、专人送发、电话邀请等多种方式发放并回收问卷，保证调查结论的可靠性和科学性。

案例2：北京科技大学北京革命遗迹寻访实践团

寻访革命遗迹 传播红色精神

【事迹简介】

无论是社会主义核心价值观、中国梦、还是传统文化，抑或是革命精神都是一脉相承的，都是拥有五千年历史的中华文明在不同时期淬炼出来的最核心的价值财富。它需要当代青年归纳、总结和升华，以大众可以接受的方式传播，进而唤醒和激发大众意识里已有的文化基因，这样才能让中华民族的精神价值体系有一个真正的着力点。革命精神和传统文化、有中国特色的社会主义文化以及思想价值理论体系也是一脉相承的，其价值就在于提升和凝练中华民族的精神价值体系的信仰。

实践团在2018年7月来到北京市西城区，以寻访28个革命遗迹为主，结合实地采访、问卷调查、志愿者活动等多种方式，探究当前红色革命精神教育的现状及其路径。实践团先后前往走访了西城区的二十余处革命遗迹，包括鲁迅博物馆、湖广会馆、辅仁大学旧址、长椿寺等。在寻访过程中，实践团对革命遗迹的保护和开发现状有了清晰的认识。以鲁迅博物馆为例，该馆内的鲁迅故居保存完好，展厅内展品丰富多样，并且免费对社会开放，还会定期举办宣传教育活动，充分利用了馆内资源，承担起了弘扬红色革命精神的重任；而反观个别遗址，即使名气稍逊也仍不失为近代红色革命的见证者，却没有得到有效的保护，更不必说开发其价值。实地寻访之后，实践团更加感受到了作为当代大学生肩上所担负的责任。实践过程中，除随机街头采访以外，实践团还采访到了海淀区旅游局、西城区党史办、北京师范大学等单位的专家学者，向他们请教北京革命发展的历史，实践团针对革命遗迹的保护与开发、当代大学生的革命精神教育等问题也进行了探讨，取得了丰硕的成果。

实践团寻访革命遗迹的实践事迹被人民网报道，新媒体传播量累计达到30万次。实践结束后，实践团完成15万字的"北京红色革命史迹寻访传承"调研报告1份、典型人物访谈录1册和纪实微电影1部，绘制完成北京西城区红色遗迹地图，开发出相关文创产品，并与相关媒体合作开发1档节目，旨在发扬红色文化，传播红色精神。基于实践调研资料撰写的学术论文《红色文化资源应用于革命精神教育的实践研究——以北京市西城区红色革命遗迹开发和利用为例》被评选为2018年北京高校思想政治理论课学生社会实践论文一等奖。

这次实践活动重视理论与实践相结合，增强了学生们的社会责任感和使命感。在实践中，成员们不断动手、动脑、动嘴，直接和社会各阶层、各部门的人员打交道，培养和锻炼在书本中学习不到的能力，并在实践中发现不足，及时改进和提高。而在宣传团队的实践内容、参与志愿者活动的同时，实践团的成员们在实践中接触社会、了解国情，并加深了对革命历史、革命精神的认识，也承担起了不断提高个人修养、以己之长回报社会以及传承和发扬红色革命精神的社会责任。

【教师评析】

在实践主题上，实践团紧扣红色革命文化宣传教育主旋律，寻访革命遗迹，重温老一辈无产阶级革命家抛头颅、洒热血，不懈奋斗、顽强拼搏，争取国家独立和民族解放的英雄历史，加深对革命人物、革命精神的理解与认识，增进爱党、爱国、爱社会主义的情操与信念。在实践内容上，本实践活动属于调查研究型，主要以参观考察、走访调研为主，其研究对象为北京革命遗迹，目前国内学界在北京革命遗迹领域的研究较少，实践调研具有广阔的研究空间，调研内容亦具有较高创新性。在实践成果上，实践团事迹被人民网报道，相关调研报告和访谈录也具有一定学术价值，依托实践调研撰写的学术论文在北京高校思想政治理论课学生社会实践论文评选中也获得一等奖。

但实践团在一些方面仍需改进。在调研方法上，部分实践分团采用街头发放问卷的方式，难以把握样本质量，所回收数据的可用性不高，部分在线调查问卷所得到的数据也可能与真实情况存在较大误差，需要进一步地筛选和校验。在调研内容上，部分实践分团缺乏与革命遗迹管理单位如相关公园、博物馆、纪念馆管理处或管委会工作人员的深入交流和访谈，所访谈对象主要是外围的历史领域专家学者，而来自革命遗迹直接保护管理方的第一手资料不多，后续可从北京革命遗迹的保护、开发、管理、爱国主义教育价值等方面进一步研究。

案例3：北京科技大学砥砺奋进七十载实践团

砥砺奋进七十载　青年建功新时代

【事迹简介】

2019年正值新中国成立70周年，五四运动一百周年与全面建成小康社会的脱贫攻关决胜之年。新中国成立70年以来，我们党领导人民创造了世所罕见的经济快速发展奇迹和社会长期稳定奇迹。青年学生牢牢把握新中国70周年华诞契机，通过社会实践探索发现新中国成立后的点点滴滴，从细节处入手感受历史的鲜活性和丰富性，从个人的成长变化和家庭、家乡的变迁探寻国家、社会的变迁，是推动青年学生受教育、长才干、作贡献的良好途径。

　　2019 年夏，北京科技大学 80 余名学生组成砥砺奋进七十载实践团，8 支团队分别前往北京、山东、江苏、浙江、陕西、湖北、湖南、云南等地，从经济发展、生活富裕、文化繁荣、精神指引、行业巨变与青年引领等方面切入，开展实地学习、探访与实践，切身感受新中国成立 70 周年以来的沧桑巨变。

　　实践团寻访观察范围广、内容丰富。北京分团通过采访北京市老字号店家和不同身份的老人们，窥探百年老店的发展、经济水平和人民生活的变化，通过问卷调查、一对一访谈、组织座谈会等方式，倾听建国 70 年来不同视角下的故事；山东分团围绕"山东地区特色的'沂蒙革命精神'对山东革命老区发展的影响作用"这一主题，探索发现新中国成立以来革命老区发展的经验和成就，了解"沂蒙精神"文化传承情况以及推广方式，学习革命先辈的英雄事迹，弘扬"沂蒙革命精神"；江苏分团运用访谈、观察及问卷调查等方法，发掘和利用江苏革命精神独特的价值功能，访谈 10 位 1949 年出生、与祖国共成长的老人，参观侵华日军南京大屠杀遇难同胞纪念馆等革命教育基地，探索打造具有中国特色和世界影响的革命精神产业新品牌的路径；陕西分团前往延安开展以"追寻、感悟延安在新时代脱贫攻坚上的初心践行"为主题的调研，深入脱贫村落延安市南沟村、延安市惠民农业科技发展有限公司等地开展扶贫调查，探寻我国精准脱贫的内在密码；浙江分团前往杭州市坤和万科·黄龙万科中心打造的"知识消费体验场"K-lab，以知识消费科技创新为重点，通过街巷采访、人物座谈和调研参观等方式，研究中国购物中心商业模式的发展历程与新趋势；湖北分团参观汉阳铁厂等地，访谈武钢一家四代工人，走访养老院，设计问卷了解钢铁行业转产后的民生保障，通过对钢铁行业 70 年发展的调研和基建行业对钢铁行业 70 年发展的认识，更加全面地了解钢铁行业 70 年发展的全过程；湖南分团以株洲为出发点，通过采访、访谈、问卷调查等方式与铁路系统相关人员对话，记录以株洲为代表的我国铁路城市及轨道交通发展历程，从株洲铁路发展历史中窥见建国 70 年以来铁路建设工作的发展轨迹；云南分团前往云南省曲靖市罗平县旧屋基乡调研，了解当地近几年来发展情况，梳理当地经济发展、人居环境等的变化，通过对比过去和现在农村面貌的变迁，对新中国成立以来农村的发展有了一定的认识。

　　实践团共完成 8 篇论文，共计 60 余万字，完成 8 部微电影，采访 60 余人次，访谈录约 10 万余字，发放问卷 2000 余份，收回率达到 90% 以上，采访稿 50 余份，充分整理吸收总结实践要点精华。调研报表 8 份，具有一定的参考价值和后续的实践资料价值。实践团创作歌曲《与国同梦》、漫画《光辉之路》等文化作品，实践过程得到北京广播电视报、株洲电视台等媒体采访，《新株洲》等媒体平台给予了专题报道。

　　这次实践活动让青年学生更加深入地了解学习了新中国成立七十周年以来的伟大成就，培养了青年学生的民族荣誉感、社会责任感和历史使命感，锻炼了将理论知识应用于实践的能力，引领青年学生牢固树立"四个意识"、强化"四个自信"，弘扬中国精神，担负起推进新时代中国特色社会主义伟大事业、实现"两个一百年"奋斗目标的时代使命。

【教师评析】

　　在实践主题上，实践团立足"2019 年是新中国成立 70 周年"这一年度主题，契合年度社会实践的主旋律，作为校级重点支持和组织的大团，以省域为单位组建 8 支实践团队，从经济发展、生活富裕、文化繁荣、精神指引、行业巨变与青年引领等方面切入，开展实地学习、探访与实践，从经济社会生产生活细节入手，见微知著，从个人的成长变化和家庭、家乡的变迁探寻国家、社会的变迁，让青年学生更加深入地了解学习了新中国成立七十周年以来的伟大成就，培养了青年学生的爱国主义精神。在实践成果上，实践团通过拍摄展播微电影、开展人物访谈、撰写调研报告、制作原创歌曲漫画等形式凝练实践成果，宣传国家经济社会发展成就，营造国庆氛围，受到了社会媒体的关注和报道。

　　但实践团仍有可以改进之处。在实践方法上，部分实践团队主要以参观学习为主，缺乏较深入的调研和思考。由于实践主题较宏大，个别实践团队在落细落小方面着力不够，问卷内容设计、调研样本选取等方面也值得进一步完善，问卷调研的信度和效度需要进一步提升。这类实践主题宏大的实践团队如果缺乏较清晰的细化规划和切入点，容易陷入"旅游团"尴尬境地，需要加以规避。

案例4：北京科技大学园博会志愿服务实践团

让青春在志愿服务中绽放

【事迹简介】

大型赛会志愿服务是青年学生开展实践锻炼的重要平台。2007年至2008年，北京科技大学共计5000余人参与了奥运会测试赛及奥运会和残奥会的志愿服务，提供20余万高水平志愿服务，并创立了北科大志愿者"一直坚定、一点轻快"的惊叹号精神，留下丰富的工作成果和文化积淀。2009年新中国成立60周年群众游行、2013年第九届中国（北京）国际园林博览会等活动中，青年学生纷纷以社会实践的形式投身于大型赛会志愿服务之中，在活动中开阔眼界、锻炼能力、提升素质，培养和锤炼自身的爱国主义情操。

第九届中国北京国际园林博览会于2013年5月18日在北京市丰台区正式开幕，持续时间达5个月之久，于11月18日闭幕。这是继奥运会之后，首都北京举办的一次历时最长、规模最大的国家级、国际性盛会。这场盛会也为北京青年提供了展示志愿者风采的最盛大舞台。园博会组委会于2012年12月启动高校志愿者招募工作。根据工作安排，北京科技大学作为园博会"包点"对接高校，负责园博园内B09志愿服务站和IC12志愿服务岗亭的全程志愿服务工作。

学校积极开展并认真做好园博会志愿者宣传和招募工作，经过严谨的选拔和培训，共有320名正式志愿者参与园博会，为加强对园博会志愿者的管理，学校将园博会志愿者纳入暑期社会实践团队进行管理，组建园博会志愿服务实践团，建立了园博会志愿者联络网，按时组织志愿者选岗，及时向志愿者传达园博会组委会的各类信息及要求，针对志愿者开展知识培训，确保志愿者圆满完成园博会组委会布置的各项任务。5月18、19日，园博会开幕首、次日，我校20名志愿者在园博会服务中不辞辛劳，辛勤奉献，积极主动为园博会做服务工作，获得组委会与游客一致好评。5月20日，园博会"奇石"片区志愿者工作负责人专门发来感谢信，称赞我校志愿者的优异表现。北京科技大学园博会志愿者们用周到的服务、热情的微笑诠释着"青春、自信、志愿、绿色"的园博志愿者精神和"一直坚定，一点轻快"的北科大志愿服务精神，用自身的行动展现北科大青年的风采。

【教师评析】

2008 年奥运会让全世界看到了中国大学生志愿者的青春风采，大学生志愿者成为中国青年学生一张亮丽的名片，作为志愿者参与全国性乃至国际性大型赛会组织之中，成为青年学生感悟国家繁荣富强，激扬爱国主义精神的重要途径。园博会志愿服务实践团响应了 2013 年第九届中国北京国际园林博览会的志愿服务需求，践行了"青年服务国家"的青春诺言，为国家大型活动贡献了青春力量。志愿者以社会实践的形式组织到一起，在参与园博会志愿服务之余，自身的素质和能力也得到了锻炼，提升了作为青年学生的责任感和使命感。园博会本身也为志愿者提供了较高的锻炼平台和丰富的实践资源，园博会志愿服务也受到了新闻媒体的广泛关注。

依托大型赛会志愿服务活动开展的社会实践也存在一些局限性。大型赛会志愿服务活动有着严格的组织制度，志愿者的活动范围、行为规范等方面也有严谨细致的要求，社会实践明显程式化，实践团自主设计和组织活动的空间很小。受到实践活动缺乏自主性的影响，这类实践活动也难以产生可供后续转化应用的社会实践成果，实践成果往往只能从志愿服务活动整体价值去进行考量。这类社会实践活动的成果转化还需要进一步拓展和探索，可以从志愿者在活动后期向社区居民、中小学学生宣讲志愿服务精神、拓展志愿服务活动影响力以及针对志愿者群体组织调研等方面切入。

案例 5：北京科技大学心翼关爱中国远征军老兵实践团

关爱抗战老兵　继承红色基因

【事迹简介】

2015 年是世界反法西斯战争暨中国抗日战争胜利 70 周年。70 年前中国人民经过八年艰苦卓绝的抗日战争，无数英勇军民身先士卒，浴血奋战，最终取得了抗战的伟大胜利，中国人民抗日战争是 20 世纪中期第二次世界大战中，中国抵抗日本侵略的一场民族性的全面战争。抗日战争的胜利，是近代以来中华民族第一次取得完全胜利的反侵略战争和民族解放战争，是20世纪中国和世界历史上的重大事件，也是战争史上的奇观。中国人民抗日战争是世界反法西斯战争的重要组成部分，中国人民抗日战场是世界反法西斯战争的东方主要战场。

2015年夏，北京科技大学心翼关爱远征军老兵实践团，前往云南省保山市腾冲市，寻访中国远征军老兵，实地了解当地深厚的抗战历史文化，了解远征军老兵的生活养老现状，并且以此为例，探究民间组织在老兵养老中的作用以及发展前景。实践团与北京志远功臣关爱基金会取得合作，在基金会的帮助下顺利联系到腾冲市委宣传部和统战部，从市委市政府处取得帮助，获得了现存老兵们的家庭地址和联系方式，为实践团采访老兵提供了便利。实践团先后采访了卢彩文、张炳芝、郭自益、路珍楼等多位亲历抗日战争的中国远征军老兵，听老兵们讲述当年远征抗战的峥嵘岁月。采访中，抗战老兵多次嘱托青年学生要勿忘国耻，努力将自己的祖国建设得更好。实践团参观了当地的滇西抗战纪念馆、国殇墓园、英国领事馆旧址，瞻仰70年前远征抗战，入缅作战的珍贵照片、遗迹、文物等，向远征军烈士纪念碑敬献鲜花，协助广东省清远电视台拍摄部分纪录片片段，并实地来到来凤山探寻当年战场，拍摄主题微电影。

为进一步了解民间组织在滇西抗战老兵助养中的作用，实践团联系并采访了腾越论坛创始人王立强、保山日报驻腾冲记者站记者龚祖金以及黄埔军校同学会志愿者，了解了腾越论坛从组织志愿者到关爱老兵的日常活动安排等方面的具体情况，深入认识到关爱抗战老兵的民间组织的基本业务范围、在老兵助养中的不足、局限性以及其与政府之间的关系，为实践团更加深入了解民间组织提供了途径。实践团基于调研内容撰写学术论文《公益事业的同质化现象——以滇西抗战老兵公益事业为例》获校第十七届"摇篮杯"课外学术科技作品竞赛特等奖，实践事迹受到湖南红网、广东省清远电视台等媒体的关注和报道。实践团还与北京志远功臣关爱基金会共建社会实践基地，帮助基金会开展在京的关爱老兵活动。

该实践活动让青年学生进一步了解了腾冲当地的抗战文化以及远征军老兵养老等一系列问题，激励了青年学生的爱国主义精神，增进了青年学生的责任感和民族使命感。实践团成员希望能够通过团队的努力，促进民间组织在抗战老兵助养中发挥更大作用，为民间组织助养老兵寻求更多渠道，提供切实可行的建议和规划，让更多人了解到抗战老兵的生活现状，参与到关爱抗战老兵的行动中。

【教师评析】

在实践主题上，实践团将调研对象聚焦为抗战老兵，契合了 2015 年是中国抗日战争胜利 70 周年这一年度主题，符合年度社会实践的主旋律，在具体调研主题方面立足民间组织在老兵养老中的作用以及发展前景这一方向展开调研，既与实践队员所学社会工作专业领域相衔接，也对标当前国内学界在相关领域研究较少的现状，调研主题既具有专业性也具有创新性。在实践内容上，实践团同基金会取得合作，共建社会实践基地，在基金会的支持下前往云南省腾冲市开展调研，得到当地政府部门的大力支持，实践可行性强。在实践成果上，指导教师给予实践团认真、全面、深入的指导，为实践团的学术成果夯实基础，实践团根据调研撰写的学术论文条理清晰、论点明确、论据有力、学术规范性强。

但实践团仍有可以改进之处。在调研方法上，由于抗战老兵年事已高，很多老兵故去，实践团可采访对象较少，样本量不多，在调研成果和社会影响上，实践成果不够丰富，缺乏完整的访谈录等实践成果，宣传不足，社会影响欠缺。

第三节　拓展阅读

拓展阅读 1：习近平总书记谈爱国主义教育重要讲话（节选）

习近平总书记谈爱国主义教育重要讲话（节选）

2013 年 5 月 4 日，习近平总书记在中国航天城同各界优秀青年代表座谈时勉励广大青年："要把正确的道德认知、自觉的道德养成、积极的道德实践紧密结合起来，自觉树立和践行社会主义核心价值观，带头倡导良好社会风气。要加强思想道德修养，自觉弘扬爱国主义、集体主义、社会主义思想，积极倡导社会公德、职业道德、家庭美德。"

2014 年 5 月 4 日，习近平总书记在北京大学召开师生座谈会时，也提到："爱国、进步、民主、科学，都是我们今天依然应该坚守和践行的核心价值，不仅广大青年要坚守和践行，全社会都要坚守和践行。"同时也借着对社会主义核心价值观的解读，重申了"爱国"的要求，"我们提出要倡导富强、民主、文明、和谐，倡导自由、平等、公正、法治，倡导爱国、敬业、诚信、友善，积极培育和践行社会主义核心价值观。富强、民主、文明、和谐是国家层面的价值要求，自由、平等、公正、法治是社会层面的价值要求，爱国、敬业、诚信、友善是公民层面的价值要求。这个概括，实际上回答了我们要建设什么样的国家、建设什么样的社会、培育什么样的公民的重大问题。"

2014 年 9 月 28 日，习近平总书记在中央民族工作会议上提出："要把建设各民族共有精神家园作为战略任务来抓，抓好爱国主义教育这一课，把爱我中华的种子埋在每个孩子的心灵深处，让社会主义核心价值观在祖国下一代的心田生根发芽。"

2015 年 12 月 30 日，中共中央政治局就中华民族爱国主义精神的历史形成和发展进行第二十九次集体学习。习近平总书记在主持学习时强调，伟大的事业需要伟大的精神。实现中华民族伟大复兴的中国梦，是当代中国爱国主义的鲜明主题。要大力弘扬伟大爱国主义精神，大力弘扬以改革创新为核心的时代精神，为实现中华民族伟大复兴的中国梦提供共同精神支柱和强大精神动力。其中针对当代青年，总书记尤其提到，"要结合弘扬和践行社会主义核心价值观，在广大青少年中开展深入、持久、生动的爱国主义宣传教育，让爱国主义精神在广大青少年心中牢牢扎根，让广大青少年培养爱国之情、砥砺强国之志、实践报国之行，让爱国主义精神代代相传、发扬光大。"谈到爱国爱党爱社会主义三者的一致性时，总书记深刻指出："中国共产党是爱国主义精神最坚定的弘扬者和实践者，始终把实现中华民族伟大复兴作为自己的历史使命。90 多年来，党团结带领全国各族人民进行的革命、建设、改革实践，是爱国主义的伟大实践，写下了中华民族爱国主义精神的辉煌篇章。弘扬爱国主义精神，必须坚持爱国主义和社会主义相统一。我国爱国主义始终围绕着实现民族富强、人民幸福而发展，最终汇流于中国特色社会主义。祖国的命运和党的命运、社会主义的命运是密不可分的。只有坚持爱国和爱党、爱社会主义相统一，爱国主义才是鲜活的、真实的，这是当代中国爱国主义精神最重要的体现。"2017 年 10 月 18 日，在中国共产党第十九次全国代表大会上，习近平总书记在报告中同样提到："广泛开展理想信念教育，深化中国特色社会主义和中国梦宣传教育，弘扬民族精神和时代精神，加强爱国主义、集体主义、社会主义教育，引导人们树立正确的历史观、民族观、国家观、文化观。"2018 年 5 月 2 日，习近平总书记在北京大学召开师生座谈会时，向广大青年提出了"爱国、励志、求真、力行"四点希望，习近平总书记说："爱国，是人世间最深层、最持久的情感，是一个人立德之源、立功之本。孙中山先生说，做人最大的事情，'就是要知道怎么样爱国'。我们常讲，做人要有气节、要有人格。气节也好，人格也好，爱国是第一位的。我们是中华儿女，要了解中华民族历史，秉承中华文化基因，有民族自豪感和文化自信心。要时时想到国家，处处想到人民，做到'利于国者爱之，害于国者恶之'。爱国，不能停留在口号上，而是要把自己的理想同祖国的前途、把自己的人生同民族的命运紧密联系在一起，扎根人民，奉献国家。"

🖁 拓展阅读 2：新时代爱国主义教育实施纲要（节选）

新时代爱国主义教育实施纲要（节选）

爱国主义是中华民族的民族心、民族魂，是中华民族最重要的精神财富，是中国人民和中华民族维护民族独立和民族尊严的强大精神动力。爱国主义精神深深植根于中华民族心中，维系着中华大地上各个民族的团结统一，激励着一代又一代中华儿女为祖国发展繁荣而自强不息、不懈奋斗。中国共产党是爱国主义精神最坚定的弘扬者和实践者，90 多年来，中国共产党团结带领全国各族人民进行的革命、建设、改革实践是爱国主义的伟大实践，写下了中华民族爱国主义精神的辉煌篇章。

三、新时代爱国主义教育要面向全体人民、聚焦青少年

广泛组织开展实践活动。大中小学的党组织、共青团、少先队、学生

会、学生社团等，要把爱国主义内容融入党日团日、主题班会、班队会以及各类主题教育活动之中。广泛开展文明校园创建，强化校训校歌校史的爱国主义教育功能，组织开展丰富多彩的校园文化活动。组织大中小学生参观纪念馆、展览馆、博物馆、烈士纪念设施，参加军事训练、冬令营夏令营、文化科技卫生"三下乡"、学雷锋志愿服务、创新创业、公益活动等，更好地了解国情民情，强化责任担当。密切与城市社区、农村、企业、部队、社会机构等的联系，丰富拓展爱国主义教育校外实践领域。

四、丰富新时代爱国主义教育的实践载体

建好用好爱国主义教育基地和国防教育基地。各级各类爱国主义教育基地，是激发爱国热情、凝聚人民力量、培育民族精神的重要场所。要加强内容建设，改进展陈方式，着力打造主题突出、导向鲜明、内涵丰富的精品陈列，强化爱国主义教育和红色教育功能，为社会各界群众参观学习提供更好服务。健全全国爱国主义教育示范基地动态管理机制，进一步完善落实免费开放政策和保障机制，根据实际情况，对爱国主义教育基地免费开放财政补助进行重新核定。依托军地资源，优化结构布局，提升质量水平，建设一批国防特色鲜明、功能设施配套、作用发挥明显的国防教育基地。

组织重大纪念活动。充分挖掘重大纪念日、重大历史事件蕴含的爱国主义教育资源，组织开展系列庆祝或纪念活动和群众性主题教育。抓住国庆节这一重要时间节点，广泛开展"我和我的祖国"系列主题活动，通过主题宣讲、大合唱、共和国故事汇、快闪、灯光秀、游园活动等，引导人们歌唱祖国、致敬祖国、祝福祖国，使国庆黄金周成为爱国活动周。充分运用"七一"党的生日、"八一"建军节等时间节点，广泛深入组织各种纪念活动，唱响共产党好、人民军队好的主旋律。在中国人民抗日战争胜利纪念日、烈士纪念日、南京大屠杀死难者国家公祭日期间，精心组织公祭、瞻仰纪念碑、祭扫烈士墓等，引导人们牢记历史、不忘过去，缅怀先烈、面向未来，激发爱国热情、凝聚奋进力量。

发挥传统和现代节日的涵育功能。大力实施中国传统节日振兴工程，深化"我们的节日"主题活动，利用春节、元宵、清明、端午、七夕、中秋、重阳等重要传统节日，开展丰富多彩、积极健康、富有价值内涵的民俗文化活动，引导人们感悟中华文化、增进家国情怀。结合元旦、"三八"国际妇女节、"五一"国际劳动节、"五四"青年节、"六一"国际儿童节和中国农民丰收节等，开展各具特色的庆祝活动，激发人们的爱国主义和集体主义精神。

依托自然人文景观和重大工程开展教育。寓爱国主义教育于游览观光之中，通过宣传展示、体验感受等多种方式，引导人们领略壮美河山，投身美丽中国建设。系统梳理传统文化资源，加强考古发掘和整理研究，保护好文物古迹、传统村落、民族村寨、传统建筑、农业遗迹、灌溉工程遗产、工业遗迹，推动遗产资源合理利用，健全非物质文化遗产保护制度，推进国家文化公园建设。推动文化和旅游融合发展，提升旅游质量水平和文化内涵，深入挖掘旅游资源中蕴含的爱国主义内容，防止过度商业行为和破坏性开发。推动红色旅游内涵式发展，完善全国红色旅游经典景区体系，凸显教育功能，加强对讲解员、导游等从业人员的管理培训，加强对解说词、旅游项目等的规范，坚持正确的历史观和历史标准。依托国家重大建设工程、科学工程等，建设一批展现新时代风采的主题教育基地。

第二章　乡村振兴实干攻坚篇

第一节　选题解读

党的十九大提出实施乡村振兴战略，是以习近平同志为核心的党中央着眼党和国家事业全局，深刻把握现代化建设规律和城乡关系变化特征，顺应亿万农民对美好生活的向往，对"三农"工作作出的重大决策部署，是决胜全面建成小康社会、全面建设社会主义现代化国家的重大历史任务，是新时代做好"三农"工作的总抓手。

乡村兴则国家兴，乡村衰则国家衰。我国人民日益增长的美好生活需要和不平衡不充分的发展之间的矛盾在乡村最为突出，我国仍处于并将长期处于社会主义初级阶段的特征很大程度上表现在乡村。全面建成小康社会和全面建设社会主义现代化强国，最艰巨最繁重的任务在农村，最广泛最深厚的基础在农村，最大的潜力和后劲也在农村。当前我国农业农村基础差、底子薄、发展滞后的状况尚未根本改变，经济社会发展中最明显的短板仍然在"三农"，现代化建设中最薄弱的环节仍然是农业农村。

实施乡村振兴战略，是解决新时代我国社会主要矛盾、实现"两个一百年"奋斗目标和中华民族伟大复兴中国梦的必然要求，具有重大现实意义和深远历史意义。实施乡村振兴战略是建设现代化经济体系的重要基础、建设美丽中国的关键举措、传承中华优秀传统文化的有效途径、健全现代社会治理格局的固本之策、实现全体人民共同富裕的必然选择。

乡村振兴需要广大新时代青年的热忱参与，也是广大新时代青年的时代责任。青年助力乡村发展和建设具有光荣的传统。新中国刚刚成立的20世纪50年代初期，国内就出现了城市中小学毕业的青年学生志愿去山区、农村、边疆参加农村社会主义建设的举动。在50年代中后期，"知识青年上山下乡"的概念被提出，得到了毛泽东等党和国家领导人的高度肯定。从20世纪50年代中期到70年代末，轰轰烈烈的"知识青年上山下乡运动"在全国范围内蓬勃开展起来，磨砺了当时广大知识青年的意志和品格，对改变当时农村落后面貌，推进农村教育普及、合作医疗制度和乡镇企业的建立都起到了重要作用。习近平总书记曾经也是"知识青年上山下乡运动"中的一员，1969年1月，年仅15岁的习近平来到陕西省延川县梁家河大队插队落户，与当地百姓"一块吃、一块住、一块干、一块苦"，当了整整七年农民。习近平接受艰巨挑战，一步一步迈过了跳蚤关、饮食关、劳动关、思想关这"四关"，将青春燃烧在了革命圣地广袤的黄土地上。青年习近平积极投身乡村建设，助力乡村振兴的知青经历，永远值得我们广大新时代青年学习。

"知识青年上山下乡运动"结束后，青年与乡村的联系却未曾割断。在20世纪80年代初，团中央首次号召全国大学生在暑期开展"三下乡"社会实践活动，"三下乡"从此成为广大青年走进基层、走进乡村、贡献才智、贡献力量的代名词。1996年12月，中央宣传部、国家科委、农业部、文化部等十部委联合下发《关于开展文化科技卫生"三下乡"活动的通知》。1997年，"三下乡"活动在全国正式开展，并一直延续至今。每年全国各地各高校数百万青年学生以"三下乡"社会实践的方式，深入田间地头、社区街道、厂矿车间，来到革命老区、贫困地区、边疆地区和少数民族地区，开展理论普及宣讲、科技支农帮扶、支教关爱服务、文化艺术展演等活动，一方面将自己在校所学的先进科学知识、生活观念在广大农村传播，另一方面也让大学生亲身参与到乡村振兴战略中去，为大学生了解中国国情开启了一扇窗口，将高等教育与新农村建设的密切关系进一步推进，进一步提升实践能力和综合素质，增强社会责任感和历史使命感，沿着正确的成长成才道路前进。

习近平总书记曾经指出，当代中国青年要有所作为，就必须投身人民的伟大奋斗。同人民一起奋斗，青春才能亮丽；同人民一起前进，青春才能昂扬；同人民一起梦想，青春才能无悔。当前我们的国家正在开展轰轰烈烈的中国特色社会主义现代化建设，正在朝着建设富强、民主、文明、和谐、美丽的社会主义现代化强国目标不断前进，正在努力实现中华民族伟大复兴，是乡村振兴战略在这段征程上的重要一环，作为青年人，我们理应作出贡献。

近年来，党和国家推出多项政策措施鼓励支持青年人参与到乡村振兴之中，也有无数青年积极响应党和国家的号召，用实际行动助力乡村振兴。党的十八大提出全面建成小康社会后，"精准扶贫""脱贫攻坚"成为全社会的重要行动，党的十九大进一步提出乡村振兴战略，更加激发了青年人立足乡村干事创业的热情。有的青年放弃大城市原本报酬丰厚的工作，响应"大众创业、万众创新"政策，返乡办起农业专业合作社，发展现代农业；有的青年担任大学生村官，投入精准扶贫工作之中，在摸清扶贫对象的基础上办讲堂、做培训、搞创业，带领农民闯出一条致富新路；更多的青年则通过社会实践的方式，利用寒暑假课余时间，深入农村，访贫问苦，用智慧、专业知识和双手去真正为乡村振兴尽一份力量。近两年全国"三下乡"社会实践活动中，将"投身乡村振兴"作为一个专项计划，整合多方面资源，设计多项主题活动鼓励青年参与，激发了广大新时代青年参与乡村振兴的积极性和主动性。2019年6月，团中央发起了"返家乡"社会实践活动，鼓励广大新时代青年通过政务实践、企业见习、公益实践、兼职锻炼等方式参与家乡建设，服务家乡中心工作和经济社会发展，得到全国各地青年学生的积极响应，许多"走出大山、走出田地"的青年学生也借此机会深入了解家乡现状，为家乡作出力所能及的贡献，并在心中埋下了"学成归家、建设家乡、助力乡村振兴"的种子。

这一领域社会实践的选题方向主要有：

选题具体方向一：乡情调研。毛主席教导我们，"没有调查就没有发言权"，助力乡村振兴，深入了解乡村经济社会发展实际情况是首要环节和重要基础。开展以乡村情况调研为主要内容的社会实践活动可主要从以下方向选其一着手开展：（1）乡村教育情况，可从学校基础设施建设、教学质量、教师队伍建设等角度研究，常见调研课题如乡村中小学教育发展现状及存在问题、乡村教师发展路径及待遇保障、原乡村代课教师或民办教师现状等；（2）乡村医疗情况，可从卫生室建设、医生队伍建设、日常医疗保健服务水平、医疗保障制度建设等角度研究，常见调研课题如新型农村合作医疗制度实施情况及存在问题、社区医生发展路径及待遇保障、原乡村赤脚医生现状等；（3）乡村住房情况，可从宅基地制度改革、集体经营性建设用地入市等角度研究，常见调研课题如宅基地"三权分置"改革实施情况和现实困难、村庄用地规划编制情况和存在问题等；（4）乡村交通等基础设施建设情况，可从"四好农村路"建设、农村公路管理养护体制改革、水利设施建设、生活用水供给、用电供给、网络电信设施建设、清洁能源推广等角度研究，常见调研课题如农村公路基础设施建设维护现状、农村 4G 网络发展现状、农村清洁能源推广存在问题与现实困难等；（5）乡村农业发展情况，可从耕地保护、畜牧养殖、合作化经营、三权分置与土地流转改革情况等角度研究，常见调研课题如农村合作社经营现状及现实困难等；（6）乡村生态环境保护情况，可以从生活垃圾回收处理、生活污水处理、水土保持、山林保护与植被修复等角度研究，常见调研课题如垃圾分类回收现状及存在问题、生活污水处理现状及存在问题、水土流失现状及综合治理对策等；（7）乡村弱势群体关爱与养老、特困群体保障情况，可以从留守儿童、留守老人、弱势群体、特困群体、养老保障等角度研究，常见的调研课题如留守儿童现状及存在问题、留守老人现状及存在问题、乡村养老保障现状及存在问题等；（8）乡村文化情况，可以从民间文化艺术、传统工艺振兴、非物质文化遗产保护传承等角度研究，常见调研课题如乡村公共文化服务体系建设现状、非物质文化遗产保护现状及存在问题、传统工艺振兴路径等；（9）乡村旅游开发情况，可以从旅游资源开发、旅游基础设施建设等角度研究，常见调研课题如旅游资源开发路径、旅游发展现状及存在问题、"农家乐"发展现实困难及发展对策等。

选题具体方向二：乡村建设。除开展调研、发现问题和提出解决对策外，积极参与乡村基础设施建设和基层综合治理，也是青年学生在社会实践中参与乡村振兴的重要途径。青年学生可以依托个人及高校资源，积极通过引进资源、提供专业性智力支持和技术保障等方式，参与农村道路、水利、电信网络等基础设施建设，同时也可以作为志愿者积极参与到基础设施建设的义务劳动之中，用双手帮助乡村改变落后陈旧面貌。多年来，北京科技大学的青年学生，有的运用土木工程方面专业知识，为乡村设计排水管渠，让村庄能够在百年一遇的山洪灾害中幸免于难；有的运用计算机、通信工程方面专业知识，为村庄建设宣传网站、设计规划无线网络基站布局等，为乡村电信发展和观光旅游作出贡献；有的通过募捐或联系民间商会、大型企业等社会资源，为乡村建设桥梁、村庄道路硬化等提供资金支持，并亲身参与修路、修桥的志愿劳动之中。近年来，由共青团中央发起的"返家乡"社会实践专项行动也是青年学生参与乡村建设与治理的重要途径，青年学生可以通过"返家乡"社会实践行动，到当地乡镇团委或其他职能部门、村委会等挂职锻炼，协助村主任、村党支部书记和大学生村官开展日常工作，为乡村建设和发展贡献青年力量。

选题具体方向三：乡村服务。公益服务是青年学生走入社会、了解社会、奉献社会的重要方式，从事力所能及的服务加强了学生与社会的联系，使大学生打破了书本学习的局限，运用所学知识和技能服务人民，同时锻炼自身的专业知识技能，提升自身的综合素质能力，培养为人民服务的道德观念，弘扬社会主义道德风尚。目前，青年学生主要以"三下乡"社会实践方式来到乡村开展公益服务，具体内容有：一是科普宣传、生产指导服务、实用技能推广，实践团可以广泛宣传科学常识、环保知识、作物种植管护知识等，针对农业生产实际提供上门指导或开办技能指导讲座，提升农民群众的农业生产知识水平。二是支教，实践团可以通过与当地中小学联系合作、开办暑期专题辅导课堂或夏令营等方式进行支教帮扶，支教内容既可以是对语文、数学、英语等常规科目的补习或辅导，也可以是包含团体心理辅导、素质拓展、智力开发等内容的创新课程。三是文化文艺服务，实践团可以在乡村组织农民群众喜闻乐见的电影放映、文艺演出等文化艺术活动，也可以举办文艺知识讲座，或者为当地农家书屋、图书站捐赠书籍等方式开展服务，进一步提升农民群众的文艺素养。四是党的创新理论、方针政策和法律法规知识宣传宣讲，实践团既可以组织开展一系列涉及党的新理论、新思想、新战略的知识宣讲活动，如党的十九大精神宣讲、习近平新时代中国特色社会主义思想宣讲等，也可以以宪法、民法、婚姻法、继承法、森林法、土地法、义务教育法等与农民生产生活相关的法律法规为重点内容，向农民群众宣传和普及法律知识，增强法律意识和法律观念，提升农民群众知法、守法、学法、用法的能力，助力乡村民主法治建设。五是敬老助残，关心社会弱势群体，实践团可以同当地敬老院、特殊教育学校或村委会联系合作，为孤寡老人、残疾人等社会弱势群体提供必要的帮扶，依托社会实践组织募捐活动，向他们捐赠必要的生活必需品，通过在敬老院等机构开展为期两周的志愿服务活动，力所能及地帮助他们改善居住环境，做好日常关心陪护，送去来自社会的关心和温暖。

选题具体方向四：扶贫开发。打好精准脱贫攻坚战是实施乡村振兴战略的优先任务，到2020年我国将实现现行标准下农村贫困人口脱贫，贫困县全部摘帽，解决区域性整体贫困。但这并不意味着扶贫工作已经画上句号，应当看到，2020年农村贫困人口脱贫后，乡村经济社会发展程度与城市仍有一定差距，城乡差距带来的问题仍然没有完全解决。逐步缩小城乡差距，进一步提升农民收入水平和生活水平，仍有很长一段路要走，仍需要乡村振兴战略发挥积极作用。新时代青年知识广博、思想活跃、敢闯敢拼，是投身乡村振兴、扶贫开发的主力军和生力军，近年来，许多青年学生依托高校创业团队和创业项目，为农村地区带去专利、技术、服务和渠道平台，以知识、技术和创业资源挖掘乡村农业特产、旅游资源潜力，带动农民脱贫致富。北京科技大学本科生杨国庆同学就通过自己发起开展的农产品电商创业项目——"孟子居"积极参与到甘肃秦安、陕西延安、河南鲁山等地偏远乡村的农产品网上销售活动，通过大学生创业团队的电商销售技术支持和营销渠道为贫困地区农产品做销售推广，成功助力贫困地区乡村农产品合作社、生产加工企业实现了经营利润增长，帮助贫困农户增加了收入，为国家精准扶贫作出了贡献。

第二节　典型案例

📑 案例1：北京科技大学"心路"云南益心益意实践团

从修筑出村土路到疏通意识觉醒的心路

【事迹简介】

云南省曲靖市沾益区炎方乡双河苗族村位于距离县城3小时车程的偏远山区，全村共有28户家庭，每户平均有25亩地。由于当地位置偏远、道路不畅，每逢土豆等农作物收获季节，因无法及时运出而发芽的土豆堆得有半人高。2015年8月，心路——云南"益心益意"实践团来到这里，一方面立足该村贫困现状，调查当地贫困原因及帮扶途径，针对生产力因素、教育发展情况、村民生活情况等内外因进行调查，查找影响该村贫困的关键因素；另一方面结合调查结论和当地现实需求，联系当地政府扶贫办等单位，争取道路建设项目支持，结合众筹筹集资金，助力当地开展出村道路硬化等基础设施建设工作。

实践团遵循"先调研情况后提出对策"的思路，深入乡村，通过鱼骨法、排除法和对比法，梳理造成当地贫困的相关因素，并将众多原因一一分析并筛选排除，从经济因素、教育因素、基础设施因素和其他因素四个方面展开分析，探究影响贫困的最主要原因。通过综合分析，实践团成员认为影响该村贫困的主要因素是交通不便，因此他们积极推进宣传，多方联系资源，希望社会各界关注到该村的情况，前期众筹筹集资金1.3万元。实践团多次与曲靖市扶贫办联系，推动330万基础设施改善资金落实到位，部分资金与众筹资金一道用于修建4.5米宽、总长约5公里的出村道路和进行道路硬化建设，其他资金将用于村中其他基础设施建设。在道路建设过程中，实践团成员同村民一起当义工，参加道路硬化工作，用劳动助力乡村振兴。

实践团针对当地村庄的落后面貌，也策划开展了一系列帮扶活动，团队成员在调研走访时注意到很多村民家中缺少全家福照片，于是组建专项小组，到28户村民家中拍摄全家福照片并将照片洗出送到每户家中。实践团在当地组织了为期两天的线下募捐活动，共筹得善款1024元，善款购置9袋大米资助该村3家特困户。实践团还与当地民间公益组织合作达成两个长期项目资助协议，分别是对60岁以上老人进行物资补助和定期带孩子看世界。

实践团同该村建立了长期合作关系，在2016年和2017年间，实践团继续从调查研究和公益服务两个方向利用暑期面向该村开展对口帮扶的社会实践活动，一方面从经济、教育、医疗等方面开展走访普查，探究经济拮据、教育医疗资源落后、教育意识淡薄等背后的深层次原因，形成了村民信息数据库、学术论文、调查手记、访谈集等成果，基于实践数据撰写的学术论文《大学生在公益扶贫中的角色困惑与定位——以心路实践团云南苗族村精准扶贫实践活动为例》获校第十八届"摇篮杯"课外学术科技作品竞赛二等奖；另一方面继续开展与民间公益组织合作项目，针对该村适龄青少年举办走出大山、外出看世界的夏令营，设置读书梦、科技梦、祖国梦三个主题，邀请多名少年来到首都北京，到天安门广场观看升国旗仪式，到北京大学等高校参观学习，到中关村科技园、崇文青少年科技馆等感受科技魅力，在孩子们心中埋下"知识改变命运"的种子。

【教师评析】

在实践主题上，实践团紧扣乡村振兴、精准扶贫等国家战略和方针政策，能够真正深入到祖国边疆地区的偏远乡村开展社会实践活动，到最贫困的地方体验生活，磨砺意志。双河苗族村地理位置偏僻，道路泥泞，机动车难以通行，牛车是村民常用的交通工具，很多家庭经济拮据，衣着破烂，住房昏暗，有的家庭甚至连温饱问题都没有解决，这些都给实践团成员带来了很大的震撼，激励他们为改变当地落后面貌尽一份自己的力量，向当地贫困村民带去来自社会的关怀；在实践内容上，实践团从网上众筹、线下募捐、联系基金会求助、走访当地民政局和扶贫办等多角度出发，最终让双河苗族村的情况得到了当地政府部门的重视，承诺后续将提供专项扶贫拨款改善当地基础设施，真正为当地百姓做了实事；在后续实践深化和转化方面，实践团聚焦留守儿童关怀问题，策划赴京夏令营活动，从多渠道调研，为当地乡村振兴和脱贫致富建言献策。

但实践团在一些方面仍需改进。在实践过程中，由于实践团成员缺乏与当地政府相关部门的前期沟通，在申请线下募捐时遭遇重重困难，希望联系云南省内公益基金会支持也遭到拒绝，在联系民政局、红十字会等单位寻求支持时，由于对政府内部工作原则、工作流程缺乏了解，一些实践证明材料也无法得到认可。实践团与当地扶贫干部、村委会的后续深度合作比较欠缺，帮扶范围有待进一步拓展。

📑 案例2：北京科技大学乡桥公益实践团

用乡桥连通迈向幸福生活的康庄大道

【事迹简介】

张家界市慈利县龙潭河镇渠溶村地处慈利县东南边陲，全村共设10个村民小组，共204户、1400余人，是龙潭河镇最偏远的村，经济基础比较薄弱。年轻人大多外出打工，村民的主要经济来源是农作物种植收入，以水稻和玉米为主，村民人均年收入6000元左右。该村有一座桥梁曾被洪水冲毁四年多，桥梁原址仅剩一座立柱和桥梁两侧的地基，导致村民多年来过河多有不便，不得不蹚水过河或绕行很远的山路过河。每逢夏秋丰水时节，河流水位暴涨，水流湍急，蹚水过河变得十分危险，给当地居民带来了很大困扰。而当地村委会经费有限，乡镇政府对当地关注度也不够，用于维护修缮桥梁的公用事业资金寥寥无几。

在了解到当地村民过桥需求后，实践团积极向社会各界寻求资金赞助，经过多方询问得知，慈利县零阳商会经常组织公益慈善活动，多次下乡扶贫，帮助了许多贫困家庭，因此实践团决定向商会寻求资金支持。通过电话沟通，实践团的想法与商会的公益初衷不谋而合，商会对本次活动十分支持并表示愿意提供修桥费用。在得到资金赞助后，实践团继续寻找合适的施工队伍，并在实践正式开始前与施工队共同商定了钢架桥建筑图纸。经过实践团与施工队共同策划，新建桥梁在利用和加固桥梁的原地基基础上进行修筑，桥梁竣工后长15米、宽1.5米，采用直径24厘米的钢筋以及结实的钢材，桥底比照河面高约三米，在丰水期可以避免河流水位暴涨的影响，焊接的钢结构使得桥梁能够有效抵御洪水的侵袭，同时为渡桥的村民提供安全的过桥道路。

实践团到达渠溶村后，积极投身到桥梁建设工作中去，协助施工队清除河边杂草、搬运修桥材料、清理水道等，与村民们共同劳作，经过八天的辛苦修建最终顺利完工。实践团一方面积极配合施工队的工作，另一方面也积极与村民们联系采访了解当地情况，提供力所能及的志愿服务，体验农村生活和田间管理工作，帮助农户制作烤烟、喷洒农药，得到了当地村民的好评。实践团到当地敬老院慰问，用实践团成员募捐获得的捐助资金为老人们购买牛奶、水果、面包等慰问物资，表演文艺节目，带去来自大学生的关怀。实践活动不仅得到当地渠溶村村民的交口称赞，也受到当地新闻媒体的广泛关注，慈利县电视台对实践团进行了专题采访，并将实践事迹以《"00后"深入基层，用实践绘就最美青春》为题在慈利县新闻频道播出，张家界新闻网、慈利新闻网、红网时刻、慈利县政府门户网等也对实践事迹予以跟踪报道。

【教师评析】

在实践主题上，实践团积极参与到乡村振兴国家战略之中，深入农村地区发现问题、解决困难，从基础设施建设方面入手，争取外部资金修建人行桥，方便了桥梁两岸村民的交通出行，为实践地农村作出实实在在的贡献，受到当地村民的认可和好评；在实践内容上，实践团从公益服务角度出发，在参与设计桥梁、整修河道、辅助桥面施工等活动之余，也深入到农民家中，帮助农户制作烤烟、喷洒农药，到敬老院关怀慰问老人，提供了力所能及的志愿服务，在志愿服务过程中体验了当地农民生产生活的艰辛，磨砺了意志；在实践成果上，实践团引进资金并参与修建了渠溶村人行桥，实践事迹受到慈利县电视台等当地新闻媒体的广泛关注，具有较好的社会影响。

但实践团在一些方面仍需改进。实践项目难以形成长效机制，没有深入挖掘可以长期开展及深入帮扶之处。实践活动相对分散，除协助修筑桥梁外，其他活动难以将大学生专业知识应用到实际，无法较好地体现出大学生通过社会实践方式开展志愿服务的知识性和创新性。

案例3：北京科技大学孟子居农产品电商扶贫实践团

电商扶贫的泥土智慧

【事迹简介】

孟子居创业团队成立于2015年3月，团队扎根于北京科技大学，通过建立可持续的农产品电商扶贫运营模式，在经济和知识双方面帮扶贫困地区。在过去的5年里，孟子居创业团队组织了22个实践团234名大学生，走访中国11个省，调研16个贫困县，走访了185户贫困户、帮助农户增收150余万元，获得过30余项国家级、省部级奖项。团队成立至今，已经举办过"孟子居生态零食杯"校园营销大赛，"12·9苹果树之恋"果树认购活动、秦安公益营销大赛、延安"五枣俩核桃"扶贫计划、延安"梁家河"果树DIY等扶贫策划，得到了非常热烈的反响。

孟子居基于创业导向的社会实践探索自2015年暑期便已经开始，孟子居创业团队的发起人和负责人杨国庆同学组建"北京科技大学农产品电商创业实践团"，前往北京、安徽、山东等三地进行社会实践，丰富自己的创业项目。实践团与电商企业的佼佼者"三只松鼠"反复沟通，才最终"感动"对方，同意当年8月实践团成员前往芜湖进行现场参观学习。2015年11月，基于实践调研的孟子居农产品正式上线。同时，实践团策划孟子居杯"校园公益营销大赛"，帮助山东农民销售产品8万余元，这些都在一步步坚定杨国庆帮助农民脱贫致富的决心。2016 年暑假，在了解到北京科技大学对口扶贫单位秦安县的现状后，杨国庆同学发起组建"北京科技大学甘肃省秦安县农产品电商扶贫实践团"，带队前往秦安进行为期两周的社会实践。回到学校后，实践团发起北京科技大学"12·9 苹果树之恋"活动，在这个历史事件背景下，号召 129 个团支部认购来自秦安贫困户的 129 棵果树，促成北京科技大学管理协会与甘肃省秦安县华园果业公司举办公益营销大赛，帮助秦安县地区销售贫困户的苹果，共有 60 余支团队 300 余人参加，销售额达 20 余万元，成功帮助当地 8 户贫困果农。2017 年暑假，孟子居创业团队继续组织了 8 个实践团 100 余人前往陕西延安、河南鲁山等地进行社会实践，向贫困地区农民传授电商知识，与贫困地区企业一起就电子商务销售发展出谋划策。

实践团连续四年六次前往秦安县进行实践帮扶，与当地农户形成了如同亲人般的紧密合作关系，累计给秦安果农开办电商培训十余场，帮助秦安贫困果农销售农产品 40 余万元。而当地农民感激孟子居创业团队的，不仅仅是经济的帮助，还有知识的帮扶。其中一位果农说："我最感谢孟子居创业团队的不是帮助我多销售了几千元，而是教会了我用微信跟女儿说话。"实践团多次前往延安，积极促进项目落地，与共青团延安市委签署"定向帮扶延安市贫困户销售农特产品战略协议"，完成"五枣俩核桃"项目的营销策划、包装设计，帮助延安果农制定"梁家河"果树 DIY 扶贫计划，前往了延川县种植红枣的李金辉等数户贫困户家中了解情况，带领更多青年加入精准扶贫公益创业队伍。团队总计 7 次前往延安进行志愿帮扶，与 30 余户农户对接，帮助延安的农户销售核桃、红枣、苹果等农产品达 40 余万元。

孟子居创业团队依托社会实践开展扶贫帮扶的先进事迹先后多次受到中央电视台《新闻联播》、"人民日报"、大学生杂志社等媒体报道。孟子居创业团队在革命圣地延安参加教育部主办的"青年红色筑梦之旅"活动时，创业团队负责人杨国庆同学作为执笔人之一给习近平总书记写信汇报了在延安的学习心得，并很荣幸收到了习近平总书记的回信。团队坚持发挥大学生的优势，把精准扶贫同"扶智""扶志"相结合，为贫困地区农民带去的不仅仅是技术与财富，更是知识、是意识、是思想，孟子居创业团队也致力于为我国全面建成小康社会尽自己的一份力量。

【教师评析】

在实践主题上，实践团紧扣乡村振兴、精准扶贫等国家战略，将大学生网络技术、市场运营、宣传推广等专业知识技能应用到扶贫工作中，运用电子商务模式帮助农民推销农产品，促进农民增加农产品销售收入，真正实现脱贫致富。在实践方式上，实践团将创业项目与公益扶贫相融合，一方面"孟子居"电商创业项目可以通过直接对接贫困农户拓展上游供货渠道，找到适销对路、物美价廉的产品，减少中间环节，降低产品成本，另一方面贫困农户也在"孟子居"电商创业项目帮助下解决了农产品销路不畅、存货积压、供应商大幅压低售价等问题，实现了创业项目和贫困农户的双赢。在实践成果上，实践团连续多年的实践活动帮助山东农户实现销售收入 8 万余元，帮助延安农户实现销售收入 40 余万元，电商扶贫事迹也受到三次中央电视台《新闻联播》、两次"人民日报"、大学生杂志社等媒体报道，社会反响良好。

但实践团仍有可以改进之处。实践团从 2015 年开始延续至 2019 年，实践内容逐渐步入瓶颈，随着广大乡村地区新型农业生产合作社、农村电商计划等发展和普及，实践团开展电商扶贫的切入点逐渐有限，所对应的电商创业项目也缺乏明朗的发展空间，实践项目未来开展中还需要从电商知识培训、农产品深加工、电商销售创新等方面进一步探索电商扶贫长效机制。

案例 4：北京科技大学"暖星"云南留守儿童心理关怀实践团

春风化雨　爱洒泸西
——为留守儿童送去关爱

【事迹简介】

"父母在远方，身边无爹娘，读书无人管，心里闷得慌，安全没保障，生活没希望"。这首诗描述的正是留守儿童的生存现状。留守儿童是近年来我国乡村地区由于富余劳动力向城镇转移而出现的一个突出现象，尤以中西部乡村地区为最。由于中西部乡村地区教育师资和基础设施匮乏，留守儿童长期无法得到来自家庭和父母的关爱，也难以通过学校教育促进身心健康，他们的成长发展和心理健康需求需要来自社会的关注和重视。

2016年至2019年四年间，北京科技大学暖星云南留守儿童心理关怀实践团来到位于云南省泸西县玄天文武学校，针对留守儿童开展支教帮扶，走进留守儿童内心，推动其健康成长。实践团秉承"思想转变、意识觉醒"的理念，将教育性、趣味性、实践性融入支教活动中，将支教周期划分为"建立信任-认识自我-发展自我"三阶段，以"特色小班""社工活动""一对一"心理关怀三方面为线，通过"团队、梦想、友情、沟交、个性、改变"六个主题的特色小班和"团队、自我、差异、挑战"四个层次的社工活动设计，在课堂和活动中观察、了解每一个学生，根据学生的课堂和活动表现选择了19位"一对一"关怀对象做固定的观察和心理疏导。

特色小班用"实践+学生"的模式，实现感情的培养和主题的深入，"社工活动"用"小组游戏+集体分享"模式，在小组中观察学生的表现，在集体中分享活动的心得，加深对学生的了解，实现活动主题的升华。一对一关怀是活动的重点，实践团采用行为治疗模式，将小组行为的传递性和个案治疗的目的性相结合，在日常活动和相处中发现问题，以科学的方式设计不同学生个性化的帮扶计划，走进学生的内心，致力于通过短期的心理帮扶达到长期的效果。在此基础上，实践团还设计了"定向越野""电影配音大赛""文艺汇演"等素质拓展活动，最大程度地丰富学生的校园生活。

四年来，实践团在学校累计开展教学360余小时、举办趣味运动会、文艺汇演等各类活动30余场次，一对一帮扶学生80余人次，设计、完善主题教案1套，收集学生测评问卷、课堂参与评估表、分析报告等2000余份，制作MV、Vlog、微记录10余部，改编歌曲《暖星伴我的日子》，并将实践照片制作为影像集。通过"亲身实践+理论研读"，基于马斯洛需求等理论基础，实践团探索出了一套"规范与竞争同步，引导与矫正同驱"，以社工活动做引导、小班分享促升华、意识觉醒为目的的支教模式。实践团年均为学校募捐5000余元，为学校购置热水器1台、投影设备1套，体育器材和学习用品若干。实践团的支教活动也得到当地新闻媒体的广泛关注，先后被云南省红河州泸西县电视台、泸西日报、红河日报等进行跟踪报道，"中国青年网""泸西之窗""云南之窗"等网站也有相关报道，得到了社会各界的广泛好评。14天的心理关怀，意识觉醒的种子已在当地学校孩子的心里生根发芽，大部分孩子从消极走向乐观，从自闭走向开朗，开始寻求积极向上的生活态度。实践团成员也通过实践活动与被支教学生建立了友谊，深切认识到贫困地区的教育资源差距，坚定了努力学习知识、助力祖国发展的信念，积累了策划活动、组织活动、人际沟通等方面经验，许多实践团成员表示以后会将志愿服务坚持下去，用自己的实际行动扎根乡村基层、关爱留守儿童。

【教师评析】

从实践主题上，实践团从关怀留守儿童出发，通过乡村支教的方式助力乡村振兴，一方面将"扶贫"与"扶智"相结合，为中小学生提供课程知识辅导，培养学习兴趣，提升学习成绩，拓展知识广度，另一方面将"扶贫"与"扶志"相结合，为自卑抑郁、缺乏关爱的留守儿童提供心理辅导，培养留守儿童的自信心和责任感，帮助留守儿童走出心理阴影，明确人生目标，激发内在动力。从实践内容和方法上，实践团将志愿服务与专业知识相结合，用社会学、心理学的专业方法、理念去设计支教活动，形成完备的活动策划，增强了支教活动的针对性、有效性和趣味性，更易于得到学生的接纳和认可。从实践成果上，实践团除支教外，也通过众筹、募捐等方式为支教学校引进外部帮扶资金，用于改善学校基础设施和教学用具，让留守儿童得到更多人的关心和关注，实践事迹得到了云南省红河州泸西县电视台、泸西日报、红河日报等新闻媒体的关注和报道。

但实践团仍有可以改进之处。在实践过程中，专业教师对实践团的指导和参与体现不多，可以进一步从指导教师处获得更多支持和帮助。实践团成员以大一年级学生为主，专业知识技能不足，开展心理辅导的水平十分有限，可在未来实践中为实践团成员增加心理辅导技能的专题培训，为有序开展实践活动夯实基础。

案例5：北京科技大学村干部视角民族地区脱贫成效研究实践团

苗族地区基层扶贫干部胜任力调查

【事迹简介】

扶贫工作是目前我国乡村振兴战略的重点，从中央到地方都高度重视，是"全面建成小康社会"战略目标实现的重要部署。精准扶贫是通过对贫困户和贫困村精准识别、精准帮扶、精准管理和精准考核，引导各类扶贫资源优化配置，实现扶贫到村到户，为科学扶贫奠定坚实基础。精准扶贫除强调帮扶对象的精准，同时也包括选派基层干部的精准。驻村干部和村干部作为扶贫政策的具体落实者和执行者，工作在我国扶贫事业的最前线，直接与村民接触，发挥着连接村民与基层政府的作用，其能力素质强弱直接关系到扶贫政策在基层的落实和执行，在我国扶贫工作中发挥着非常重要的作用。贵州省黄平县谷陇镇由于自然条件和人口因素等多种原因，贫困程度深、贫困人口多、贫困面大，属于贵州省二类贫困乡镇。因此，谷陇镇既具有贫困地区的普遍性，又有少数民族地区的特殊性，具有典型的研究意义。

实践团于2018年7月28日至8月11日期间，在贵州省黔东南苗族侗族自治州黄平县谷陇镇展开了为期十四天的调研实践，了解谷陇镇近几年的发展情况、村民对脱贫的切身体会以及基层扶贫干部针对脱贫问题采取的实际措施，探讨在农村贫困地区开展反贫困的农村社会工作的策略和方法。实践团共发放问卷500份，有效回收问卷490份，通过分析收集到的问卷数据，他们了解到该地主要以苗族为主，年轻劳动力外流严重，留守老人和孩子居多，文化程度偏低。近几年的扶贫工作开展成效显著，贫困户的生活水平多有提高，教育医疗条件明显改善，基层扶贫干部工作态度较为严谨认真，但其工作中也存在一定的问题。实践团基于胜任力素质能力模型，运用实地观察法、深度访谈法、问卷调查法、文献研究法，对基层扶贫干部的工作能力、扶贫成效进行调研，最终发掘贫困内因，总结扶贫经验，提出扶贫建议。实践团拍摄的纪录片《黔守》展现了黔东南地区人民的生活面貌，记录了贵州省谷陇镇的脱贫成效。

在了解到贵州省谷陇镇人民政府因缺少相关专业技术人员，官方微信公众号运营状况欠佳，其人民政府官方网站处于无人管理的情况后，实践团积极和政府负责人员联络，主动提出为谷陇镇政府搭建宣传网站、为相关人员进行技能培训，发挥自身技能，助力政府工作。实践团的活动受到"中国青年网"等媒体报道，基于调研撰写的学术论文《苗族地区基层扶贫干部胜任力调查——基于贵州省黔东南黄平县谷陇镇基层扶贫干部的经验研究》获第十六届"挑战杯"全国大学生课外学术科技作品竞赛三等奖、第十届"挑战杯"首都大学生课外学术科技作品竞赛社会组特等奖。

【教师评析】

在实践主题上，实践团立足精准扶贫在贵州省少数民族地区实施情况这一方向展开调研，打破了以往实践团主要聚焦农村经济、教育、医疗、基础设施等领域的惯例，创新调研视角，从扶贫干部这一角度出发，结合问卷调查法、深度访谈法，在胜任力理论、胜任力素质冰山模型的基础上，分析基层扶贫干部在当前扶贫工作中存在的能力问题，为基层扶贫干部的扶贫工作开展提供一些建议。目前国内学界理论研究领域，以基层扶贫干部群体作为研究对象的学术成果较少，因此具有较高的调研价值。在实践方法上，实践团主要采用线下访谈和问卷调研等方法开展调研，访谈基层扶贫干部30余人，积累了大量第一手资料，同时避免了线上调研数据失真度高的问题，实地观察严谨细致，理论模型构建科学。在实践成果上，指导教师给予了认真、全面、深入的指导，为实践团的学术成果夯实基础，实践团根据调研撰写的调研报告、访谈录、学术论文等材料条理清晰、论点明确、论据有力、学术规范性强。

但实践团仍有可以改进之处。实践团问卷调研样本选取缺乏有效规划，以街面商铺个体工商户为主，部分样本代表性值得商榷。调研过程中由于问卷题量较大，题目设计对文化程度偏低人群缺乏支持，被调查者有一定抵触心理。调研报告分析较简单，主要从不同选项数量对比、百分比对比等角度做了初步分析，缺乏更深入的多因素关联分析与探讨。

第三节　拓展阅读

拓展阅读：乡村振兴战略规划（2018—2022 年）

乡村振兴战略规划
（2018—2022 年）

党的十九大作出中国特色社会主义进入新时代的科学论断，提出实施乡村振兴战略的重大历史任务，在我国"三农"发展进程中具有划时代的里程碑意义，必须深入贯彻习近平新时代中国特色社会主义思想和党的十九大精神，在认真总结农业农村发展历史性成就和历史性变革的基础上，准确研判经济社会发展趋势和乡村演变发展态势，切实抓住历史机遇，增强责任感、使命感、紧迫感，把乡村振兴战略实施好。

第一章　重大意义

乡村是具有自然、社会、经济特征的地域综合体，兼具生产、生活、生态、文化等多重功能，与城镇互促互进、共生共存，共同构成人类活动的主要空间。乡村兴则国家兴，乡村衰则国家衰。我国人民日益增长的美好生活需要和不平衡不充分的发展之间的矛盾在乡村最为突出，我国仍处于并将长期处于社会主义初级阶段的特征很大程度上表现在乡村。全面建成小康社会和全面建设社会主义现代化强国，最艰巨最繁重的任务在农村，最广泛最深厚的基础在农村，最大的潜力和后劲也在农村。实施乡村振兴战略，是解决新时代我国社会主要矛盾、实现"两个一百年"奋斗目标和中华民族伟大复兴中国梦的必然要求，具有重大现实意义和深远历史意义。

实施乡村振兴战略是建设现代化经济体系的重要基础。农业是国民经济的基础，农村经济是现代化经济体系的重要组成部分。乡村振兴，产业兴旺是重点。实施乡村振兴战略，深化农业供给侧结构性改革，构建现代农业产业体系、生产体系、经营体系，实现农村一二三产业深度融合发展，有利于推动农业从增产导向转向提质导向，增强我国农业创新力和竞争力，为建设现代化经济体系奠定坚实基础。

实施乡村振兴战略是建设美丽中国的关键举措。农业是生态产品的重要供给者，乡村是生态涵养的主体区，生态是乡村最大的发展优势。乡村振兴，生态宜居是关键。实施乡村振兴战略，统筹山水林田湖草系统治理，加快推行乡村绿色发展方式，加强农村人居环境整治，有利于构建人与自然和谐共生的乡村发展新格局，实现百姓富、生态美的统一。

实施乡村振兴战略是传承中华优秀传统文化的有效途径。中华文明根植于农耕文化，乡村是中华文明的基本载体。乡村振兴、乡风文明是保障。实施乡村振兴战略，深入挖掘农耕文化蕴含的优秀思想观念、人文精神、道德规范，结合时代要求在保护传承的基础上创造性转化、创新性发展，有利于在新时代焕发出乡风文明的新气象，进一步丰富和传承中华优秀传统文化。

实施乡村振兴战略是健全现代社会治理格局的固本之策。社会治理的基础在基层，薄弱环节在乡村。乡村振兴，治理有效是基础。实施乡村振兴战略，加强农村基层基础工作，健全乡村治理体系，确保广大农民安居乐业、农村社会安定有序，有利于打造共建共治共享的现代社会治理格局，推进国家治理体系和治理能力现代化。

实施乡村振兴战略是实现全体人民共同富裕的必然选择。农业强不强、农村美不美、农民富不富，关乎亿万农民的获得感、幸福感、安全感，关乎全面建成小康社会全局。乡村振兴，生活富裕是根本。实施乡村振兴战略，不断拓宽农民增收渠道，全面改善农村生产生活条件，促进社会公平正义，有利于增进农民福祉，让亿万农民走上共同富裕的道路，汇聚起建设社会主义现代化强国的磅礴力量。

第二章　振兴基础

党的十八大以来，面对我国经济发展进入新常态带来的深刻变化，以习近平同志为核心的党中央推动"三农"工作理论创新、实践创新、制度创新，坚持把解决好"三农"问题作为全党工作重中之重，切实把农业农村优先发展落到实处；坚持立足国内保证自给的方针，牢牢把握国家粮食安全主动权；坚持不断深化农村改革，激发农村发展新活力；坚持把推进农业供给侧结构性改革作为主线，加快提高农业供给质量；坚持绿色生态导向，推动农业农村可持续发展；坚持在发展中保障和改善民生，让广大农民有更多获得感；坚持遵循乡村发展规律，扎实推进生态宜居的美丽乡村建设；坚持加强和改善党对农村工作的领导，为"三农"发展提供坚强政治保障。这些重大举措和开创性工作，推动农业农村发展取得历史性成就、发生历史性变革，为党和国家事业全面开创新局面提供了有力支撑。

　　农业供给侧结构性改革取得新进展，农业综合生产能力明显增强，全国粮食总产量连续 5 年保持在年产量 1.2 万亿斤以上，农业结构不断优化，农村新产业新业态新模式蓬勃发展，农业生态环境恶化问题得到初步遏制，农业生产经营方式发生重大变化。农村改革取得新突破，农村土地制度、农村集体产权制度改革稳步推进，重要农产品收储制度改革取得实质性成效，农村创新创业和投资兴业蔚然成风，农村发展新动能加快成长。城乡发展一体化迈出新步伐，五年间 8000 多万农业转移人口成为城镇居民，城乡居民收入相对差距缩小，农村消费持续增长，农民收入和生活水平明显提高。脱贫攻坚开创新局面，贫困地区农民收入增速持续快于全国平均水平，集中连片特困地区内生发展动力明显增强，过去五年累计 6800 多万贫困人口脱贫。农村公共服务和社会事业达到新水平，农村基础设施建设不断加强，人居环境整治加快推进，教育、医疗卫生、文化等社会事业快速发展，农村社会焕发新气象。

　　同时，应当清醒地看到，当前我国农业农村基础差、底子薄、发展滞后的状况尚未根本改变，经济社会发展中最明显的短板仍然在"三农"，现代化建设中最薄弱的环节仍然是农业农村。主要表现在：农产品阶段性供过于求和供给不足并存，农村一二三产业融合发展深度不够，农业供给质量和效益亟待提高；农民适应生产力发展和市场竞争的能力不足，农村人才匮乏；农村基础设施建设仍然滞后，农村环境和生态问题比较突出，乡村发展整体水平亟待提升；农村民生领域欠账较多，城乡基本公共服务和收入水平差距仍然较大，脱贫攻坚任务依然艰巨；国家支农体系相对薄弱，农村金融改革任务繁重，城乡之间要素合理流动机制亟待健全；农村基层基础工作存在薄弱环节，乡村治理体系和治理能力亟待强化。

第三章　文化传承镌刻史诗篇

第一节　选题解读

文化是一个国家、一个民族的灵魂。建设中国特色社会主义文化，需要正确认识和辩证把握中华优秀传统文化、革命文化和社会主义先进文化三者之间的关系，在中国特色社会主义伟大实践中坚持中国文化发展的正确方向，在文化自觉基础上不断增进文化认同、坚定文化自信、建设文化强国。

文化是社会实践的产物，并随社会实践的发展而发展。从早期农耕生产实践，到近代革命实践，再到新中国成立以来的社会主义建设和改革实践，中华文化在不同历史阶段形成了与之相适应的主要文化表现形态。中华优秀传统文化是中华民族在漫长历史长河中淘洗出来的智慧结晶，既呈现于浩如烟海、灿烂辉煌的文化成果，更集中体现为贯穿其中的思想理念、传统美德、人文精神。它昭示了中华民族的璀璨历史，展现了各族人民的伟大智慧创造，也是中华民族和中国人民在修齐治平、尊时守位、知常达变、开物成务、建功立业过程中逐渐形成的有别于其他民族的独特标识。革命文化是近代以来特别是五四新文化运动以来，在党和人民的伟大斗争中培育和创造的思想理论、价值追求、精神品格，如红船精神、井冈山精神、长征精神、延安精神、沂蒙精神、西柏坡精神等，集中体现了马克思主义指导下的中国近现代文化的发展及其成果，展现了中国人民顽强不屈、坚韧不拔的民族气节和英雄气概。革命文化既是中华民族革命斗争历史的高度文化凝聚，也是中国精神在革命年代的主要表现形式，寄托着各族人民对美好生活的向往。社会主义先进文化是在党领导人民推进中国特色社会主义伟大实践中，在马克思主义指导下形成的面向现代化、面向世界、面向未来，民族的、科学的、大众的社会主义文化，代表着时代进步潮流和发展要求。这三种文化都是中华民族在生存发展进程中的伟大创造，记载了中华民族自古以来在建设家园的奋斗中开展的精神活动、进行的理性思维、创造的文化成果，是民族禀赋、民族意志在伟大斗争中的历史表达、时代体现，也是中华民族生生不息、发展壮大的丰厚滋养。

文化的发展是一种历久弥新的过程。中华文化既坚守本根又不断与时俱进，在继承创新中不断发展，在应时处变中不断升华。中华优秀传统文化是中华民族的精神命脉，也是中华文化的根和源，特别是崇仁爱、重民本、守诚信、讲辩证、尚和合、求大同等思想理念和自强不息、敬业乐群、扶正扬善、扶危济困、见义勇为、孝老爱亲等传统美德，体现着中华民族世世代代在生产生活中形成和传承的世界观、人生观、价值观，塑造和培育着中华民族的思维方式、精神品格、价值取向和行为方式。革命文化传承着中华民族的优良传统，融合了马克思主义经典理论，对中华优秀传统文化进行了再生再造和凝聚升华，并在革命实践中得到熔铸。从"为万世开太平"到"革命理想高于天"，从"威武不能屈"到"大无畏的革命英雄主义"，从"民惟邦本"到"全心全意为人民服务"，从"格物致知"到"实事求是"，从"自强不息"到"自力更生、艰苦奋斗"等，都生动反映了中华优秀传统文化在革命斗争中的传承、转化和发展，并赋予民族志向、民族品格、民族精神新的时代光芒。社会主义先进文化萃取了中华优秀传统文化和革命文化的精华，是对中华民族优秀传统文化和红色革命文化的深度融合，也是中华文化在当代中国的最新发展。中国特色社会主义共同理想和共产主义远大理想、马克思主义中国化的制度和理论成果、社会主义核心价值观、以爱国主义为核心的民族精神和以改革创新为核心的时代精神等，共同熔铸了社会主义先进文化。今天是历史的延续和发展，当代的思想文化也是传统思想文化的传承和升华。中华优秀传统文化、革命文化和社会主义先进文化不是相互割裂的，而是内在关联的，后者是前者的赓续传承、创造转化和创新发展，三者既各具特点又相互贯通，共同闪烁着中华民族一脉相承的精神追求、精神特质、精神脉络。正是从这种意义上说，我们生而为中国人，最根本的是我们有中国人的独特精神世界，有百姓日用而不觉的价值观。

正如习近平总书记强调的那样，在5000多年文明发展中孕育的中华优秀传统文化，在党和人民伟大斗争中孕育的革命文化和社会主义先进文化，积淀着中华民族最深层的精神追求，代表着中华民族独特的精神标识。三者汇聚成当代中国文化的主流，构成当代中国文化优势的三大支点，共同构筑了当代中华儿女的文化自信。文化自信是更基础、更广泛、更深厚的自信，也是更基本、更深沉、更持久的力量。中华文化独一无二的理念、智慧、气度、神韵，增添了中国人民和中华民族内心深处的自信和自豪。我们文化自信的底气和骨气根植于博大精深的优秀传统文化，奋发向上的革命文化，承前启后、继往开来的社会主义先进文化。当代中国的文化自信，就是对中华民族创新创造的中华优秀传统文化、革命文化和社会主义先进文化的自信，就是中国特色社会主义文化自信。

在 2014 年 2 月 24 日的中央政治局第十三次集体学习中，习近平总书记提出要"增强文化自信和价值观自信"。之后的两年间，习近平又对此有过多次论述："增强文化自觉和文化自信，是坚定道路自信、理论自信、制度自信的题中应有之义。""中国有坚定的道路自信、理论自信、制度自信，其本质是建立在 5000 多年文明传承基础上的文化自信。" 2016 年 5 月和 6 月，习近平又连续两次对"文化自信"加以强调，指出"我们要坚定中国特色社会主义道路自信、理论自信、制度自信，说到底是要坚持文化自信"；要引导党员特别是领导干部"坚定中国特色社会主义道路自信、理论自信、制度自信、文化自信"。

为深入贯彻落实习近平新时代中国特色社会主义思想，增强文化自觉和文化自信，繁荣发展中华民族优秀传统文化、革命文化、社会主义先进文化，提高国家文化软实力。组织学生开展文化遗产的发展与传承、革命文化的继承与传播、历史文化名城的建设与保护类实践活动；开展形式多样的文学、戏剧、电影、电视、音乐、舞蹈、美术、摄影、书法、曲艺、杂技、民间文艺的艺术创作、文化体验类实践活动；开展传统文化进企业，将中华优秀传统文化与企业品牌、产品设计融合类实践活动；开展寻访宣传优良家风家训，挖掘崇仁爱、守诚信、尚和合、求大同、自强不息、敬业乐群、扶正扬善、扶危济困、见义勇为、孝老爱亲等中华民族传统美德的感人事迹类实践活动，培养大学生对于优秀传统文化的学习意识，做到知、情、意、行相统一，坚守中华文化立场，传承中华文化基因，展现中华文化风范。

这一领域社会实践的选题方向主要有：

选题具体方向一：中华优秀传统文化。优秀传统文化是文化自信之

"根"，中华优秀传统文化是中国特色社会主义植根的文化沃土，也是涵养社会主义核心价值观的重要源泉，是当代中国发展的突出优势，也是我们在世界文化激荡中站稳脚跟的坚实根基，其中最核心的思想理念已经成为中华民族最基本、最强大的文化基因。在这个主题下，实践团可以开展以寻访、传承为主题的实践活动，通过选定某类传统文化（非遗或传统艺人等着手）参观专题博物馆、学习传统文化手艺技艺、访谈传统文化手艺人、进行专题调研等深入了解优秀传统文化，发挥专业优势，用影片、视频的形式去记录传统文化、发现文化瑰宝、保护文化遗产，同时寻求传统技艺的传承与发扬。在调查研究方面，实践团可以选取中国传统节日文化，或者相关的传统技艺、传统习俗等为主题，通过发放和回收问卷，并且和当地老乡进行访谈，去了解现在人们对于传统节日或者传统习俗等的看法，和随着时代的变迁在传承和发扬的过程中遇到的困难等。通过实践调研，将其凝练成几条具有可操作性的意见建议，并向有关部门或社会反馈。

选题具体方向二：革命文化。革命文化是文化自信之"魂"，是激励中国人民克服一切艰难险阻、从胜利走向胜利的关键所在，是社会主义新中国在文化上不可动摇的基石，是中华民族立足当代、走向未来的永恒精神力量和永远精神财富。从红船精神、井冈山精神、长征精神、抗战精神到延安精神、西柏坡精神等，构成了红色精神谱系。在这个主题下，可以开展以"寻访红色精神"为主题的相关实地寻访实践，通过走访红色教育基地，进行参观、学习等活动，或游览相关博物馆，探寻红色精神，仔细听取博物馆相关讲解，了解历史细节，了解革命先烈们为争取国家解放民族独立所作出的贡献，同时可以走访蕴含着丰富红色文化的村庄，了解共产党著名领导人们曾工作生活过的地方。与当地村民或老干部进行交流，听他们诉说抗战的艰辛残酷，体会抗战岁月的硝烟弥漫，前辈们的不屈抗争。在这一主题下开展的社会实践，大多可以以调查研究为主，或者以实地参访为主，通过发放和回收问卷，针对某一特定问题或现状进行详细的了解，访谈当地村民、红色基地相关的工作人员或者革命先烈的后辈子孙，可以形成访谈实录或者相关的影视文化作品，再利用大学生的优势进行进一步的宣传，从而弘扬革命文化，树立文化自信。

选题具体方向三：社会主义先进文化。伟大实践是文化自信之"基"，社会主义先进文化是文化自信的实践源泉和现实基础。在 70 年社会主义革命、建设和改革历程中，尤其是改革开放 40 年伟大实践中，形成和发展了马克思主义中国化理论成果，特别是中国特色社会主义理论体系，指导中国特色社会主义现代化事业取得非凡成就。社会主义先进文化正在建设和发展，在多样化的文化观念和社会思潮中居于主导地位，中国特色社会主义的生动实践，亿万人民追求美好生活的不懈奋斗，为它的发展注入了蓬勃旺盛的创造活力。大学生参与社会实践活动，开展形式多样、内容丰富的考察、调研、挂职锻炼、支教、支农等活动，通过自己的言行发挥科技、文化使者的作用，用社会主义先进文化带动社区、城乡文化的发展，提升文化底蕴，将先进的文化知识、生活方式、行为习惯传播于社会，带动地区文化事业发展；将自由精神、平等精神、民主精神、法治精神等现代公民意识，通过多种形式和传播载体渗透到人民群众中间，促进社会政治文化建设。大学生还可以通过积极参与以服务山区和服务农村为重点的文化科技卫生"三下乡"活动以及道德、法律、科教、文化卫生"四进社区"活动。

选题具体方向四：坚定文化自信。十八大以来，习近平总书记在多个场合谈到中国传统文化，表达了自己对传统文化、传统思想价值体系的认同与尊崇。2015 年 5 月 4 日，他与北京大学学子座谈，多次提到核心价值观和文化自信。习近平在国内外不同场合的活动与讲话中，展现了中国政府与人民的精神志气，提振了中华民族的文化自信。坚定文化自信，为解决好弘扬中华优秀传统文化问题指明了正确方向，为坚定不移地推进马克思主义中国化、时代化、大众化提供了正确指导，为在文化自信的基础上坚定中国特色社会主义道路自信、理论自信、制度自信奠定了深厚的民族文化根基。在这个主题下，实践团可以开展种类丰富的文化自信宣讲活动，或进行相关的调查研究。在开展宣讲活动时，可以在指导老师的指导下，进一步确定自己的宣讲对象、宣讲时间、宣讲主题、宣讲内容等，并提前和宣讲的社区、学校或机构等取得联系，通过宣传普及，进一步在广大群众中树立坚定文化自信的信心。在开展相关调查研究时，可以选取其中的一个点，由此出发对某一具体的社会现象开展问卷、访谈等活动，通过发放回收问卷进行定量研究，了解群众对于文化自信下某一个聚焦点的了解程度或实施度，或者开展访谈，形成相关的访谈实录或影像作品。通过实践队的宣传和科普，倡导民众更深刻地认识中国文化自信的内涵和重要性，坚定对中国的文化自信，同时激励广大青年自觉担负起文化使命，成为中华文化的传承者和弘扬者，为我国早日建设成为文化强国不断奋勇前进。

第二节　典型案例

📇 **案例1：北京科技大学华夏拾遗实践团**

今日无悔入华夏　此生皆是拾遗人

【事迹简介】

十九大报告中指出，文化遗产作为人文精神的主要载体和依托，应代代相传，不被遗忘。为响应十九大号召，华夏拾遗非遗调研实践团秉承着留存文化记忆的初心而聚在一起，朝着同一个远方而进发。

实践团针对非遗项目，制定"问卷—传承人—政府部门"三步走的调研模式。第一步，针对性地向北京高校师生、调研地市民和游客发放问卷，了解非遗传承现状与普通人对非遗的了解情况，共回收有效问卷6000余份。第二步，实践团针对问卷数据进行分析，制定访谈大纲，设计特定访谈问题，共采访全国各地传承人31名。第三步，根据调研数据与访谈纪实，得出调研结论，拟定工作报告，提出传承建议，实践团共走访24个政府相关部门，进行汇报并为非遗的传承献计献策。

实践团为非遗的传承与保护，付出最大的努力。他们体验手工类非遗项目如木构建筑营造技艺、佤族织锦等；他们参加旁听非遗传承人培训班；他们深夜分析问卷、转化访谈录、撰写调研报告；他们结合现代时代背景，开展各项非遗项目宣传、落地活动，扩大非遗在社会中的影响力。实践团将非遗调研真正转化为都市生活的一部分，做好非遗落地工作，建立非遗资料库，制作完成非遗网页，将非遗作为日常生活的一部分真正传承千秋万代。

实践团通过互联网模式，拓宽团队影响。实践团通过多种宣传方式，全方位对非遗调研项目及实践团进行宣传，取得较强烈的社会反响和较广泛的社会影响力。

实践团利用暑期，向美国密歇根教育机构的教师、英国德蒙福特大学的交流生进行宣传交流，各平台的累积访问量达到了70万以上。最终实践团也获得"青年服务国家"北京市团委百强团队一等奖、学校暑期社会实践金奖等荣誉。

【教师评析】

华夏拾遗实践团在实践主题方面切合当下传承中国优秀传统文化，提升文化自觉、文化自信的社会热点；在实践过程中实践团针对非遗项目，制定"问卷—传承人—政府部门"三步走的调研模式，并严格执行，通过大量问卷发放收集、非遗传承人定向访谈、分析结果并向政府部门提出具体倡议的方式使得实践落到服务社会的实处；实践结束后，实践团进行非遗资料库建设、并利用互联网继续扩大宣传，以达到更好地传播非遗文化、传播中国传统文化的效果。

但同时实践团也存在一定的不足之处。在传播的趣味性和后期成果转化的多样性上还可以深入挖掘，以便达到更好的非遗传播的效果。

案例2：北京科技大学万象非遗实践团

以青春之力　展万象非遗
万象非遗实践团将非遗之美带入大众视野

【事迹简介】

习近平总书记在主持中共中央政治局第十二次集体学习时强调，要弘扬社会主义先进文化，推动社会主义文化大发展大繁荣。为积极响应习近平总书记的号召，万象实践团深入手工艺类及表演类非遗领域，秉承着"严谨、传承、创新"的理念，宣传、服务非遗，使非遗走进大众视野，融入当下时代。

参观学习方面，实践团多方寻访，了解非遗现状。实践团共联系到60余位非遗传承人，并受邀进入故宫，与文保科技部的众多传承人深度交流。

实践团共留有文字采访记录42篇，留下24位传承人的寄语，并将其设计成册用于纪念。艺术作品方面，实践团为濒危项目北派竹刻拍摄制作非遗宣传片《刻骨铭心》；为绒鸟绒花拍摄制作微电影《绒马一生》，真实记录绒鸟绒花的制作过程；为皮影艺术团拍摄制作微电影《声影》，讲述袖珍人与皮影相遇的故事；与国家级口技传承人海洋合作拍摄制作微电影《声生世事》，还原课文《口技》中的情景。实践团还制作3册科普文集《书·艺》《遗风锦集》《遗林探源》、访谈录《述·艺》。

活动方面，实践团成员作为志愿者参与第六届北京文学艺术品展示会；策划并成功举办5场3种类型的活动：在朝阳区图书馆举办非遗体验课程班，北京扎燕风筝大型展览与北科校内非遗知识展。所办活动吸引了不同人群的关注，收获多份留言信与4家社会单位的好评，并与8家非遗企业、北京天津两地非遗协会建立了良好的合作关系。

宣传方面，公众号原创文章被多位传承人评论转发；优秀事迹登上《北京青年报》，被今日头条、北京时间、北青社区直播、东方新闻等媒体转载；入选西城区政府开展的"四名汇智"计划。

一路走来，实践团成员渐渐明白，匠人精神是时代的襟怀，回报社会亦是我辈的责任，无尽的远方，无数的人们，都与他们有关。虽然不是所有的坚持都有结果，但他们相信，他们的一丝坚持，定能从冰封的土地里，培育出万朵蔷薇，滋养中华民族的文化土壤。

【教师评析】

万象非遗实践团，在实践的主题方面，深入手工艺类及表演类非遗这一细分领域，聚焦非遗传承与创新，将传统文化融入时代，很好地展现了传统文化内涵的说服力、形式的吸引力、历史的影响力和未来的延续力。在实践的过程中，实践团通过多方寻访、与非遗传承人深度交流、参与和举办相关课程和展览等形式了解和宣传非遗文化。实践归来后，实践团通过整理宣传片、展播微电影、制作科普文集和访谈录等形式凝练实践成果。在实践效果上，实践团通过公众号扩大宣传，并受到多方媒体关注报道，扩大了非遗影响力，更增强了我们的文化自觉和文化自信。

但与此同时，实践团也有一些方面需要改进。实践团更多的是在关注非遗本身及其记录与宣传，在创新方面和可持续发展方面存在一定的欠缺。建议实践团可以通过制作动画、开发小程序等方式进行创新，增加其趣味性以吸引更多的年轻人关注非遗、关注传统文化。

📇 **案例3：北京科技大学北大红楼讲解实践活动**

梦 回 红 楼
——北大红楼志愿讲解服务

【事迹简介】

北大红楼志愿讲解活动是2017年暑期新开展的志愿活动，短短的时间内，北科大校团委与北大红楼工作人员共同培养出了多位优秀的志愿者。志愿者们积极参加北大红楼的常规志愿服务，工作中始终做到微笑服务，礼貌待人，坚守岗位不擅离，得到了北大红楼工作人员和参观者们的高度赞赏。

北大红楼志愿服务岗位设置有三名讲解员，主要工作为志愿讲解、游客服务，其中项目团队的重点工作为志愿讲解。活动招收的志愿者为三名讲解员，每一位志愿者须接受专业培训，尤其是讲解员培训更为系统、严格；培训后达到专业讲解员的考核标准才可正式上任讲解。一号志愿讲解员为参观者讲解"平房新时代的先声陈列厅"，讲述五四新文化运动的历史轨迹；二号志愿讲解员主要负责红楼一层的西侧复原展厅的讲解工作，带领参观者了解北大校长蔡元培先生的生平事迹。蔡元培先生提倡"思想自由，兼容并包"的办学思想，吸引了当时中国的各路学术精英，大师云集，各种文化社团风起云涌。接下来引导参观第二阅览室和第十四书库；三号志愿讲解员的主要工作是为参观者讲解红楼一层的东侧复原展厅，带领参观者走进优秀的共产党员陈独秀同志，并大体参观图书馆主任室、登录室以及新潮社。"新潮社"展览厅还原了"五四"前夕的场景：三千余份白底黑字的标语条幅、桌上散落的笔纸传单和游行的应用之物。

北大红楼志愿讲解项目逐渐形成了严格的管理机制，包括志愿者信息管理、志愿者安全保障工作、志愿者服务制度以及志愿者传承制度等。在保障志愿者安全和权益的前提下，加强志愿者间的交流，调动志愿者积极性，使志愿讲解服务长期开展。该志愿服务为志愿者们提供了成长的平台，历练自己的机会和丰富的生活体验。通过这样的志愿活动，志愿者们学习了更多的人文知识，初步掌握了讲解工作的专业知识，更加深刻地体会到了新文化运动和五四运动的重大意义，加深了对这段历史的理解，受益颇深；同时，通过讲解使游客感悟历史，铭记历史，也让志愿者们体会到了为历史的继承和传播贡献自己努力的成就感。

【教师评析】

北大红楼志愿讲解活动自开展以来，已经培养出了多位优秀的志愿者，并且在活动过程中，志愿者能够做到微笑服务，礼貌待人。通过暑期社会实践和平时长期志愿结合的形式，把短暂的暑期社会实践时间轴延长，变成了常规的项目活动。通过四年的实践，目前已经形成了较为合格的管理机制，包括信息、安全等。与此同时，学生参加红楼讲解志愿活动，一方面可以自己亲身了解到相关的历史知识，另一方面锻炼培养了口语表达能力。在亲身实践、亲身讲解的过程中去了解革命文化。

但社会实践团也存在一些问题，比如实践的成果可以定期地、有创新性地进行汇总和整改。在做好服务的基础上，可以进一步开展问卷访谈等方式去了解游客或者参加者的需求，以提供更好的服务方式。

案例 4：北京科技大学方志馆讲解实践活动

打开一扇窗　了解北京城

【事迹简介】

2016 年 7 月，北京科技大学与方志馆首次合作开展暑期社会实践项目——"打开一扇窗，了解北京城"，给小学生开展有关于北京历史的夏令营。夏令营成功赢得小朋友和广大家长的一致好评，还登上了法制晚报。鉴于暑期夏令营所取得的良好成效，2017 年 5 月 10 日，"北京科技大学社会实践基地"在方志馆正式揭牌，标志着文法学院与方志馆合作迈向了一个新的阶段。2019 年暑期，北京科技大学第四次开展方志夏令营暑期社会实践活动。

如今，"打开一扇窗，了解北京城"这个实践活动已经开展了四次，志愿内容主要分为两部分，第一部分是北京的历史讲解，第二部分方志馆的宣传工作。在方志馆工作人员的专业指导下，同学们积极热情的讲解得到了游客和工作人员的一致好评。经过成果转化，现在北京方志馆志愿讲解服务活动每月至少进行两次活动。一层宣传志愿者在方志馆的正门口进行宣传工作，工作内容是向过路游客简单介绍方志馆的北京地情展，并通过发放宣传手册、宣传布袋和告知楼上有志愿讲解的方式吸引游客到方志馆参观了解。二层讲解志愿者在展区为游客进行讲解。方志馆二层有六个展厅，讲解志愿活动是每个展厅由 1~2 个志愿者负责，每个人负责自己感兴趣的板块分别讲解；同时还有一个讲解员跟随游客讲解全程的模式，提高服务质量和讲解的连续性，受到游客和方志馆的老师的一致好评。

在方志馆志愿活动建立以来，有大量志愿者多次参与其中，平均每人每天服务 50 人次左右。在志愿活动进行期间，每一位志愿者都有标准的志愿服务服装，达到整齐有序的效果。志愿者们为来馆者详细认真热情地介绍馆内的展品，灵活介绍北京历史。方志馆二层经过改进，原有的六个展厅变为现有的七个展厅，设施均比较现代化，展品丰富。志愿者提前将各部分讲解词背诵下来，并对自己感兴趣的内容做一些深度了解，活动时带领游客依次参观各个展厅，详略得当，服务过程中洋溢着轻松愉悦的志愿讲解氛围，参观者有老人有小孩，大家都被北京厚重的历史文化所吸引，被方志馆浓郁的人文情怀所吸引。

2018 年上半年，方志馆二层展厅改造施工期间，我们又与方志馆合作开展了临时展厅讲解活动，通过对临时展览的讲解，如北京大运河历史、高碑店风物展、禁毒历史展，从多个角度展现了北京及附近地区历史变迁中的几个方面，以小见大，帮助参观者了解北京文化。二层展厅恢复展出后又增加了几项互动体验，使实践团的讲解工作更加有效，方式更加丰富多彩，使得广大参观群众进一步加深了对北京地情的了解，也使志愿者的能力得到很大提高。目前，文法学院志愿者工作部已经建立了稳定的方志馆志愿团队，团队中采用"先到带后到"的志愿服务模式。每次志愿小队都会有一到两位曾经去过方志馆的志愿者作为领队，他们有丰富的志愿经验和带队经验，从而保证每一次志愿活动的顺利进行。再者，团队内也会对所有志愿团队的志愿者进行志愿前培训，要求队员对讲解稿进行熟练地掌握以及对志愿服务精神和志愿服务中的注意事项都进行详细地讲解，让每一位志愿者能在志愿服务之前就能详细地了解志愿服务的相关内容及详细流程。在活动结束后，会对方志馆的志愿者服务情况进行反馈调查，并且把这些调查的情况反馈给工作人员。团队始终坚持在问题中反思和总结经验教训，改进工作方式，提高服务质量。通过实践团队的努力，积极弘扬了北京历史文化，为游客解决了疑惑，同时志愿者们也在志愿服务中体会到了奉献的快乐，渲染了文化气息，提高了人文素养。

【教师评析】

每次志愿活动都有一位经验丰富的领队，大家形成了一个团结向上的组织，志愿者们团结协作，充分发扬集体主义精神和志愿者的无私奉献的理念，同时，他们在历经工作困境时，互相帮助，及时沟通，共同带头做好方志馆志愿服务工作。每次志愿活动大家认真负责，积极为参观者提供热情的讲解服务，得到了参观者和工作人员的一致好评。在遇到问题，出现意外情况时，大家都会十分认真地努力解决，尽最大努力将活动办好。该实践志愿项目在校内招募各个专业的同学参与，适合多种志愿服务的要求，另一方面也注重对学生人文素质及交流表达能力的培养。尤其是文科出身的同学，地理历史信息积累深厚，对历史信息的掌握具有其独特的敏感性，能够对北京的历史信息进行详细地掌握及熟练地讲解，使志愿者们在进行志愿服务活动过程中水到渠成。方志馆志愿实践团队将方志馆所展示的历史文化向外宣传，实现北京历史文化从展馆走出去的目标。在2018年方志馆文化传承与宣传社会实践活动中，充分利用互联网新媒体，相关采访新闻稿在新浪、搜狐等平台上发表，有力推进了北京市方志馆的宣传，扩大了其在北京地区的影响力。

📑 案例 5：北京革命遗迹寻访一号实践团

北科大暑期实践团寻访革命遗迹，传播红色精神

【事迹简介】

北京革命遗迹寻访一号实践团来到了北京市西城区，以寻访革命遗迹为主，结合实地采访、问卷调查、志愿者活动等多种方式，探究当前红色革命精神教育的现状及其路径，并进行理论研究、撰写学术论文。

活动期间，实践团先后前往了西城区的二十余处革命遗迹，包括鲁迅博物馆、湖广会馆、辅仁大学旧址、长椿寺等。在寻访过程中，实践团对革命遗迹的保护和开发现状有了清晰的认识。以鲁迅博物馆为例，该馆内的鲁迅故居保存完好，展厅内展品丰富多样，并且免费对社会开放，还会定期举办宣传教育活动，充分利用了馆内资源，承担起了弘扬红色革命精神的重任；而反观个别遗址，即使名气稍逊也仍不失为近代红色革命的见证者，却没有得到有效的保护，更不必说开发其价值了。实地寻访之后，实践团更加感受到了作为当代大学生肩上所担负的责任。

实践过程中，除了随机街头采访，实践团采访到了海淀区旅游局史局长兼西城区党史办董老师、北京师范大学继续教育学院（原辅仁大学）教务处庞老师、北京科技大学文法学院李老师等了解并熟知中国革命发展历史的相关人士，实践团针对革命遗迹的保护与开发、当代大学生的革命精神教育等问题进行了探讨，取得了丰硕的成果。

这次实践活动重视理论与实践相结合，增强了学生们的社会责任感和使命感。在实践中，成员们不断动手、动脑、动嘴，直接和社会各阶层、各部门的人员打交道，培养和锻炼在书本中学习不到的能力，并在实践中发现不足，及时改进和提高。而在宣传团队的实践内容、参与志愿者活动的同时，实践团的成员们也承担起了不断提高个人修养、以己之长回报社会以及传承和发扬红色革命精神的社会责任。

目前，实践团已完成预期的实践目标，拟出版一册《北京西城区革命史研究》，完成一本"北京红色革命史迹寻访传承"调研报告、一篇学术论文、一册典型人物访谈录、一部革命精神为元素的微电影和一部纪实微电

影，绘制完成北京西城区红色遗迹地图，开发相关文创产品，并与相关媒体合作，旨在发扬红色文化，传播红色精神。学生们纷纷表示，要用自己的行动扛起传承红色精神的旗帜，让红色文化的芬芳香播万里。

【教师评析】

北京革命遗迹寻访一号实践团在实践主题上紧扣革命文化这一主题，寻访北京市西城区革命遗迹，从历史遗迹中体悟革命文化，体悟革命精神；在实践内容上实践团先后前往了西城区的二十余处革命遗迹，对革命遗迹的保护和开发现状有了清晰的认识同时，通过街头采访、个别访谈的方式深入了解革命遗迹和革命精神等内容；在实践成果上，实践团撰写了报告、访谈录等，同时制作了微电影和遗迹地图，以更好地巩固实践成果，传承革命精神。

但实践团也存在一定的不足之处，例如其发现了一些遗迹的现状堪忧，相关部门对其的保护并不好，却没有提出相应的解决对策——这也是值得当代大学生、当代青年去关注和思考的。

第三节　拓展阅读

拓展阅读 1：习近平在北京大学师生座谈会上的讲话（节选）

在北京大学师生座谈会上的讲话（节选）

习近平

2018 年 5 月 2 日

同学们、老师们：

当代青年是同新时代共同前进的一代。我们面临的新时代，既是近代以来中华民族发展的最好时代，也是实现中华民族伟大复兴的最关键时代。广大青年既拥有广阔发展空间，也承载着伟大时代使命。青年是国家的希望、民族的未来。我衷心希望每一个青年都成为社会主义建设者和接班人，不辱时代使命，不负人民期望。对广大青年来说，这是最大的人生际遇，也是最大的人生考验。

2014 年我来北大同师生代表座谈时对广大青年提出了具有执着的信念、优良的品德、丰富的知识、过硬的本领这 4 点要求。借此机会，我再给广大青年提几点希望。

一是要爱国，忠于祖国，忠于人民。爱国，是人世间最深层、最持久的情感，是一个人立德之源、立功之本。孙中山先生说，做人最大的事情，"就是要知道怎么样爱国"。我们常讲，做人要有气节、要有人格。气节也好，人格也好，爱国是第一位的。我们是中华儿女，要了解中华民族历史，秉承中华文化基因，有民族自豪感和文化自信心。要时时想到国家，处处想到人民，做到"利于国者爱之，害于国者恶之"。爱国，不能停留在口号上，而是要把自己的理想同祖国的前途、把自己的人生同民族的命运紧密联系在一起，扎根人民，奉献国家。

二是要励志，立鸿鹄志，做奋斗者。苏轼说："古之立大事者，不惟有超世之才，亦必有坚忍不拔之志。"王守仁说："志不立，天下无可成之事。"可见，立志对一个人的一生具有多么重要的意义。广大青年要培养奋斗精神，做到理想坚定，信念执着，不怕困难，勇于开拓，顽强拼搏，永不气馁。幸福都是奋斗出来的，奋斗本身就是一种幸福。1939 年 5 月，毛泽东同志在延安庆贺模范青年大会上说："中国的青年运动有很好的革命传统，这个传统就是'永久奋斗'。我们共产党是继承这个传统的，现在传下来了，以后更要继续传下去。"为实现中华民族伟大复兴的中国梦而奋斗，是我们人生难得的际遇。每个青年都应该珍惜这个伟大时代，做新时代的奋斗者。

三是要求真，求真学问，练真本领。"玉不琢，不成器；人不学，不知道。"知识是每个人成才的基石，在学习阶段一定要把基石打深、打牢。学习就必须求真学问，求真理、悟道理、明事理，不能满足于碎片化的信息、快餐化的知识。要通过学习知识，掌握事物发展规律，通晓天下道理，丰富学识，增长见识。人的潜力是无限的，只有在不断学习、不断实践中才能充分发掘出来。建设社会主义现代化强国，发展是第一要务，创新是第一动力，人才是第一资源。希望广大青年珍惜大好学习时光，求真学问，练真本领，更好为国争光、为民造福。

四是要力行，知行合一，做实干家。"纸上得来终觉浅，绝知此事要躬行。"学到的东西，不能停留在书本上，不能只装在脑袋里，而应该落实到行动上，做到知行合一、以知促行、以行求知，正所谓"知者行之始，行者知之成"。每一项事业，不论大小，都是靠脚踏实地、一点一滴干出来的。"道虽迩，不行不至；事虽小，不为不成。"这是永恒的道理。做人做事，最怕的就是只说不做，眼高手低。不论学习还是工作，都要面向实际、深入实践，实践出真知；都要严谨务实，一分耕耘一分收获，苦干实干。广大青年要努力成为有理想、有学问、有才干的实干家，在新时代干出一番事业。我在长期工作中最深切的体会就是：社会主义是干出来的。

同学们、老师们！

辛弃疾在一首词中写道："乘风好去，长空万里，直下看山河。"我说过："中国梦是历史的、现实的，也是未来的；是我们这一代的，更是青年一代的。中华民族伟大复兴的中国梦终将在一代代青年的接力奋斗中变为现实。"新时代青年要乘新时代春风，在祖国的万里长空放飞青春梦想，以社会主义建设者和接班人的使命担当，为全面建成小康社会、全面建设社会主义现代化强国而努力奋斗，让中华民族伟大复兴在我们的奋斗中梦想成真！

拓展阅读 2：革命文化中具有阶段性代表性的革命精神

长征精神

人无精神则不立，国无精神则不强。精神是一个民族赖以长久生存的灵魂，唯有精神上达到一定的高度，这个民族才能在历史的洪流中屹立不倒、奋勇向前。伟大长征精神，作为中国共产党人红色基因和精神族谱的重要组成部分，已经深深融入中华民族的血脉和灵魂，成为社会主义核心价值观的丰富滋养，成为鼓舞和激励中国人民不断攻坚克难、从胜利走向胜利的强大精神动力。

——习近平《在纪念红军长征胜利 80 周年大会上的讲话》

伟大长征精神，就是把全国人民和中华民族的根本利益看得高于一切，坚定革命的理想和信念，坚信正义事业必然胜利的精神；就是为了救国救民，不怕任何艰难险阻，不惜付出一切牺牲的精神；就是坚持独立自主、实事求是，一切从实际出发的精神；就是顾全大局、严守纪律、紧密团结的精神；就是紧紧依靠人民群众，同人民群众生死相依、患难与共、艰苦奋斗的精神。

——习近平《在纪念红军长征胜利 80 周年大会上的讲话》

井冈山精神

井冈山是中国革命的摇篮。井冈山时期留给我们最为宝贵的财富，就是跨越时空的井冈山精神。今天，我们要结合新的时代条件，坚持坚定执着追理想、实事求是闯新路、艰苦奋斗攻难关、依靠群众求胜利，让井冈山精神放射出新的时代光芒。

——2016 年 2 月 1 日至 3 日，习近平在江西看望慰问广大干部群众时指出

在波澜壮阔的中国人民抗日战争中，千千万万的抗战英雄抛头颅、洒热血，为战争胜利作出了重大贡献，为铸就伟大的抗战精神作出了重大贡献。伟大的抗战精神，永远是激励中国人民克服一切艰难险阻、为实现中华民族伟大复兴而奋斗的强大精神动力。

——2015 年 9 月 2 日，中共中央总书记、国家主席、中央军委主席习近平在北京人民大会堂向 30 名抗战老战士老同志、抗战将领、帮助和支持中国抗战的国际友人或其遗属代表颁发中国人民抗日战争胜利 70 周年纪念章并发表重要讲话

苏区精神

在革命根据地的创建和发展中，在建立红色政权、探索革命道路的实践中，无数革命先辈用鲜血和生命铸就了以坚定信念、求真务实、一心为民、清正廉洁、艰苦奋斗、争创一流、无私奉献等为主要内涵的苏区精神。这一精神既蕴涵了中国共产党人革命精神的共性，又显示了苏区时期的特色和个性，是中国共产党人政治本色和精神特质的集中体现，是中华民族精神新的升华，也是我们今天正在建设的社会主义核心价值体系的重要来源。

——2011 年 11 月 4 日，习近平《在纪念中央革命根据地创建暨中华苏维埃共和国成立 80 周年座谈会上的讲话》

遵义会议精神

遵义会议作为我们党历史上一次具有伟大转折意义的重要会议，在把马克

思主义基本原理同中国具体实际相结合、坚持走独立自主道路、坚定正确的政治路线和政策策略、建设坚强成熟的中央领导集体等方面，留下宝贵经验和重要启示。我们要运用好遵义会议历史经验，让遵义会议精神永放光芒。

——2015年6月16日，习近平在贵州参观遵义会议会址和遵义会议陈列馆时指出

延安精神

老一辈革命家和老一代共产党人在延安时期留下的优良传统和作风，培育形成的延安精神，是我们党的宝贵精神财富。今天，全面从严治党要继续从延安精神中汲取力量。要把抓理想信念贯穿始终，提高辩证思维、系统思维能力，保持党同人民群众的血肉联系，始终为党和人民事业艰苦奋斗、不懈奋斗。

——2015年2月13日至16日，习近平在陕西考察时指出

伟大的延安精神是党的性质和宗旨的集中体现，是党的优良传统和作风的集中体现。

伟大的延安精神教育滋养了几代中国共产党人，始终是凝聚人心、战胜困难、开拓前进的强大精神力量。弘扬延安精神，要把坚定正确的政治方向放在第一位，牢记全心全意为人民服务宗旨，坚持解放思想、实事求是、与时俱进，始终牢记"两个务必"，保持延安时期那么一种忘我精神、那么一股昂扬斗志、那么一种科学精神，为建设和发展中国特色社会主义不懈奋斗。

——2009年11月，时任中共中央政治局常委、中央书记处书记、国家副主席习近平在陕西调研时强调结合新的实际弘扬延安精神

抗战精神

在中国人民抗日战争的壮阔进程中，形成了伟大的抗战精神，中国人民向世界展示了天下兴亡、匹夫有责的爱国情怀，视死如归、宁死不屈的民族气节，不畏强暴、血战到底的英雄气概，百折不挠、坚忍不拔的必胜信念。伟大的抗战精神，是中国人民弥足珍贵的精神财富，永远是激励中国人民克服一切艰难险阻、为实现中华民族伟大复兴而奋斗的强大精神动力。

——2014年9月3日，习近平在纪念中国人民抗日战争暨世界反法西斯战争胜利69周年座谈会上的讲话

西柏坡精神

全党同志要不断学习领会"两个务必"的深邃思想，始终做到谦虚谨慎、艰苦奋斗、实事求是、一心为民，继续把人民对我们党的"考试"、把我们党正在经受和将要经受各种考验的"考试"考好，使我们的党永远不变质、我们的红色江山永远不变色。

——2013 年 7 月 11 日至 12 日，习近平在河北省调研指导党的群众路线教育实践活动时指出

沂蒙精神

这次来沂蒙就是看望老区人民，重温沂蒙精神。革命胜利来之不易，主要是党和人民水乳交融，党把人民利益放在第一位，为人民谋解放，人民跟党走，无私奉献，可歌可泣啊！沂蒙精神要大力弘扬。

沂蒙精神与延安精神、井冈山精神、西柏坡精神一样，是党和国家的宝贵精神财富，要不断结合新的时代条件发扬光大。

——2013 年 11 月 25 日，习近平在山东考察时指出

红船精神

"红船精神"同井冈山精神、长征精神、延安精神、西柏坡精神等一道，伴随中国革命的光辉历程，共同构成我们党在前进道路上战胜各种困难和风险、不断夺取新胜利的强大精神力量和宝贵精神财富。

开天辟地、敢为人先的首创精神，坚定理想、百折不挠的奋斗精神，立党为公、忠诚为民的奉献精神，是中国革命精神之源，也是"红船精神"的深刻内涵。

——习近平《弘扬"红船精神"走在时代前列》

📖 拓展阅读 3：习近平关于"文化繁荣"的相关论述

中国特色社会主义先进文化

中国特色社会主义文化，源自于中华民族五千多年文明历史所孕育的中

华优秀传统文化，熔铸于党领导人民在革命、建设、改革中创造的革命文化和社会主义先进文化，植根于中国特色社会主义伟大实践。

——《习近平在中国共产党第十九次全国代表大会上的报告》

没有中华文化繁荣兴盛，就没有中华民族伟大复兴。一个民族的复兴需要强大的物质力量，也需要强大的精神力量。没有先进文化的积极引领，没有人民精神世界的极大丰富，没有民族精神力量的不断增强，一个国家、一个民族不可能屹立于世界民族之林。

——习近平《在文艺工作座谈会上的讲话》

要坚持社会主义先进文化前进方向，用社会主义核心价值观凝聚共识、汇聚力量，用优秀文化产品振奋人心、鼓舞士气，用中华优秀传统文化为人民提供丰润的道德滋养，提高精神文明建设水平。

——习近平《在省部级主要领导干部学习贯彻党的十八届五中全会精神专题研讨班上的讲话》

文化繁荣

一个国家、一个民族的强盛，总是以文化兴盛为支撑的，中华民族伟大复兴需要以中华文化发展繁荣为条件。

——习近平在山东考察时的讲话，《人民日报》2013 年 11 月 29 日

实现中国梦，是物质文明和精神文明均衡发展、相互促进的结果。没有文明的继承和发展，没有文化的弘扬和繁荣，就没有中国梦的实现。

——习近平《在联合国教科文组织总部的演讲》

传统文化

中华优秀传统文化是中华民族的精神命脉，是涵养社会主义核心价值观的重要源泉，也是我们在世界文化激荡中站稳脚跟的坚实根基。

——习近平《在文艺工作座谈会上的讲话》

要坚持社会主义先进文化前进方向，用社会主义核心价值观凝聚共识、

汇聚力量，用优秀文化产品振奋人心、鼓舞士气，用中华优秀传统文化为人民提供丰润的道德滋养，提高精神文明建设水平。

——习近平《在省部级主要领导干部学习贯彻党的十八届五中全会精神专题研讨班上的讲话》

文化自信

增强文化自觉和文化自信，是坚定道路自信、理论自信、制度自信的题中应有之义。

——习近平《在文艺工作座谈会上的讲话》

我们说要坚定中国特色社会主义道路自信、理论自信、制度自信，说到底是要坚定文化自信，文化自信是更基本、更深沉、更持久的力量。

——习近平《在哲学社会科学工作座谈会上的讲话》

文化是一个国家、一个民族的灵魂。文化兴国运兴，文化强民族强。没有高度的文化自信，没有文化的繁荣兴盛，就没有中华民族伟大复兴。要坚持中国特色社会主义文化发展道路，激发全民族文化创新创造活力，建设社会主义文化强国。

——《习近平在中国共产党第十九次全国代表大会上的报告》

文化是一个国家、一个民族的灵魂。历史和现实都表明，一个抛弃了或者背叛了自己历史文化的民族，不仅不可能发展起来，而且很可能上演一幕幕历史悲剧。文化自信，是更基础、更广泛、更深厚的自信，是更基本、更深沉、更持久的力量。坚定文化自信，是事关国运兴衰、事关文化安全、事关民族精神独立性的大问题。

——习近平《在中国文联十大、中国作协九大开幕式上的讲话》

文化自信，是更基础、更广泛、更深厚的自信。在5000多年文明发展中孕育的中华优秀传统文化，在党和人民伟大斗争中孕育的革命文化和社会主义先进文化，积淀着中华民族最深层的精神追求，代表着中华民族独特的精神标识。我们要弘扬社会主义核心价值观，弘扬以爱国主义为核心的民族精神和以改革创新为核心的时代精神，不断增强全党全国各族人民的精神力量。

——习近平《在庆祝中国共产党成立95周年大会上的讲话》

第四章 绿水青山人民福祉篇

第一节 选题解读

在进入整个选题之前，我想我们该一同弄清楚关于绿水青山的含义。恩格斯曾深刻指出，"不要过分陶醉于我们对于自然界的胜利，对于每一次这样的胜利，自然界都报复了我们"。说到这里，想必聪明的你一定会想到，做到绿水青山一定要做好生态文明建设。生态文明建设是探索以"生态优先、绿色发展"为理念的发展建设，面对资源约束趋紧、环境污染严重等形势，树立尊重自然、顺应自然、保护自然的生态文明理念，走可持续发展道路。这是关乎中国特色社会主义事业的重要内容，关系人民福祉，关乎民族未来。

党中央、国务院高度重视生态文明建设，先后出台了一系列重大决策部署，推动生态文明建设取得了重大进展和积极成效。党的十八大报告上明确提出了"建设美丽中国"的发展目标，并将生态文明建设提到前所未有的战略高度，并且与经济建设、政治建设、文化建设、社会建设一道，被纳入社会主义现代化建设"五位一体"的总体布局，这标志着我们党和国家对社会发展规律和生态文明建设重要性的认识达到了新的高度。2013年9月7日，习近平总书记在哈萨克斯坦纳扎尔巴耶夫大学发表演讲并回答学生们提出的问题，在谈到环境保护问题时他指出："我们既要绿水青山，也要金山银山。宁要绿水青山，不要金山银山，而且绿水青山就是金山银山。"这生动形象表达了我们党和政府大力推进生态文明建设的鲜明态度和坚定决心。要按照尊重自然、顺应自然、保护自然的理念，贯彻节约资源和保护环境的基本国策，把生态文明建设融入经济建设、政治建设、文化建设、社会建设各方面和全过程，建设美丽中国，努力走向社会主义生态文明新时代。2016年发布的《国家"十三五"规划纲要》也提出要以提高环境质量为核心以解决生态环境领域突出问题为重点，加大生态环境保护力度，提高资源利用效率，为人民提供更多优质生态产品，协同推进人民富裕、国家富强、中国美丽。2015 年 9 月 11 日新出台的《生态文明体制改革总体方案》，着眼于理念方向，明确提出构建自然资源资产产权制度、国土空间开发保护制度、空间规划体系、资源总量管理和全面节约制度、资源有偿使用和生态补偿制度、环境治理体系、环境治理和生态保护的市场体系、生态文明绩效评价考核和责任追究制度等 8 个方面的制度体系，必将加快我国生态文明建设的进程。同年 10 月，随着十八届五中全会的召开，增强生态文明建设首度被写入国家五年规划。2018 年 3 月 11 日，第十三届全国人民代表大会第一次会议通过的宪法修正案，将宪法第八十九条"国务院行使下列职权"中第六项"（六）领导和管理经济工作和城乡建设"修改为"（六）领导和管理经济工作和城乡建设、生态文明建设"。2019 年 10 月，习近平总书记在党的十九届四中全会上强调，要坚持和完善生态文明制度体系，并作出的重大战略部署。要求我们深刻把握生态文明制度体系建设的重大意义、形势任务和实践要求，奋力开创新时代生态文明建设新局面。

随着经济、科学与技术的迅猛发展，由于经济增长方式的粗放、监管环境的不健全等原因，我国大部分地区，尤其是经济发达地区环境污染、生态破坏问题愈发严重。我们所面临的气候问题、资源问题、环境生态问题比比皆是，诸如以下情况：（1）气候问题频繁出现，例如全球变暖、酸雨等现象。全球变暖是由于矿物燃料的大量使用而放出的 CO_2 等多种温室气体，对来自太阳辐射的短波具有高度的透过性，而对地球反射出来的长波辐射具有高度的吸收性，进而使气体全球平均气温呈上升趋势。全球变暖带来了冰川和冻土消融，海平面上升等危害。酸雨则由于二氧化硫和氮氧化物等酸性污染物的排放而产生 pH 值小于 5.6 的酸性降水，使植被和生态系统遭受破坏，建筑材料、金属结构和文物被腐蚀等一系列严重的环境问题。（2）资源与能源的短缺现象层出不穷。由于无计划、不合理地大规模开采资源，石油、煤等资源以及核能等能源无法满足人类的使用需要，新能源没有重大突破也驱使世界能源供应将日趋紧张。再比如，淡水资源危机，地球表面虽然 2/3 被水覆盖，但仅有的 1% 的可利用淡水。除去工业用水、农业用水等，只有很少的一部分可供饮用。然而，水却被大量滥用、浪费和污染，导致出现河流湖泊枯竭、地下水耗尽等情况，全球淡水危机日趋严重。还有由于对耕地、木材等需求的增加，森林资源锐减。以及由于气候变化和人类不合理的经济活动等因素，使干旱、半干旱和具有干旱灾害的半湿润地区的土地发生了退化的土地荒漠化，有生产能力的土地的消失是人们面临的最为严重的灾难之一。（3）垃圾、有毒化学品的处理也是我们急需处理的问题。由于我们处理垃圾的能力远远赶不上垃圾增加的速度，因而垃圾除了占用大量土地外，还污染环境。其中有害垃圾、有毒垃圾的运送、处理等问题造成的影响更为严重。而有毒化学品的使用量不断增大、种类不断增多，对土壤、大气乃至整个生物圈都造成了不同程度的影响。（4）一般来说物种灭绝速度与物种生成的速度应是平衡的。世界野生生物基金会发出警告：本世纪鸟类每年灭绝一种，在热带雨林，每天至少灭绝一个物种。由于人类活动破坏了这种平衡，使物种灭绝速度加快。物种灭绝将对整个地球的食物供给带来威胁，对人类社会发展带来的损失和影响是难以预料和挽回的。

由此看来，从汽车尾气、化工厂生产到空调等家用电器的广泛使用等等，种种方式均在一定程度上破坏了生态文明，进而造成了雾霾天气、资源短缺、全球变暖等情况。生态环境问题已经与经济问题和社会问题紧密相连，会严重影响社会的生活需要与发展进程。因而，生态文明建设迫在眉睫。作为当代大学生的我们，有责任也有义务用自身实践行动带动生态文明建设。我们可以围绕清洁空气、节水护水、垃圾分类、文明出行、背街小巷治理、节能减排、气候变化、能源开发、自然灾害预防、疫情卫生防治、保护生物多样性等内容，开展科普知识宣传、绿色生活宣讲、社会调查研究、专利研发应用、环保建言献策等活动，身体力行参与生态环境保护，以青年身份带头践行绿色生产生活方式，培养尊重自然、顺应自然、保护自然的理念，为实现绿水青山、打好污染防治攻坚战贡献青春力量。在选题过程中，我们要结合自身专业知识情况，将所提供的实践服务方向抑或是调查研究方向与实践地需要有较高的吻合度。面对气候生态问题，我们可以从气候变化、空气清洁、文明出行等方向出发进行调查研究；面对能源和资源短缺的问题可以从节水护水、节能减排、能源开发等方向出发进行实践探索；面对垃圾、有毒化学品的处理，我们可以结合垃圾分类、背街小巷治理、自然灾害预防等方向开展志愿实践。

这一领域社会实践的选题方向主要有：

选题具体方向一：环保知识科普行动。随着经济的高速发展，人们的生活与经济情况正在急剧变化，所居住的环境也发生着较为明显的变化。每个人在享受高科技带来的便利生活之余，也在努力寻找生态环境良好的居住环境。人类作为一个高智慧群体，需要通过一定的方式在精神和内心达成共识。落实环保行动的前提是提高环保意识，对科学环保行动进行科普宣传，让大家充分意识到环保的重要性，唤醒心灵深处对于热爱自然的理念传承。首先，我们可以利用社区、学校等教育资源，科普环保意识。运用假期时间选择一个群体，运用合适的传授渠道，开设家庭融合的"环境教育"相关课程、宣讲等。并将知识与生活实际，生物、地理等必修课课本要点（如：淡水资源、人口激增、能源短缺、环境污染）相结合，相互渗透，灵活展现。结合当地的生态情况的数据与事例，生动展现环境保护的重要意义。接着，通过互动式主题活动，加深环保意识。通过外展、情景剧、有奖问答等互动活动，增强被科普人群的参与度和积极性，让大家更加深刻地意识到环境保护的重要作用。可以在过程中，增强科技实践的作用，结合国家政策，对社会以及学校环境保护的科技成果等进行宣传和推广，让大家在提高意识的基础上，切实落实到生活中去。最后，通过调查研究，深化活动影响。收集整理环保相关的文献资料、研究书籍等，加强自身的专业性优势。对于地方特色部分，可以将专著、教科书、报纸、杂志等渠道的环保资料进行整合，制定出行之有效的社会调查问卷。科学调研出在落实环保中存在的困难和问题，做到"小题大做""深入细做"。样本的收集上注意地点发放、涵盖人群、年龄分层、实地实际等因素。并对成果进行有针对性的分析总结，提出切实可行的解决方案，并学会向指导教师、指导学长等资源进行合理化求助。针对可宣传部分，可以借助微电影、报道等方式进行进一步的深化宣传，扩大实践影响力，让更多人深刻领会环保的重要意义与价值，呼吁更多人加入到这个行列中来。

选题具体方向二：垃圾分类调研行动。2020年5月1日起，新版《北京市生活垃圾管理条例》正式施行，垃圾分类回收的重要性日益凸显。全国政协委员、中国节能环保集团董事长宋鑫接受记者采访时表示，垃圾分类是一项系统工程，在三、四线城市和乡村等重点地区，可尝试打造"分散收运+

集中处理"的"县域固废统筹共建服务"新模式。垃圾分类涵盖投放、收集、运输、处理四个环节。当前垃圾分类存在三个方面的问题：一是居民的环保意识有待进一步提高；二是各地区分类处理设施的能力尚不充分，结构也不够合理，需要进一步提升能力和优化结构；三是分类后的厨余垃圾处理目前还存在技术不成熟、处理成本高、资源化出路不畅通等。由此看来垃圾分类可以作为热点选题进行调查、研究、科普、优化等实践。

我们可以根据相关政策、文件等，选择某地社区作为研究对象，开展垃圾分类进社区主题社会实践。在社会实践前期，通过调查问卷、实地访问等方式开展前期调查，并通过寻求专业教师关于问卷设计、研究对象选择、环保知识等内容的帮助，夯实实践基础，进一步明确实践目的与主题内容。通过文献资料、视频学习等方式进一步夯实自身基础，为接下来的实践内容做充足的准备工作。在社会实践中期，通过做宣讲、展板等方式对垃圾分类的方法进行宣传指导。并充分结合前期的调研结果、文献整理等资料开展行之有效的系列活动，通过做志愿者等方式，身体力行地引导居民进行垃圾分类，借助社区、居委会等多方力量进行宣传科普与实践操作相结合。并可以通过召集志愿者进行统一培训指导的方式，协助社区对日常垃圾分类起到监督引导作用，以实际行动促进发展，对社区未来有序推进垃圾分类提供有效保障。最后，垃圾分类是一份"没有结束"的工作，我们掀起的是开始的热潮，如何让其长期有序地开展并逐渐转化为常态化工作，形成示范作用是接下来需要思考的问题。首先，帮助小区建立保障制度，对持续管理提出有效方案是推进工作的基础保证。接着，加强宣传效果，并定期对于改善情况进行反馈总结，构成双向联动机制，焕发居民内心的环保重要性意识。最后，可以形成微电影、专业论文等，为其他社区相关活动提供有力的参考价值，并形成一定的社会影响。

选题具体方向三：农业绿色发展行动（以农膜回收为例）。为贯彻中央农村工作会议、中央1号文件和全国农业工作会议精神，加快推进农业绿色发展，围绕"一控两减三基本"目标，农业部在2017年5月16日制定了《农膜回收行动方案》，加快推进农膜回收利用，防治农膜残留污染，提高废旧农膜资源化利用水平，推动农业绿色发展。农膜是一种薄膜塑料，主要成分是聚乙烯。主要用于覆盖农田，起到提高地温、保质土壤湿度、促进种子发芽和幼苗快速增长的作用，还有抑制杂草生长的作用，故而在农村得到大量的使用。但由于回收率低，大量的农膜碎片残留在土壤中，会导致土壤结构层次发生变化，使土壤水分养分运输受阻，造成土壤板结、出苗率低；残膜碎片可能与农作物秸秆和饲料混在一起，牛、羊等家畜误食后可造成肠胃功能不良甚至死亡；漫天飞舞的残膜也影响环境景观，造成视觉污染。这些问题对当地的生态环境以及经济发展都会造成严重的影响，是农业绿色发展面临的突出问题。

　　首先，我们可以通过调查选择一处废旧农膜回收率低、污染严重的地点作为行动的目标地点，走访调查最后汇总出当地废旧农膜的回收情况以及污染情况，找出其中的核心问题如：当地环保意识淡薄、组织管理不完善、监督落实不到位等，根据具体问题制定相应的解决方案。在可行的情况下联系当地相关部门，提交调查结果，引起重视。然后利用可行的宣传手段，从生态环境保护的需要（废旧农膜弃于田间地头，被风吹至房前屋后、田野树梢，影响村容村貌。推进农膜回收，生产再生塑料制品，变废为宝，有利于资源节约，改善农村人居环境）、耕地资源保护的需要（废旧农膜破坏了土壤结构，影响作物出苗，阻碍根系生长，导致农作物减产。推进农膜回收，有利于防治农田土壤残膜污染，保护宝贵的耕地资源）、农业提质增效的需要（废旧农膜降低播种质量，阻止农作物根系生长，影响水分和养分吸收。棉花中混入残膜，导致商品性变差，效益下降。推进农膜回收，有利于提升产品品质，提高农业生产效益）等方面向当地相关人员普及废旧农膜污染的危害以及废旧农膜回收的必要性，在人们的心中树立起环保的意识。接着结合当地的实际情况，可以通过以下几个方面对当地农膜使用及回收提出建议或相关实施方案：（1）农膜覆盖减量化。对农膜覆盖技术适宜性进行评估，推进农膜覆盖技术合理应用（如一膜多用、行间覆盖等），降低农膜覆盖依赖度以及使用量。（2）农膜产品标准化。可以联系有关部门加强监管，严格农膜标准执行，严禁生产和使用不合格的农膜产品，从源头保障农膜的可回收性。（3）农膜捡拾机械化。了解当地农膜回收机具的补贴政策，对相关使用农膜人员进行机械化回收的推广。最后可以走访当地的种植大户、农民合作社、农膜制造企业以及相关监管部门等，通过沟通协商，争取建立起农膜标准化生产、合理且高效使用、高效回收、加工再利用以及严格过程监管的一个良性循环的保障体系，树立起废旧农膜回收的典型，在当地进行推广及使用。

选题具体方向四：乡村环境卫生宣传行动（以"厕所革命"为例）。2018 年 1 月 2 日，中共中央国务院发布了一号文件《关于实施乡村振兴战略的意见》，提到农业农村农民问题是关乎国计民生的根本性问题，乡村振兴，生活富裕是根本。2018 年 2 月 5 日，中共中央办公厅、国务院办公厅印发了《农村人居环境整治三年行动方案》，将开展厕所粪污治理作为其重点任务之一，并且鼓励各地结合实际，将厕所粪污、畜禽养殖废弃物一并处理并资源化利用。随着社会发展节奏日趋加快，环境卫生也成为了人们不可忽略的一点，但我国甚至当今全球范围内的环境卫生状况仍然不容乐观，由世卫组织、联合国儿童基金会饮用水供应和卫生设施联合监测方案发布的报告显示，在全球范围内，现有 24 亿人口，相当于平均每三个人当中就有一人缺乏卫生设施，其中包括 9.46 亿人被迫在露天排便；他们当中的绝大部分人都生活在贫困的发展中国家。尽管我国厕所覆盖率已经由 20 年前的不到 10%增加到今天的 80%左右，但是目前厕所的整体卫生条件，尤其是农村地区的厕所卫生条件并不乐观。以 2015 年数据为例，全国粪便的收集处理率仅约为 47%，因此对我们来说进行"厕所革命"，改善人们的环境卫生状况已刻不容缓。

总结我国自实行"厕所革命"以来所遇到的问题和挑战，大致可分为以下两点：首先是发展不平衡问题。2017 年，公厕发展已有 150 多年历史的上海出台《公共厕所规划和设计标准》，不仅是要造一座供"方便"的简单厕所，而是要造具备满足更多需求的多功能厕所；不仅要满足人们的普遍需求，而且要满足人们的个性化需求。但全国不同区域的"厕所革命"存在严重的发展不平衡问题，也面临诸多困难，如规划难、选址难、资金难、管理难等。目前我国农村厕所建设主要还是关注在厕所卫生上，还没有综合考虑厕所的环保和废物的资源化处理和利用等。其次，缺乏相应的管理经验：我国的厕所产业还处于初级阶段，与发达国家仍有较大差距，而"厕所革命"中提倡的新型厕所包括智慧科技型、古典园林型、生态乡村型和经济节能型。除节水设备、节能设备、除臭设备三个必选项外，选择性配备智能监控、循环水系统、第三卫生间、休闲区、管理间、环卫驿站等功能，目前也都还缺乏管理经验。

基于上述原因，我们在后期实践方面应该有针对性地进行操作。首先需要大范围进行厕所革命的实地或线上宣传及实地考察，线上宣传即以公众媒体、社交网络的形式进行厕所革命的宣传推广，让更多人了解这一行动，线下模式可选择的宣传地点非常多样，如社区、学校等，宣传形式也可进行创新，在宣传的同时可进行实地的考察走访，了解不同地点的厕所情况，如学校、旅游景点等等，同时也可以采用问卷调查的形式收集信息。可采访行业内的专业公司及突出个人，甚至实地走访公司，了解目前国内新型厕所的主要理念和运作模式，同时也能获得包括产品推广情况、地区差异对比等在内的一手资料，为后期的数据整体及分析提供专业保障。最后，应产出具体成果，如微电影等，利用当下信息社会的特点积极传播，扩大影响力，让更多人认识厕所革命，了解厕所革命的具体行动及意义价值，呼吁更多人加入这个行列中来。

第二节 典型案例

案例 1：北京科技大学醴泉行动实践团

北科大青年运用专业优势净化水资源

【事迹简介】

水是生命之源，然而目前全球有 7 亿人正饱受严重缺水的折磨与困扰。这些人口所在地缺水部分是因为地处内陆气候干旱，因为工业发展未达环境标准水污染。我国是世界上地方性饮用水氟中毒流行最广、危害最严重的国家之一。因此，国家及各级政府对地方性氟中毒的防治研究非常重视。国家"十三五计划"中明确指出，要推进生态文明建设，水资源的保护更是重中之重。农村地区存在依靠工业发展带动经济建设的现象，随着工业的发展，环境污染逐渐加剧，高氟水、高砷水、重金属离子污染地区饮用水安全问题亟待解决。

北京科技大学醴泉行动社会实践团成立于 2015 年，以改善水质和村民生活质量为己任，以解决实际问题为宗旨。北京科技大学冶金与生态工程学院黄凯教授带领团队经过多年努力研究出的专利技术可以有效去除水中的有害离子，实践团将此专利进行技术成果转化，利用产品下基层，为基层人民解决饮用水净化问题。净水产品原料易得，耗时短，且无副作用，实践团成员在实践地进行水样收集与检测，自制过滤净水产品，开展实地净水，团队向当地村民科普用水安全知识。同时，后期团队将把实践中所取得的成果进行转化，利用已有专利做成相关除氟产品并进行推广，寻求公益慈善组织和当地政府政策支持，公益性地无偿地向农村居民提供氟离子吸附剂配套服务，结合当地实际情况，提出相应解决措施和办法，与氟超标问题抗争到底。

四年来，实践团在实践基础上不断进行成果转化，先后斩获第二届、第三届"光大环保杯"全国大学生绿色梦想共创计划大赛（全国赛）一等奖；第二届中国大学生互联网+创新创业大赛（北京赛区）二等奖；第二届"创青春"首都大学生创业大赛（北京赛区）铜奖等荣誉。

习近平总书记曾说，农村不能成为荒芜的农村、留守的农村、记忆中的故园；同时在十九大报告中指出，要实施乡村振兴战略，坚持农业农村优先发展。从2015年行至今日，实践团成员利用专业知识，结合自身优势，走出了一条"抗氟净水"之路。生命是谈及一切幸福的可能，健康是拥有美好生活的资本。从饮水安全出发，切实改善村民生活质量，服务基层人民，润泽四方之水，保护碧水蓝天。步履不停，奋斗不止，相信会有更多的人助力农村建设和环保事业的发展，让每一条河流都清澈，每一滴水都甘甜。

【教师评析】

"北京科技大学醴泉行动"实践团在实践主题上，积极响应国家号召，结合自身专业优势，邀请专业老师增强实践团队的专业性，同时能够将所学知识转化为实践并加以应用造福百姓。在四年的社会实践进程中，前期实地考察夯实根基搭建平台，并基于实地调研和水质检测结果进行跟踪研究。对于实践成果进行转化与优化处理，并将成果应用于摇篮杯、环保杯等大赛等，收获颇丰。团队积极将成果深化，每年不断探索对于成果的研究与应用，培养学生的科学研究精神，并持续经营实践团公众号，扩大醴泉行动的影响力，让更多的人指导水健康的重要性。

但实践团可以就一些方面进行完善，开展针对居民的相关宣讲会，提高居民对于净化水的重要性认知。同时，可以制作更有故事感的微电影等，增强线上线下宣传的联动性，在知道水健康重要性的同时能够呼吁人们珍惜水资源，提高公民的环保意识。

📑 案例2：北京科技大学心怡长江水环境调研实践团

北科大青年用千里行守护一方水

【事迹简介】

实践团在选定"都江堰的水环境"这个调查方向后，进行了严格有序的招新筛选，最终团队成员包含了多个专业，拥有文案、技术、策划等多方面人才，保障团队的创造力与执行力。在形成有共同目标兴趣的团队后，每位成员齐力献言献策，共同为实践制定兼具重要性、可行性、创新性的实践方案。2019年的夏天，他们奔赴"天府之国"成都都江堰，希望通过熟悉当地的自然水体环境，探索"水环境治理与旅游业发展的良性互动"，找寻都江堰市水体旅游资源发展中值得借鉴之举，为其他地区的良性发展提供指引；发现问题所在，并竭力提出解决方案，为都江堰市的旅游业发展与环境治理建言献策。

实践团在指导教师的带领下前期制作问卷，商定访谈对象与访谈内容，实践过程中发放问卷，进行社区宣讲，走访水利工程，采访相关人员，后期整理数据，最终以微电影、论文等形式呈现实践成果。两周内，小组发放并回收问卷超过500份，采访对象职业多样化，涉及政府官员、大学教授，基层河长等等，采访人数总计超过300人，实地参观调研自然保护区、主题公园等地，实践活动获得今日头条、腾讯网等多家媒体11次的报道，还在贝壳AIRSHOW中被选为优秀团队，同时获得柳河、平义两个社区的高度肯定，最终收获表扬信三封。团队后期将访谈内容加以分类整理，访谈过程中收集录音时长超过500分钟，而最终成果以一本44663字的访谈录呈现；最终产出学术论文一篇，共计8939字；实践报告一份，共计170735字；创作并拍摄微电影《岷》一部，改编《成都》并进行填词创作，产出MV《都江堰》，实践过程中拍摄摄影作品，整理得摄影集一份。

【教师评析】

在本次实践中，我们可以看到"北京科技大学心怡长江水环境调研"实践团的前期准备十分充分，从团队选题到人员招募都有着很强烈的目的性和实效性，为后期工作的顺利、有序开展提供了有效的保障。在实践过程中，通过调研、专访等多渠道获取信息，得到一手资源的做法值得我们学习。同时，在遇到不支持、不配合情况的积极心态值得肯定和鼓励。在实践过程中，伴随不断找寻污染的过程中，能够针对垃圾分类的一个方面进行有针对性的开展，让当地居民切实体会其必要性的做法是难能可贵的。

但实践团可以就一些方面进行完善，实践过程中，对于公众号宣传这方面来说，体系性不是很强，同时呈现出的被采访对象在选择上体现出较为明显不确定性和未规划性，大部分自身公众号报道出来的都是居民，而没有其他领域的涉足，在此方面不太全面。

案例 3：北京科技大学蜀乡暑假社会实践团

北科大青年深入乡村社区守住一份绿色

【事迹简介】

环境就是民生，青山就是美丽，蓝天也是幸福。要着力推动生态环境保护，像保护眼睛一样保护生态环境，像对待生命一样对待生态环境，这是习近平总书记在参加江西代表团审议时所强调的内容。近年来随着农村地区越来越多地依靠工业来发展建设，工业发展对环境的影响逐渐成为了重要的问题。

北京科技大学蜀乡暑假社会实践团是北京科技大学能源与环境工程学院青环实践团与北京科技大学绿盾环境保护与发展协会共同引导的以环保为主题的实践小队，它是由北京科技大学青环实践团趣林小队演变而来。团队社会实践地点为四川省，他们联系到一些城市及其周边的乡村社区，了解了平时的生活垃圾处理及回收利用情况，同时进行环保宣传。团队调研了四川成都、绵阳、南充等地区农业发展对农村生态环境的影响，了解其生产活动中农药化肥的使用对土壤和河流的污染情况。同时，前往成都市金牛区汇泽路泉水人家社区，在成都城市河流研究会的老师协助引领下，与社区居民一起，调研当地垃圾分类的情况，了解垃圾产量、处理方式等，并结合实际情况因地制宜探索出一条适用于社区的垃圾减量道路。并对农村周边附属的相关工业生产活动进行环境监督调查，在乡村周边开展了水样检测活动，了解其污染状况。最后对调研过程中发现的各类对环境生态带来污染的问题，尽可能提出解决方案并实施。在为期半个月的实践中，小队成员们进行了走访调研、问卷调查、收集记录，使用堆肥制成的肥料开展了社区绿植活动，并为社区规划设计建造了一个大型的堆肥池。

团队秉承了能环学院青环实践团"以求实的意志探寻环境保护的奥秘，以鼎新的精神创造自然生态的美丽"以及北科大绿盾环协"用实际行动感召人，让环保深入人心"的理念，跟随着国家"绿水青山"的脚步将实践与专业特色亲密结合，为农村的环保事业不懈奋斗着。他们热情、负责、勤劳，希望能为这土地多守住一份绿色。

【教师评析】

在团队成立过程中，运用学院、社团资源具有一定的稳定基础，是可参考的选题方向之一。在实践主题确定中，把握时代主旋律，关注时政热点，紧密围绕习近平总书记在江西代表团审议时强调的内容，具有具体详细的实践切入点。学生充分结合自身所在专业，对城市及其周边的乡村社区进行调查研究，详细了解土壤和河流的污染情况等，对当地环保情况的发展提出了一定的方案措施。从调研到宣传再到整理方案，整个过程中的操作模式具备一定的可借鉴性。

但在实践中仍有部分需要完善的内容，首先在样本选取时可以具备更强的针对性，不要"广撒网"。在样本采集过程中，对于样本采集对象的选择、问卷或者其他采集的方法等信息可以联系专业老师进行相关的指导，并可以通过相关专业的文献资料等信息，让整个准备具备更好的调查专业基础。在整个结束后，可以加强后续的成果转化。如：形成专业论文、宣传微视频、并将成果转化为科技产品等，使实践具备更强烈的影响力，蓄积更多的环保力量。

📄 案例4：湖北大学化学化工学院鄂州、武汉垃圾分类城乡对比调研实践团

武汉200余大学生忙着过"环保暑假"

【事迹简介】

2019年7月，第四届"都市环保杯"环保创新大赛大学生环保社会实践启动仪式在武汉正式举行。"都市环保杯"旨在搭建起一个激发环保创意、鼓励环保作为的平台，在武汉市乃至全国都产生了广泛的影响，得到相关政府部门领导的关注和肯定，积累了众多环保粉丝。第四届"都市环保杯"环保创新大赛延续"创新创意创业创造"的主题，集中在武汉市开展形式多样的线上线下活动，主要包括大赛宣讲、作品征集与辅导、企业参与、投资人点评等系列活动，推动广大创意者将作品转化为环保产品，同时为武汉的环保企业寻找人才和创新产品。

大学生暑期环保社会实践作为该系列活动的一部分，活动开始后，武汉市众多高校环保志愿者的踊跃参与，主办方从参赛的80个项目中，经过层层筛选，来自武汉市高校的8个环保志愿者团队脱颖而出。这8个团队共有200余名大学生，其中既有本科生，也有在读硕士博士，他们将在暑假期间，兵分十路，开展环保社会实践活动。

华中科技大学能源与动力工程学院赴湖北武汉垃圾分类调研队队员，将走进武汉三镇的社区和垃圾转运站，近距离调查市民垃圾分类现状和垃圾转运难点。武汉大学资源与环境学院神农架科考队学生，将奔赴湖北大冶铜绿山矿，采集土壤样品，分析植物体内重金属积累与迁徙特征，为矿区退化生态系统的植被恢复、重金属污染土壤治理提供依据。

"都市环保杯"环保创新大赛活动主办方中冶南方都市环保工程技术股份有限公司代表孙勇表示，这8个大学生环保团队放弃安逸的暑假，为环保燃烧自己的青春和热血，精神可嘉，希望在实践中，利用所学专长，用创新和创造，来解决具体环保问题。

【教师评析】

　　这是一支具有较大规模性和专业性的大学生社会实践团，人员组成上包含本科生、硕士生、博士生，这样的人员差距无论在年龄、专业、阅历上都具有一定的可参考性。实践团作为一个大团，前往不同地点，围绕同一主题展开社会实践，具有比较强烈的全面性和专业性。这也可以为多队的社会实践团提供一定的可操作性，将大的主题进行分解，让每个小团可以从小的主题出发进行探索。

　　在进行社会实践组队的过程中，充分考虑了成员的年龄、性别、性格等多项因素，同时充分了解成员所掌握的各项技能，在分工中做到人尽其才。在技能选择上，不专攻一项技能，而在既定目标中必需的技能均有人掌握。在社会实践最后，更加注重成果转化和专业技能运用，让实践成效最大程度地发挥影响力，形成深远的示范效果。

第三节　拓展阅读

拓展阅读1：《习近平总书记系列重要讲话读本》——绿水青山就是金山银山（节选）

　　建设生态文明是关系人民福祉、关乎民族未来的大计，是实现中华民族伟大复兴中国梦的重要内容。2013年9月7日，习近平总书记在哈萨克斯坦纳扎尔巴耶夫大学发表演讲并回答学生们提出的问题，在谈到环境保护问题时他指出："我们既要绿水青山，也要金山银山。宁要绿水青山，不要金山银山，而且绿水青山就是金山银山。"这生动形象表达了我们党和政府大力推进生态文明建设的鲜明态度和坚定决心。要按照尊重自然、顺应自然、保护自然的理念，贯彻节约资源和保护环境的基本国策，把生态文明建设融入经济建设、政治建设、文化建设、社会建设各方面和全过程，建设美丽中国，努力走向社会主义生态文明新时代。

　　1. 良好生态环境是最普惠的民生福祉：生态文明是人类社会进步的重大

成果，是工业文明发展到一定阶段的产物，是实现人与自然和谐发展的新要求。建设生态文明要以资源环境承载能力为基础，以自然规律为准则，以可持续发展、人与自然和谐为目标，建设生产发展、生活富裕、生态良好的文明社会。

历史地看，生态兴则文明兴，生态衰则文明衰。中华文明传承五千多年，积淀了丰富的生态智慧。"天人合一""道法自然"的哲理思想，"劝君莫打三春鸟，儿在巢中望母归"的经典诗句，"一粥一饭，当思来之不易；半丝半缕，恒念物力维艰"的治家格言，这些质朴睿智的自然观，至今给人启迪。我们党一贯高度重视生态文明建设。20世纪80年代初，我们就把保护环境作为基本国策。进入新世纪，又把节约资源作为基本国策。多年来，我们大力推进生态环境保护，取得了显著成绩。但是经过三十多年的快速发展，积累下来的生态环境问题日益显现。随着社会发展和人民生活水平不断提高，人民群众对干净的水、优美的环境等要求越米越高，生态环境在群众生活幸福指数中的地位不断凸显。

习近平总书记指出："良好生态环境是最公平的公共产品，是最普惠的民生福祉。"保护生态环境，关系最广大人民的根本利益，关系中华民族发展的长远利益，是功在当代、利在千秋的事业，我们必须清醒认识保护生态环境、治理环境污染的紧迫性和艰巨性，清醒认识加强生态文明建设的重要性和必要性，以对人民群众、对子孙后代高度负责的态度，加大力度，攻坚克难，全面推进生态文明建设，实现中华民族永续发展。

2. 保护生态环境就是保护生产力：2013年5月，习近平总书记在中央政治局第六次集体学习时指出"要正确处理好经济发展同生态环境保护的关系，牢固树立保护生态环境就是保护生产力、改善生态环境就是发展生产力的理念"。这一重要论述，深刻阐明了生态环境与生产力之间的关系，是对生产力理论的重大发展，饱含尊重自然、谋求人与自然和谐发展的价值理念和发展理念。

改革开放以来，我国坚持以经济建设为中心，推动经济快速发展起来，在这个过程中，我们强调可持续发展，重视加强节能减排、环境保护工作。但也有一些地方、一些领域没有处理好经济发展同生态环境保护的关系，以无节制消耗资源、破坏环境为代价换取经济发展，导致能源资源、生态环境问题越来越突出。习近平总书记指出："我们在生态环境方面欠账太多了，如果不从现在起就把这项工作紧紧抓起来，将来会付出更大的代价。"

我们只有更加重视生态环境这一生产力的要素，更加尊重自然生态的发展规律，保护和利用好生态环境，才能更好地发展生产力，在更高层次上实现人与自然的和谐。要克服把保护生态与发展生产力对立起来的传统思维，下大决心、花大气力改变不合理的产业结构、资源利用方式、能源结构、空间布局、生活方式，更加自觉地推动绿色发展、循环发展、低碳发展，决不以牺牲环境、浪费资源为代价换取一时的经济增长，决不走"先污染后治理"的老路，探索走出一条环境保护新路，实现经济社会发展与生态环境保护的共赢，为子孙后代留下可持续发展的"绿色银行"。

3. 以系统工程思路抓生态建设：习近平总书记强调，环境治理是一个系统工程，必须作为重大民生实事紧紧抓在手上。要按照系统工程的思路，抓好生态文明建设重点任务的落实，切实把能源资源保障好，把环境污染治理好，把生态环境建设好，为人民群众创造良好生产生活环境。

要牢固树立生态红线的观念。生态红线，就是国家生态安全的底线和生命线，这个红线不能突破，一旦突破必将危及生态安全、人民生产生活和国家可持续发展。习近平总书记强调："在生态环境保护问题上，就是要不能越雷池一步，否则就应该受到惩罚。"对于生态红线全党全国要一体遵行，决不能逾越。优化国土空间开发格局。给自然留下更多修复空间，给农业留下更多良田，给子孙后代留下天蓝、地绿、水净美好家园；加快实施主体功能区战略，严格实施环境功能区划，保障国家和区域生态安全，提高生态服务功能；要坚持陆海统筹，进一步关心海洋、认识海洋、经略海洋，提高海洋资源开发能力，保护海洋生态环境，扎实推进海洋强国建设。全面促进资源节约。建设生态文明必须从资源使用这个源头抓起，把节约资源作为根本之策。要大力节约集约利用资源，控制能源消费总量，严守十八亿亩耕地保护红线，大力发展循环经济，促进生产、流通、消费过程的减量化、再利用、资源化。加大生态环境保护力度。良好生态环境是人和社会持续发展的根本基础。要以解决损害群众健康突出环境问题为重点，坚持预防为主、综合治理，强化水、大气、土壤等污染防治，着力推进重点流域和区域水污染、颗粒物污染防治等，切实改善环境质量。实施重大生态修复工程，增强生态产品生产能力，推进荒漠化、石漠化综合治理，扩大湖泊、湿地面积，保护生物多样性，提高适应气候变化能力。

4. 实行最严格的生态环境保护制度：建设生态文明是一场涉及生产方式、生活方式、思维方式和价值观念的革命性变革。实现这样的根本性变革，必须依靠制度和法治。我国生态环境保护中存在的一些突出问题，大都与体制不完善、机制不健全、法治不完备有关。习近平总书记指出："只有实行最严格的制度、最严密的法治，才能为生态文明建设提供可靠保障。"必须建立系统完整的制度体系，用制度保护生态环境、推进生态文明建设。

要完善经济社会发展考核评价体系。科学的考核评价体系犹如"指挥棒"，在生态文明制度建设中是最重要的。要把资源消耗、环境损害、生态效益等体现生态文明建设状况的指标纳入经济社会发展评价体系，建立体现生态文明要求的目标体系、考核办法、奖惩机制，使之成为推进生态文明建设的重要导向和约束。要建立责任追究制度。资源环境是公共产品，对其造成损害和破坏必须追究责任。对那些不顾生态环境盲目决策、导致严重后果的领导干部，必须追究其责任，而且应该终身追究。要建立健全资源生态环境管理制度。健全自然资源资产产权制度和用途管制制度，加快建立国土空间开发保护制度，健全能源、水、土地节约集约使用制度，强化水、大气、土壤等污染防治制度，建立反映市场供求和资源稀缺程度、体现生态价值和代际补偿的资源有偿使用制度和生态补偿制度，健全环境损害赔偿制度，强化制度约束作用。加强生态文明宣传教育，增强全民节约意识、环保意识、生态意识，营造爱护生态环境的良好风气。

(节选自《人民日报》2014年07月11日12版)

拓展阅读2：浙江杭州富阳推进农村饮用水达标

浙江杭州富阳推进农村饮用水达标

2019年浙江省杭州市富阳区把"农村饮用水达标提标行动"列为十大民生实事之首。

围绕"一切为了喝好水"的期盼，"八年任务，三年完成"，在2019年启动138个行政村攻坚的基础上，富阳力争到2020年底，全面解决全区33

万人口的农村饮用水提标达标任务，坚决打赢农村饮用水民生实事项目攻坚战。

渔山乡墅溪村新建成了标准化水站，水站管理房内，不锈钢净化设备、自动化消毒设备、自动检测系统等十分齐备。厂区内，500 吨的清水池，一用一备的增压泵站格外醒目。在厂区外，严格按照饮用水保护要求划定水库保护范围，生态环境、卫生防疫等部门定期对水源水质进行监测分析。此外，水站的设计体现出了杭派民居的几大特色元素：人字坡、粉黛墙、青瓦等，不仅充分体现出传统杭派建筑的精髓，而且体现出现代农村的生活气息。

湖源乡窈口村位于富阳最南端，供水水源之前主要为寺坞山塘，库容较小，加上窈口村旅游人次渐增，寺坞山塘水量不足以满足供水需求。且都是未采取消毒、过滤的原水，很多管网采用原建的白色塑料引水水管，饮用水质量堪忧。2019 年 10 月，新建的窈口村水站投入使用，窈口村的饮用水问题得到了解决，而且水量十分充足，水质干净。2019 年 6 月，按照"专业的事专业做"理念，农村饮用水管理体制和职责；按照"1+3+24"模式布局全区供排水工作。

对于以前建成的水站，富阳也花了大力气进行整治，已为全区 325 个单村水站更换设备，进行整治提升。通过"大检查机制"，对全区所有农村饮用水工程末梢水每天自检浊度、pH、余氯 3 项指标。疾控中心、区农业农村局和富阳生态环境分局每年分别在丰水期及枯水期，两次进行水质监测，确保老百姓喝的是放心水。新建水站采用数字化实时监测系统，实现水质100%达标。

🏛 **拓展阅读 3：山东广饶李鹊县推进污水处理与循环利用**

山东广饶李鹊县推进污水处理与循环利用

广饶隶属山东省东营市，在广饶县公布的全县第一批饮用水水源地名录中，位于广饶县南部的李鹊镇位列其中。近年来，李鹊镇在污水处理方面取得了显著成效。据了解，李鹊污水处理厂一期处理能力为 5000 立方米/天，主要负责处理奥星石化的工业废水及李鹊镇的生活污水和园区的部分工业废水，处理后达标废水经由齐鲁管线排入小清河。

李鹊污水处理厂采用"预处理+AO+臭氧接触池+BAF池的处理工艺"，污水处理过程分为一级处理、二级处理和深度处理三个阶段。经过泥水分离的一级处理，降低生化需氧量（BOD）和化学需氧量（COD）的二级处理去除悬浮物等杂质，随后污水分流进入臭氧接触池，曝气生物滤池，进行深度处理，通过硝化去除氨氮，并进一步深度处理去除污水中有机物和悬浮固体，消除异味，最终确保污水处理达标。为了保证处理厂的出水水质达标，李鹊污水处理厂在出水口安装了在线监测设备，二十四小时监测污水的排放情况，同时，排放口及在线监测设备的适当位置装有摄像头，可以监控该范围的所有人员出入、行为操作等情况。在污水厂生物指示池前只见红色的鱼儿游来游去，水中自由游弋的鱼儿让大家不由赞叹污水处理工艺的先进。

为了进一步提高水资源的利用率，2018年，李鹊污水处理厂在工业污水的深度处理的基础上，增设了由两套多介质过滤器、超滤及泵组组成的中水回用系统。该中水回用的投用每年能节约至少30万立方米循环用水，由此基本实现了零排放，有效地实现了水资源的循环利用。李鹊污水处理厂计划下一步在现有中水回用基础上继续进行技术改造，使得将水资源的循环利用发挥到最大，不断改善水环境质量。

📖 拓展阅读4：金科环境专注污水处理，将废水"吃干榨净"

金科环境专注污水处理，将废水"吃干榨净"

金科环境一直专注于深度水处理及污废水资源化，尤其在饮用水深度处理领域，金科环境在国内率先实施了纳滤膜技术的规模化应用，处理规模超过30万吨/日，市场占有率达到36.24%，居国内首位。同时，在水处理领域多年的深耕，也让金科环境被全球水智库GWI评选为"全球水淡化和水再利用项目TOP15开发商"。

目前，金科环境的水深度处理采用的均为膜技术，该技术是水处理行业中的一种高精度过滤技术，可以去除水中的悬浮固体、微生物和病毒以及化学污染物。如今，膜技术已被广泛应用于工业料液分离、污水处理、海水淡化等领域。作为膜技术应用的核心，膜材料的结构对过滤的性能起决定性作用。依据膜孔径的大小与阻流微粒尺寸的大小，膜也可以分为微滤膜、超滤膜、纳滤膜以及反渗透膜。

　　虽然所有的水深度处理都建立在膜技术的基础上，但金科环境却并不生产膜，而是将精力投入在膜通用平台装备技术、膜系统应用技术、膜系统运营技术上。其研发的膜通用平台装备技术可以实现行业内多数厂家膜材料的通用互换，用户可以通过竞价获得市场上最先进、性价比最好的膜元件，进而大大降低膜更换费用。同时，更合理的结构优化和材料选择，也大幅度降低了膜设备的占地面积，价格也比市场上常用设备便宜20%～40%（不含膜）。

　　除此之外，金科环境研发的膜系统应用技术，还能针对不同进水水质，有效控制膜污染，提高膜系统处理效率，延长清洗周期；膜系统运营技术（包括水厂双胞胎－运营管理平台、膜管家），则可以实现污水处理厂数字化运营和智慧化运行管理。金科环境主导的唐山南堡蓝色生态园项目就采用了蓝色生态园模式，在唐山南堡污水处理厂的基础之上，投资建设再生水厂、零排放系统、分盐系统以及化肥生产系统。

　　金科环境以独特的商业眼光，另辟蹊径，将膜技术的价值最大化利用，将废水"吃干榨净"，让企业的竞争力和社会价值得以体现。

拓展阅读5：我国污水处理相关政策与规划

我国污水处理相关政策与规划

一、"水十条"开启综合化水治理时代

　　2015年，《水污染防治行动计划》（"水十条"）的出台标志着我国水环境治理进入新阶段。水治理将从污水治理和截污管网等末端层面的"点源污染"延伸到源头控制、过程阻断以及末端治理等全过程"面源污染"，涉及治理、修复以及生态景观等多个环节。2017年水治理各个细分领域的细则逐步出台，对于污水治理、黑臭水体治理、海绵城市建设等细分领域提出具体要求。

二、农村环境综合整治加速推进

2017 年 2 月生态环境部联合财政部印发《全国农村环境综合整治"十三五"规划》，明确表示"到 2020 年，新增完成环境综合整治的建制村 13 万个"，累计达到全国建制村总数的三分之一以上。经过整治的村庄，生活污水处理率要大于等于 60%。2015 年底，中央财政累计安排农村环保专项基金 315 亿元，支持全国 7.8 万个建制村开展环境综合整治。同时，规划也明确表示，在未来要加大财政资金投入，加大涉农资金整合力度，集中投入农村环境综合整治项目中。

三、城市水体综合整治刻不容缓

根据《"十三五"全国城镇污水处理及再生利用设施建设规划》，"十三五"期间全国城市黑臭水体整治数量为 2032 个，长度 5882 公里，截至 2019 年 3 月，城市黑臭水体认定个数已达到 2100 个。

规划提出：到 2020 年底，实现城镇污水处理设施全覆盖，地级以上城市建成区黑臭水体均控制在 10% 以内、城市污泥无害化处置率达到 75%，城市和县城再生水利用率进一步提高。

第五章　公益服务赤心力行篇

第一节　选题解读

在我们抱怨生活不尽如人意的时候，还有一群特殊而又困难的人，他们拥有双眼，却看不到五彩缤纷的大千世界；他们拥有双耳，却聆听不到时代的呼唤；他们虽然有口，却无法表达真诚的心声；他们虽然有脚，却在人生的道路上举步维艰……他们同我们一样降临在世上，却因天生的或者后天的缺陷而被父母抛弃，抑或者无法拥有正常美好的生活。

公益志愿服务在我国具有深厚的文化底蕴。《礼记》中提倡摒弃个人主义的"天下为公"思想、孟子的"恻隐之心，人皆有之"思想、墨家的"兼爱非攻"思想、道家的"积德行善"思想，无不折射着"真""善""美"的深刻内涵。在新的历史时期，志愿服务精神更被赋予了鲜明的时代特征，成为实现中国古老的互济制度和现代社会奉献参与式公益活动的有效结合，它不仅成为遍布全国各地、渗入诸多社会领域的规模空前的社会活动，同时也是志愿服务参与者了解社会、了解国情、传承道德、实现价值的一条重要渠道，其在引领社会风尚和促进社会教化方面发挥着越来越突出的作用。

公益志愿服务是现代社会文明进步的重要标志。党和国家高度重视志愿服务事业和志愿服务组织发展。党的十八大以来，党中央对志愿服务组织发展和志愿者队伍建设作出一系列决策部署。习近平总书记多次对志愿者服务提出殷切希望，强调要弘扬奉献、友爱、互助、进步的志愿精神，用爱心温暖需要帮助的人，努力践行社会主义核心价值观，为实现中国梦有一分热发一分光。对志愿服务工作，习近平寄予期望，他勉励志愿者和志愿服务组织、志愿服务工作者要立足新时代、展现新作为。

公益志愿服务是践行社会主义核心价值观的重要途径。是推进社会主义精神文明建设的重要环节。志愿服务作为蕴含丰富道德精神的社会服务活动，其道德价值还突出地体现在它所创造的社会价值以及所发挥的社会作用方面。志愿服务的宗旨是"奉献、友爱、互助、进步"，是传统中华文化优秀价值观、人类文明的先进价值理念、社会主义价值体系的集中体现，反映了人类社会以及社会主义中国普遍的基本价值观念，是与我国践行社会主义核心价值观的原则、核心内容和要求相一致的。一段时间以来，由于受到"拜金主义""个人主义""官本位"等思潮的影响，一些人思想上出现了偏差，不能正确认识我国社会主义初级阶段出现的各类问题，对社会产生了一些消极悲观情绪。这要求我们用正确的方式对其加以疏导。实践证明，以"奉献、友爱、互助、进步"为宗旨的志愿服务是一种生活化的思想政治教育方式，能够使参与者在志愿服务活动过程中把服务他人、服务社会与实现个人价值有机结合起来，有利于倡导爱国、敬业、诚信、友善等基本道德规范，有利于弘扬以爱国主义为核心的民族精神和以改革开放为核心的时代精神，有利于树立中国特色社会主义共同理想。

公益志愿服务是加强精神文明建设、培育和践行社会主义核心价值观的重要内容。志愿服务提供的社会交往和互相帮助的机会，强化了人与人之间的关怀和帮助，增强了社会成员之间的信任、团结和互助，成为缓和社会各阶层利益冲突的"减压阀"。同时，通过志愿服务这一重要的社会实践活动，不仅能够充分调动志愿者内在积极性和主动性，引导他们在实践中自我体悟、自我教育、自我管理和自我提升，在改造客观世界的同时改造主观世界，同时还能够使他们在为社会和他人的奉献中真正体悟到人生的价值和意义，并内化为自身的一种精神追求，进而形成社会责任感的持久动力。广大志愿者在参与志愿工作过程中，既是"助人"，同时也是一种"自助"。它既帮助志愿服务对象提升了道德素养，同时也让自己的道德品质得到提升，最终实现全社会公民道德素养的整体提高。志愿者是一个公民社会道德标尺。近年来，在系列公共事件中，中国的志愿者的表现让世人看到中华民族美德的传承和社会核心价值观的弘扬。志愿者的行为既是人内化的道德追求，也是外化的道德行为。志愿者行动无疑是一股社会的道德清流，它让爱心延续、助推社会的精神文明的健康前行。

2016 年 6 月，经中央全面深化改革领导小组审议通过，中央宣传部、中央文明办、民政部等 8 部门联合印发《关于支持和发展志愿服务组织的意见》，明确提出到 2020 年，基本建成布局合理、管理规范、服务完善、充满活力的志愿服务组织体系。《意见》的出台，标志着我国志愿服务进入组织化、规范化、现代化发展的新阶段，对推动志愿服务事业健康持续发展影响深远。

2019 年 1 月 16 日至 18 日，习近平总书记在京津冀三省市考察并主持召开京津冀协同发展座谈会，对推动京津冀协同发展提出了 6 个方面的要求。在这次考察中他强调，志愿服务是社会文明进步的重要标志，是广大志愿者奉献爱心的重要渠道。要为志愿服务搭建更多平台，更好发挥志愿服务在社会治理中的积极作用。他勉励师生们把学习奋斗的具体目标同民族复兴的伟大目标结合起来，把小我融入大我，立志作出我们这一代人的历史贡献。

大学生参与公益志愿服务，就是要引导学生进一步弘扬"奉献、友爱、互助、进步"的志愿精神，广泛开展科教、娱乐、法律、卫生"四进社区"、社会服务与公益劳动等形式的实践活动，在行动中践行公益本质，活动内容涵盖支教助学、扶弱助残、敬老爱幼、亲情陪伴、社区服务、法律援助、应急救援、赛会服务、爱心募捐、城市运行、权益调研、文体活动、国际服务、基本医疗卫生知识普及等帮扶项目，号召青年学生以应为、能为、善为的领域和方式为人民办实事、做好事，到祖国和人民最需要的地方去干事创业，用知识和爱心热情服务需要帮助的困难群众，坚定理想信念，锤炼意志品格，升华志愿情怀，在服务他人、奉献社会中收获成长和进步。

一直以来，习近平总书记十分关心志愿服务工作——肯定"本禹志愿服务队"在服务他人、奉献社会中取得的成绩和进步；勉励"郭明义爱心团队"以实际行动书写新时代的雷锋故事；在天津市和平区新兴街朝阳里社区，称赞志愿者们是为社会作出贡献的前行者、引领者……

这一领域社会实践的选题方向主要有：

选题具体方向一：扶弱助残。扶弱助残是中华民族的传统美德，是人道主义精神的具体体现，是社会主义精神文明和公民道德建设的重要内容，也是落实新时代中国特色社会主义、构建社会主义和谐社会的重要内容。开展此类社会实践可以从以下几个方面进行：（1）活动助残，通过亲身参加到扶残助残活动中，从残疾群体的肢体、心理、情绪、周围环境等角度参与帮扶，建议联系相对应的特殊教育学校、残疾人中心等官方机构进行合作，以志愿者的身份参与线下活动，并在切身体会中落实扶弱助残。（2）调研助残，可从"某类"残疾人现状入手调查研究造成此类现象的原因，现在的基本情况，已经采取的一些志愿帮扶模式以及相关模式或方法中存在的不足，通过调查研究撰写有质量的调查报告或论文，为相应的部门建言献策。常见的几个调查研究课题有听障群体就业调查、自闭症患儿就医帮扶、盲健同行盲人帮扶等。（3）文化助残，"文化助残"活动的内涵丰富，可操作性强，开展的形式也很多。其中主要有"扶残助学""科技助残""爱心赠刊""爱心赠书""爱心送戏"等。可通过链接资源的方式，沟通社会群体一起参与。"扶残助学"推动、协助政府和社会人士扶助残疾人入学；倡导大、中、小学生和社会中的知识分子义务为残疾人和残疾人子女提供教育服务，帮助其提高文化水平。"科技助残"邀请科技工作者尤其是农村科技工作者义务为残疾人传授科学技术知识，开展科技扶贫，帮助其提高生活和工作能力，实现科技致富。"爱心赠刊""爱心赠书"倡导杂志社、出版社或通过募捐等方式向残疾人和残疾人文化设施赠送书刊及音像制品；倡导大学生义务为盲人录制有声读物。"爱心送戏"倡导邀请文艺团体深入残疾人相对集中的特教学校、福利工厂和基层社区，义务为残疾人演出文艺节目，以丰富残疾人的精神文化生活。倡导公共文化活动场所如图书馆、文化馆有无障碍设施，提供无障碍服务、各类公共文化活动吸纳残疾人参加。

选题具体方向二：敬老陪伴。2018 年，索奥——"守护夕阳"科技发明实践团通过采访百余位市民，发现老人摔倒和走失问题十分严重，于是采用社会调研与科技发明并行的方式，在不断探索老人问题的过程中制作了一款老人摔倒检测及其定位系统，包括老人摔倒检测及其定位装置与配套 APP，并带着作品三次举行外展，两次深入养老院做志愿服务，宣传"科技助老"思想，让科技向老人们更走近一步。大学生在参与敬老陪伴社会实践时，可以以开展公益服务型实践为主，也可以选择开展调查研究型实践。调查研究方面，可以在开展助老活动、亲身陪伴老人的基础上，在指导老师的指导下针对老年群体的相关热点问题，如老人赡养、孤寡老人、丧偶老人、养老院现状等确定具体的调研方向，提前设计调查问卷或访谈提纲，通过合适的方法发放问卷、回收问卷，进行合理的定量研究；同时可以面向实践对象老人开展访谈，形成访谈实录或相关影像作品。在开展公益服务时，实践团可以通过组成爱心志愿者团队等以志愿者的形式和相关机构采取合作，或深入广大农村关注留守老人等，进一步对老年人防诈骗、老年人心里关怀等知识进行普及。

选题具体方向三：支教助学。弘扬中华民族的传统美德，发扬党的奉献精神，增强广大群众的社会责任感，是一代又一代人不变的责任和义务，目前建设和谐社会最主要和最紧迫的任务之一就是加强关爱，打工子弟约占到目前中国流动人口的70%，地位也最为特殊和尴尬。对于城市而言，农民工是农村来的是农民，而对于农村而言，他们已经脱离了农村，不再单独属于农民。这种尴尬的角色，造成了多元流动儿童没有受教育的机会，即使有幸进入学校，仍然没有机会享有优质的教育资源，另一方面也造成了在中国广大的农村以及偏远山区，有很多的留守儿童没有办法享受到较好的教育。

流动儿童、留守儿童、特殊儿童的心理问题日益严重，他们往往存在着很强的自卑心理，性格大多内向，不容易和老师同学沟通。大学生在开展暑期社会实践的过程中，可以通过支教助学，用爱心和知识，让孩子们尤其是乡村的孩子们扩大视野，得到关心，同时反馈社会，以求得社会更多的爱心人士对这些孩子的关注。通过支教活动的宣传，让大家了解到现在的社会基层现状，呼吁政府和社会给予关注的目光，让孩子们能在爱的环境下健康成长。

在这个主题下开展社会实践，多数是以志愿公益型实践为主题的实践团。应当在指导老师的指导下切身深入到某一具体的山区小学或对接的学校去开展为期至少14天的暑期支教活动，可以通过语文、数学、美术、音乐、诗词等多方面的方式方法，为孩子们带来爱；另一方面也可以积极开展调查研究，针对现在偏远地区农村小学留守儿童或打工子弟在城市的学校的生存现状，开展调查研究，发放回收问卷，进行定量分析，与相关的被访者进行深度访谈形成访谈录，同时凝练语言，见微知著，进一步地呼吁社会和广大人士关注。

选题具体方向四：大型赛会。1990 年亚运会，北京科技大学志愿者组成拉拉队，拉拉队的口号很简单：加油，中国队！主题歌是《团结就是力量》。李铁映同志特意指示通电表扬北科大拉拉队代表了中国当代大学生的精神面貌，并赐予"铁军"的美名。北科大的拉拉队从全市 400 多支拉拉队中脱颖而出，来到人民大会堂接受党和国家的表彰，成为全国青年学生学习的榜样。2018 年第七届中非合作论坛北京峰会于 9 月 3 日至 4 日在北京举行，从 6 月初招募志愿者到正式上岗，峰会服务期间，我校 77 名志愿者将培训所学知识学以致用，认真细致，任劳任怨，深刻践行北科大"一直坚定、一点轻快"的志愿服务精神。2019 年中国北京世界园艺博览会在北京延庆举办，根据北京世园局和北京团市委的统一安排，我校 199 名青年志愿者于 5 月 12 日至 19 日集中上岗，主要服务于国际馆、新闻中心、生活体验馆和世界园艺展示区，累计服务时长达 12128 小时。2019 年 5 月 15 日晚，亚洲文化嘉年华活动在北京举行，我校共遴选 200 名青年学生志愿者参与此活动。演出现场，同学们全程参与倒计时表演、人形波浪、各节目气氛烘托等任务，并为歌曲《风与花的边界》、压轴合唱《光耀亚洲》伴舞，生动表达出亚洲人民命运与共、共享幸福梦的共同心声，将演出推向高潮。中华人民共和国成立 70 周年庆祝大会于 10 月 1 日在北京天安门广场隆重举行，北京科技大学 432 名志愿者圆满完成大会志愿服务工作。此次庆祝大会志愿服务中，我校承担了长安街南侧集结候场、餐饮保障两个志愿者岗位，共 43 个不同的服务点位，是保障十万游行群众顺利集结、就餐的最关键环节。2022 年冬奥会正如火如荼地筹备，大学生可以通过实地调研考察 2022 年冬奥会正在规划筹备的场馆展厅、交通枢纽、酒店食宿、基础设施等地，汇聚"共享""开放"的青年智慧，为迎奥、办奥建言献策，凸显学生群体对国家大事的观察理解；积极参与首都"迎冬奥"志愿服务十大示范项目，践行冬奥服务理念，尽己所能，奋力拼搏，真诚服务，为冬奥会圆满举办贡献青春力量，弘扬中国青年的奥林匹克精神和志愿服务精神。

选题具体方向五：专业服务。《光明日报》曾报道"北京钢院，铁水奔流"，宣传了我校教育和生产实践相结合教学方式，赞誉同学们为"钢小伙，铁姑娘"；《中国青年报》报道我校同学"进社区"进行挂职锻炼，开展志愿服务和科普行动。20 世纪 50 年代那次规模空前的公益活动——修建十三陵水库为钢院人赢得了"钢小伙、铁姑娘"的美誉。在工厂上没有什么机械设备的情况下，学生们用箩筐挑土方石、吃窝窝头就咸萝卜条、住在临时搭建的帐篷，日夜奋战。大学生可以聚焦未来发展、粮食能源、信息智能、人类健康、空间海洋、生命制造、气候变化、国防安全相关的科学前沿技术，开展观摩科技讲座、参观科技产业园、社会调查研究、实地考察学习和专业科技发明等形式的实践活动，将课堂所学的科学技术知识转化为强大的社会生产力，使科技发明成果更充分地惠及人民群众，鼓舞青年牢记创新使命，增长智慧才干，树立雄心壮志，勇做创新先锋。

第二节　典型案例

📋 案例1：北京科技大学灰雀医疗移民实践团

实力落地情怀　青年助力公益

【事迹简介】

没有全民健康，就没有全面小康。习近平总书记指出，在推进健康中国建设的过程中，我们要坚持中国特色卫生与健康发展道路，要坚持提高医疗卫生服务质量和水平，让全体人民公平获得。但由于医疗资源分布的不平等，仍有一群被叫作"医疗移民"的人漂泊在大城市求医。实现全民健康依然道阻且长，需要各方的努力与帮助。

2017年，北京科技大学灰雀医疗移民实践团从研究医疗移民的精神压力出发，以大学生力所能及的方式帮助这一群体改善生活现状。2017年到2019年，灰雀实践团完成了从"发现者"到"建设者"的转变，代表大学生的力量，为医疗移民尽可能地提供实质性的帮扶。三年时间内，实践团通过搭建公众平台、发起各项公益活动、向各基金会申请基金、销售文创产品等多种方式为患者筹集资金50余万元。除了在实践期间亲身陪伴小病童，实践团还携手校青协与"新阳光病房学校"成立了一个名为"雀儿"的长期志愿服务的项目，让更多的大学生通过这个平台，奉献自己的热情。此外，实践团还在病房学校、爱心苗圃、春苗基地等地建立定点帮扶的志愿基地，引领更多青年前往陪伴。与此同时，实践团研发了基金检索的微信小程序，以简化基金申请的步骤、促进了医疗资源共享，目前小程序常用用户达200人，访问量14000余次。

实践团通过撰写有价值的文章、拍摄有温度的影像，扩大医疗移民群体的社会影响力。整个实践过程由"灰雀三部曲"纪实跟踪，通过后期制作微电影、文集、影集，记录实践过程的精彩瞬间、成员心得、感人镜头、媒体文章以及实践团挖掘到的医疗移民背后的真实故事。截至2019年末，团队公众号发文43篇，关注用户超过1200人，累计阅读量达7.7万次。实践团还受到了《光明日报》和《北京青年报》的专访，与网易新闻，凤凰新闻和搜狐新闻等媒体的报道。

为医疗移民发声，用爱筑起避风港。灰雀不只是生命不幸的揭露者，也是光明与爱的发现者与传播者。在灰雀的努力下，社会已经逐渐开始关注医疗移民这一群体，未来灰雀还将继续关注并帮助医疗移民。

【教师评析】

"灰雀医疗移民"实践团在经济帮扶方面，将线上、线下方式相结合，自主创新公益模式，多渠道、多角度为患者筹集资金，向医疗移民传达社会关怀；在心理陪伴方面，踏实用心，用爱心感染患者，用陪伴与理解传递善意，通过建立志愿基地与长期志愿项目，将关怀持久化、日常化，使更多青年投入到帮助医疗移民的队伍中；在媒体宣传方面，通过有价值、有温度的文字与影像，记录医疗移民的真实故事，使更多人倾听这一群体的心声，唤起社会的关爱与宽容。

实践团可以继续在新媒体宣传形式、普及率方面加以改善，目前宣传形式局限于在微信公众号、微博上投递文章与长视频，并且集中于在实践期间进行宣传。建议团队增加短视频投入量，积极向多个平台投稿；同时，提高微信公众号与微博在非实践期间的活跃度，对已有系列进行延展、续更，使更多人关注、帮助这一社会群体。

📑 案例 2：北京科技大学爱在夕阳敬老院社会服务实践团

抚孤助老　爱在夕阳

【事迹简介】

　　在老龄化日益严重的当下，养老问题一直备受关注，老有所养也是所有人的一个美好期许。敬老院作为养老体系中重要的一部分，承担着给特殊情况的老人提供一个更加温暖、舒适的晚年生活环境的责任。走进敬老院去亲身体会这些老人们的生活，无疑会让我们更加了解这一群体，更加了解敬老院工作的内涵。

　　2019 年夏天，12 名同学组成北京科技大学爱在夕阳敬老院社会服务实践团，前往北京市老年福敬老院的西井敬老院区、模西敬老院区开展公益服务实践活动。相较于老年人群体的其他部分，敬老院的老人们需要的不仅是一个安全舒适的生活环境，更是被关爱和陪伴的感觉。在敬老院工作人员的帮助下，实践团为不同年龄层、不同身体情况的老人提供志愿类服务，通过做手语操、折纸、包饺子、唱歌等活动陪伴老人度过了一段快乐时光。闲暇之余，实践团队员与护工们一起工作，在帮助护工分担压力的同时，更加深入地了解敬老院。2019 年正值祖国七十华诞，实践团走近这些见证祖国成长的前辈们，完成了以见证祖国七十年、岗位奉献与精神传承为主题的访谈，了解那个坎坷却令人敬佩的时代，听他们诉说关于他们的人生和成长故事，从中感受前辈的美好品质与伟大感召。

　　在 14 天的时间里，实践团进行了长达 90 小时的志愿服务，累计服务至少 50 位老人。实践团共采访 20 位前辈，并编写 30000 余字访谈录，累计发放问卷 200 余份。微信公众号累计推送阅读人次超过 1200，微博推文阅读量17000 余次，此外，团队发放敬老爱老宣传单 100 余份，以使更多人对这一老年群体加以关怀。

　　敬老爱幼是中华民族的传统美德。我国养老体系的不断完善，需要政府和社会的共同努力。大学生们以实际行动为老人送温暖、献爱心，弘扬中华民族尊老、敬老的传统美德，努力营造社会和谐的良好氛围，为祖国的养老体系建设贡献青春力量。

【教师评析】

"爱在夕阳敬老院社会服务"实践团在实践过程中，通过手语操、折纸等丰富的活动形式给予老人家人般的关怀，使老人与实践队员在欢声笑语中度过十四天。在传递社会关怀的同时，实践队员通过与老人的交流，了解老人的故事，记录祖国艰难的发展岁月，使前辈们的优良品质与革命精神得到传承。

但实践团依然存在不足之处。比如，在宣传效果方面，实践团的宣传形式仅限于微信、微博推文与发放宣传单，并且宣传影响力较小。建议实践团多平台、多形式进行宣传，也可以建立实践基地或长期志愿服务项目，吸引更多人关注、更多人参与，给予老人更长时间的陪伴。

案例3：北京科技大学禾欣少儿服务实践团

成长之路深情相伴　圆梦之旅爱不缺席

【事迹简介】

教育是立国之本、强国之基。党的十八大以来，以习近平同志为核心的党中央坚持把教育摆在优先发展战略地位。习近平总书记提出，要把立德树人融入思想道德教育、文化知识教育、社会实践教育各环节，贯穿基础教育、职业教育、高等教育各领域。

为了解决双职工家庭失陪儿童的心理素质教育问题，2011年以来，禾欣少儿服务实践团在苏州工业园区连续服务九年，致力于设计专业性强、趣味性高的暑期夏令营活动，活动性质覆盖"公益服务、文体艺术、社会实践、心理健康"四大版块，内容涉及爱国主义教育、团队能力培养、法律意识强化、公益环保宣传、动手实践学习、心理素质锻炼、自然体验活动、才艺特长展示七个方面，着重培养未成年人公益服务理念、创新思维意识、实践动手能力和社会责任担当，发掘儿童兴趣，提高其能力，有效提升当地城市儿童的综合素质。其中，2018 年实践团与当地重点社区建设项目强强联合，共同举办"模拟政协""生涯规划课"等精品活动，获得了当地教育局的大力支持和高度赞赏。同时实践团与慈善机构合作，开设义卖活动，为山区儿童带去纯净水。2019 年，禾欣少儿服务实践团的 6 支分团再度大胆创新，为苏州的小朋友们研发了小龄组"漫游地球"夏令营，以及大龄组运动、科技两大专题营。此次突破获得了当地社区的一致好评。

自 2011 年创办以来，禾欣少儿服务实践团始终以构建高校、社区与家庭的三方服务机制为宗旨，累计组织 434 名青年学生开展 239 场公益活动，通过爱心义卖筹集善款 22000 余元，服务 5～12 岁儿童 55000 余人次、各方资金支持 50 万元，近 3000 户家庭受益。

从"青涩稚嫩"到"成熟沉稳"，九年来，为解决双职工家庭儿童"失陪"和"失教"的问题而生的禾欣和孩子们一样，也一步一步地成长着。为了将新一代的青少年培养成品学兼优、有责任感、有温度的合格公民，禾欣一直在公益教育服务第一线发光发热，为公益教育服务贡献着自己的热忱与汗泪。

【教师评析】

"禾欣少儿服务"实践团在实践规划上，注重夏令营活动设计的知识性、创新性、趣味性，将少儿服务与公益活动相结合，培育孩子的奉献精神和感恩情怀；在实践过程中，实践团身体力行，怀揣热情独立组织、开展活动，以爱浇筑希望；在实践成果上，实践团覆盖服务人数广、地区影响大，使孩子们在快乐中学习、在成长中奉献，为青少年的思想道德教育建设作出贡献。

但实践团依然存在一些可以改进的地方，如只以经济发达的苏州工业园区为主要帮助对象，在其他地区没有将禾欣夏令营模式化，教育模式不能很好地适应其他地区的实际状况。建议实践团扩展实践地区，同时因地制宜，制定符合当地发展状况的活动计划，让其他地区的孩子也能够参与到夏令营活动中。

📋 案例4：北京科技大学法律援助现状调研实践团

法义在心难凉热血　援手相向共续温情

【事迹材料】

自"十五"计划提出法律援助这一重要目标以来，法律援助的发展已经走过二十个年头。这一路上，我国法律援助事业不断成长。法律援助有效维护了困难群众的合法权益，广泛传递着法治阳光的温暖，一步步走进困难群众的心坎儿里。

2019年夏天，由12名同学组成的北京科技大学法律援助现状调研实践团，在北京开展了为期十四天的关于法律援助现状（以北京地区为例）调研的社会实践。在指导教师的带领下，实践团对法律援助的现状和显著成就进行调研，通过一对一专访、问卷调查和案例跟进等形式一起探寻法律援助这份温暖的传播之路。

实践团在线上发放调查问卷的同时，还前往北京南站与后厂村街头发放纸质问卷，最终共回收到群众问卷1003份。除此之外，实践团邀请80位律所专业律师填写了另一份问卷，反馈了更多来自专业律师的真实数据。在为期十四天的社会实践中，实践团根据前期行程安排，来到北京砥德律师事务所、北京京伦律师事务所、北京致诚农民工法律援助与研究中心等机构，与专家展开面对面的深度访谈，最终整理出10篇访谈综合记录，共计80000余字。实践后期，实践团依托实践调研内容完成约27万字实践报告一份、实地观察报告33篇、新闻稿15篇、专业论文两篇（《辛普森无罪，真乃国家之幸?》《关于高校法律援助服务与教育高效共生模式的探究》），从大学生视角展开关于法律援助制度的深度思考。

另一方面，团队内同学将实践体验与自我感悟结合，自编自导自演并拍摄了以"这个世界会好吗"为主题的微电影。在微信公众号"北科法缘实践团"上更新一系列主题文案，多篇文章阅读量超过500，总浏览数7000余人次，媒体宣传成果显著，得到了多方面的认可。通过线上宣传方式，实践团展现了年轻人对于法律援助制度细腻而又特殊的感悟，以艺术的手段引起人们对法律援助的关注。

作为青年大学生，选择调研法律援助这一课题，同样抱着一种赤子之心的情怀，愿意为更多人发声，为更多事助力。在实践过程中的所见所闻、所想所感，也都会化作强大的精神力量，支撑每一位团队成员在日后的道路上，更加注意身体力行、躬行实际。

【教师评析】

"法律援助现状调研实践团"在实践选题方面，既具新颖性，又具可行性，紧紧抓住了具有研究价值的关注点；在实践内容方面，实践团深入基层了解现状，通过问卷调查、访谈、案例跟进等形式进行实地调研，调研方式具有较强的丰富性，调研对象具有较强的广泛性与代表性，多渠道、多角度了解了不同人群对法律援助的认知与体会；在实践成果方面，实践团通过整理访谈内容、撰写实践报告、拍摄主题微电影等方式记录所见所闻、表达所感所想，凝练出丰富多样的社会实践成果。

但实践团仍有一些值得改善之处，比如实践团更注重于将实践转化为理论，在将理论转化为实践方面有所欠缺。建议实践团与有关机构进行合作，提高调研结论的科学性、权威性，并将调研分析数据、研究结论反馈到相关机构，使研究结果更好地促进法律援助事业的发展。

案例5：北京科技大学太阳村系列志愿服务项目

太阳村
——被温暖照耀的地方

【事迹简介】

太阳村是一家专门帮助在监狱服刑人员照顾其未成年子女的慈善机构，十多年来以无偿代养代教服刑人员未成年子女为己任，对服刑人员无人抚养的未成年子女开展特殊教育、心理辅导、权益保护及职业培训服务，使他们在一个相对温馨的大家庭里像其他孩子一样受到保护、接受教育，健康快乐地成长。为了使这些孩子感受到更多的爱与关怀，我校2006年9月成立太阳村系列志愿服务项目，2007年5月机械工程学院正式挂牌成立了太阳村志愿服务基地。

多年来，机械工程学院与太阳村共同组织了形式多样的志愿服务活动。机械青协曾多次在校内举行募集活动，成功为太阳村筹集了大量衣物、图书和学习用品，并在学校图书馆整理出一批旧书架运往太阳村，为太阳村建起一座小型图书馆，丰富了孩子们的课余生活。除此之外，机械青协在学校物美超市设立了长期爱心募捐箱，截至 2019 年末，已成功募得善款 8000 余元。此外青协还组织了领养枣树的活动，所得善款全部用于太阳村的各项支出，为缓解太阳村的经济问题、改善小朋友们的生活条件贡献一份力量。

2016 年，太阳村志愿活动首次由机械工程学院与能源与环境工程学院共同承办，这次联合不仅提高了活动开展频率及志愿服务质量，也吸引了更多的学生参与到活动中，扩大了项目的影响力。每周周末，协会活动负责人都会带领十余名志愿者赴太阳村参与活动。上午帮助村民干农活、为参观者做引导、帮助村内基础设施建设和环境维护；下午辅导孩子做功课、陪伴孩子们玩游戏。近两年，太阳村项目服务累计时长近 10000 小时，志愿活动累计参与近 800 人次。志愿者们在校内及太阳村举办的一系列爱心志愿活动都取得了骄人的成绩，获得太阳村老师与学校的一致好评。

经过几代北科志愿者的努力，太阳村系列志愿服务项目已经发展成为我校制度规范严谨、参与人数最多、体系最成熟、开展活动最频繁的大型校外志愿服务活动之一，具有较高的影响力和知名度。志愿者们也在每一次的志愿服务中与孩子们共同收获、共同成长，为彼此带去更多的光与热！

【教师评述】

太阳村系列志愿服务项目已开展近十四年，具有很强的连续性、稳定性。在物质层面，青协通过直接与间接的方式，为太阳村募集大量资金、生活用品与学习用品，在一定程度上改善了孩子们的成长环境；在精神层面，北科志愿者们以平等的目光看待服刑人员子女，尽自己所能向他们传达社会的善意与关怀，使孩子们在阳光下成长。同时，通过对这一部分弱势群体的深入了解，志愿者们增强了对社会弱势群体的关注意识，更深刻地理解到"奉献、友爱、互助、进步"的志愿者服务精神。

这一志愿项目可以在创新与宣传方面加以完善，在保证高质量服务的同时提高服务内容的丰富性、活动形式的新颖性，也可以通过线上与线下相结合的宣传方式扩大群众对这一群体的关注范围，依托对暑期社会实践基地的建立加大对孩子们的帮扶力度。

第三节　拓展阅读

拓展阅读 1：古代的敬老文化传统

敬老，在我国有着悠久的历史传统。据《礼记·王制第五》追述，在有虞氏即舜的时代，就已有敬老、养老的习俗。古代文献对商周时期敬老的记述比较具体，这一时期养老敬老有一个共同特征，就是"养"老，反映了在当时生产水平低、生活之物相对匮乏的情况下，将没有生产能力的老年人供养起来的习俗，这也是中国古代形成孝道的重要原因之一，即养儿防老。另外，当时文化的传播传承手段比较落后，老人因为有生产生活经验，人们视之为宝、为活的典籍，为了把生产生活经验传给后人，所以就把老人供养起来，由老人口传。古代还有把老人养在学校的记载。《礼记·王制第五》所记的养老于"庠""序""学"，就指的是学校，养于学校便于人们请教。这也是古代养老敬老的一个重要原因。

敬养老人到周代已形成一套比较完整的制度，在《礼记》中有记载。当时"凡国都，皆有掌老"，掌老就是专门负责养老的官员。《礼记·王制第五》记载："用人养国老于东胶，养庶老于虞庠，虞庠在国之西郊。"国老，是指退职的卿大夫，属于贵族中的老人；庶老是一般的退出政治活动的老人及平民中的老者。养国老的东胶在王宫之东，是当时的高级学校。养庶老的庠为一般学校，在国之西郊。

周代还把老人划分不同的年龄段，给予不同的优待措施，分别供养："五十养于乡，六十养于国、七十养于学，达于诸侯"（《礼记·王制第五》），是说年五十岁的养于士大夫管辖的基层之乡，六十岁的养于诸侯领辖的国，七十岁的则要送到畿辅天子辖下的学堂中尊养，并将此制遍达于各诸侯国。古代的医疗卫生条件比较差，五十岁就算是老人了。

另外，五十岁以上的老人，可以免除自身徭役，六十岁的可免被征兵，以上每长十岁，另免去一些不适宜的活动。至八十者，许一子不从事国家的应尽义务活动，九十者可免除全家，以便奉养这个老人。对"九十者，天子欲有问焉，则就其室，以珍从"，即天子若向九十岁的老人求教，要亲至其居室，并携带美味珍品馈问。

国家还有专设人员定期看望老人，赏赐肉、酒、衣物、手杖等，赏赐物中有一种捞特殊敬意的礼物——斑鸠（简称"鸠"），手杖上也有斑鸠的形状，古人认为斑鸠这种鸟吃东西的时候不容易噎着，据说送这种礼物，是祝老人吃饭比较顺畅。

先秦时期的一些敬老养老的制度及敬老精神也流传到后世，历代都制定敬老养老制度。

如秦汉时期，官府聘请三老，作为"民师"教化百姓，辅助地方上的治理。所谓三老是：乡三老、县三老、郡三老，乡官等地方官有事也向他们请教，并受朝廷之命，不时慰问所辖地区老人。

西汉还赐予老年人"王杖"，杖头上雕鸠鸟，持杖的老人有特权。在大街上走道的时候，老人如果走在中间的快道上，车马不能碰他，其他人见到国家赐杖的老人，要对他恭敬。如果敢欺梅殴骂，则严厉惩治。老人还可以拿着拐杖随便出入官府。

还有一些朝代给老人赐爵、赐官品。比如北魏时七十岁以上的老人赐爵，七十者赐爵一级，八十者赐爵二级，九十以上赐爵三级，到了百岁，地位就相当于县令。明代实行过八十岁以上老人赐爵里士，九十岁以上赐爵社士的做法。这些里士、社士与县官是平礼相待。清代是赏赐老人以七、八品顶戴，使乡里人以品官之礼对待他们，进衙门也不把他们当一般百姓。

在物质生活方面对老人照顾，各个朝代也有不同的制度。古书上的记载非常多，比如西汉时期，朝廷不时派地方官去看望老人，赐丝织品、酒、衣物等。

唐宋以后，地方上的养老机构不断兴建，宋代比较多，清代更多。清代的慈善事业有一个特点就是民间自发兴办的比较多，有福田院、养济院、普济院、普济堂、孤老院等收养或赡济孤贫疾老的机构。

拓展阅读2：法律援助

法律援助是指由政府设立的法律援助机构或者非政府设立的合法律所组织法律援助的律师，为经济困难或特殊案件的人尤其是农村给予无偿提供法律服务的一项法律保障制度。特殊案件是指依照《中华人民共和国刑事诉讼法》第三十五条第二款、第三款的规定，犯罪嫌疑人、被告人是盲、聋、哑人，或者是尚未完全丧失辨认或者控制自己行为能力的精神病人，没有委托辩护人的，人民法院、人民检察院和公安机关应当通知法律援助机构指派律师为其提供辩护。犯罪嫌疑人、被告人可能被判处无期徒刑、死刑，没有委托辩护人的，人民法院、人民检察院和公安机关应当通知法律援助机构指派律师为其提供辩护。

【背景起源】

法律援助是一项扶助贫弱、保障社会弱势群体合法权益的社会公益事业，同时也是中国实践依法治国方略、全面建设小康社会的重要举措。中共中央、国务院对法律援助工作十分重视，国家"十五"计划纲要将"建立法律援助体系"确定为"十五"社会发展目标。党的十六大明确提出"积极开展法律援助"，并作为建设社会主义政治文明的重要内容。《法律援助条例》的颁布实施和"为实现公平和正义法律援助在中国"大型公益活动的开展，标志着我国法律援助工作在广度和深度上有了新的拓展和突破。

在当前的中国，仍然还有一批由于自然、经济、社会和文化方面的低下状态而难以像正常人那样化解社会问题造成的压力，陷入困境，处于不利社会地位的人群或阶层，这也就是所谓的弱势群体。作为司法制度的重要组成部分，法律援助通过向这些缺乏能力、经济困难的当事人提供法律帮助，使他们能平等地站在法律面前，享受平等的法律保护。法律援助制度是人类法制文明和法律文化发展到一定阶段的必然产物，是国家经济、社会文明进步和法治观念增强的结果。用法律的手段帮助人民群众解决诉讼难的问题，是当前我国建设社会主义法治国家大背景下的必然选择，是促进司法公正的重要保障。

【援助特征】

1. 法律援助是国家的责任、政府的行为，由政府设立的法律援助机构组织实施。它体现了国家和政府对公民应尽的义务。

2. 法律援助是法律化、制度化的行为，是国家社会保障制度中的重要组成部分。

3. 受援对象为经济困难者、残疾者、弱者，或者经人民法院指定的特殊对象。

4. 法律援助机构对受援对象减免法律服务费，法院对受援对象减、免案件受理费及其他诉讼费用。

5. 法律援助的形式，既包括诉讼法律服务，也包括非诉讼法律服务。主要采取以下形式：刑事辩护和刑事代理；民事、行政诉讼代理；非诉讼法律事务代理；公证证明。

【重要意义】

第一，法律援助是贯彻落实"三个代表"重要思想的具体体现。

第二，法律援助是依法治国得以实现的有力保证。

第三，法律援助有助于夯实党的执政基础，巩固党的执政地位。

第四，法律援助有利于构建社会主义和谐社会。

第五，法律援助是实现社会公平正义的内在要求。

第六章　科技创新求索报国篇

第一节　选题解读

在中华民族悠久的历史文化中，科技创新精神一直熠熠生辉。中国古代四大发明（造纸术、印刷术、火药、指南针）就是中华民族伟大创新精神的典型体现。它们的出现不仅对中国古代的政治、经济、文化的发展产生了巨大推动作用，也改变了整个世界事物的面貌和状态。新中国成立以后，更加高度重视科技创新，党中央在 1956 年初提出了"向科学进军"的伟大号召，并且采取一系列措施，为开展科学研究工作创造条件。邓小平同志在 1978 年 3 月的全国科学大会上提出了"科学技术是生产力""知识分子是工人阶级的一部分""四个现代化，关键是科学技术的现代化"等重要论断。同年 12 月中国共产党十一届三中全会召开，作出了改革开放的伟大决策，科技事业的发展迎来了春天。

改革开放以来，中国的科技创新水平取得了跨越式发展，从"科学技术是第一生产力"到"创新是引领发展的第一动力"，从实施科教兴国、人才强国战略到深入实施创新驱动发展战略，从增强自主创新能力到建设创新型国家，科技创新紧跟时代脚步，成为国家发展的不竭动力。特别是党的十八大以来，国家鼓励自主创新，大力倡导"大众创业、万众创新"，坚持把科技创新摆在国家发展全局的核心位置，提出了新时期"三步走"的重大战略。第一步，到 2020 年进入创新型国家行列，基本建成中国特色国家创新体系，有力支撑全面建成小康社会目标的实现。第二步，到 2030 年跻身创新型国家前列，发展驱动力实现根本转换，经济社会发展水平和国际竞争力大幅提升，为建成经济强国和共同富裕社会奠定坚实基础。第三步，到 2050 年建成世界科技强国，成为世界主要科学中心和创新高地，为中国建成富强民主文明和谐的社会主义现代化国家、实现中华民族伟大复兴的中国梦提供强大支撑。这是中国科学技术发展史上新的里程碑。

当今世界，科技迅速发展，创新源源不断，中国也已经成为备受瞩目的科技大国，嫦娥四号、北斗三号、载人航天、高铁网络、移动支付等等都已经在世界科技创新的历史上留下了浓墨重彩的一笔。而中国并没有停下科技创新的脚步，仍然在不断地追求更大的进步，在为成为科技强国而不懈奋斗。

2018年5月2日，习近平总书记在北京大学参观考察中指出："当今世界，科学技术迅猛发展。大学要瞄准世界科技前沿，加强对关键共性技术、前沿引领技术、现代工程技术、颠覆性技术的攻关创新。要下大气力组建交叉学科群和强有力的科技攻关团队，加强学科之间协同创新，加强对原创性、系统性、引领性研究的支持。要培养造就一大批具有国际水平的战略科技人才、科技领军人才、青年科技人才和高水平创新团队，力争实现前瞻性基础研究、引领性原创成果的重大突破。"

2018年12月18日，习近平总书记在庆祝改革开放40周年大会上指出："坚持创新是第一动力、人才是第一资源的理念，实施创新驱动发展战略，完善国家创新体系，加快关键核心技术自主创新，为经济社会发展打造新引擎。"

2019年4月26日，习近平总书记在第二届"一带一路"国际合作高峰论坛开幕式上指出："创新就是生产力，企业赖之以强，国家赖之以盛。我们要顺应第四次工业革命发展趋势，共同把握数字化、网络化、智能化发展机遇，共同探索新技术、新业态、新模式，探寻新的增长动能和发展路径，建设数字丝绸之路、创新丝绸之路。"

2019年5月16日，习近平总书记在致国际人工智能与教育大会的贺信中指出："人工智能是引领新一轮科技革命和产业变革的重要驱动力，正深刻改变着人们的生产、生活、学习方式，推动人类社会迎来人机协同、跨界融合、共创分享的智能时代。把握全球人工智能发展态势，找准突破口和主攻方向，培养大批具有创新能力和合作精神的人工智能高端人才，是教育的重要使命。"

2020年1月10~11日，2020年全国科技工作会议在京召开，部署2020年重点任务，深入实施创新驱动发展战略，决胜迈进创新型国家行列。会议强调要重点做好以下十方面工作。一是统筹推进研发任务部署，强化关键核心技术攻关和基础研究。二是编制发布中长期科技发展规划，形成跻身创新型国家前列的系统布局。三是优化创新基地布局，打造国家实验室引领的战略科技力量。四是加快新技术新成果转化应用，培育壮大新动能。五是大力发展民生科技，为创造美好生活提供支撑。六是构建优势互补高质量发展的区域创新布局，增强地方创新发展水平。七是深化创新能力开放合作，主动融入全球创新网络。八是深化科技体制改革，提高创新体系效能。九是激发人才创新活力，加快培育高水平人才队伍。十是加强作风学风建设，营造良好创新生态。

一个民族的进步离不开科技创新，一个国家的发展离不开科技创新，科技创新是推动社会进步、服务人民美好生活的不竭动力，深入学习领会习近平总书记关于科技创新的重要论述和指示批示精神，认真贯彻党和国家在科技创新方面的方针政策，把握科技创新方向，寻找科技创新的突破口，迎难而上，勇攀高峰，敢为天下先。

习近平总书记指出："科技创新绝不仅仅是实验室里的研究，而是必须将科技创新成果转化为推动经济社会发展的现实动力。"习近平总书记强调："科技成果只有同国家需要、人民要求、市场需求相结合，完成从科学研究、实验开发、推广应用的三级跳，才能真正实现创新价值、实现创新驱动发展。"

科技创新不是完全的无中生有，也不是无理由的凭空想象，科技创新是以事实为依据，以实践为检验，在不断追求突破和超越的过程中，挖掘出来的新的知识和力量。广大科技创新工作者要如习近平总书记所说："把论文写在祖国的大地上，把科技成果应用在实现现代化的伟大事业中。"脚踏实地、实事求是，让科技创新在实践中发光发热，为创新型国家建设添砖加瓦。

2019 年，"嫦娥四号"探测器成功登陆月球背面、长征五号遥三运载火箭成功发射、新一代极地破冰船"雪龙 2 号"正式交付使用、北斗导航全球组网进入冲刺期、5G 商用全面展开，这些重大成果正是发挥科技创新力量的突破实践。而开展扩大高校和科研院所科研自主权改革，推进科研人员减负 7 项行动，研发费用加计扣除政策、高企优惠政策惠及各方，推进科技人才评价改革，破除"四唯"倾向，推动建立外国人来华工作许可、人才签证、永久居留转换衔接机制，这些重大举措也是推进科技创新发展的伟大实践。2020年，中国将进入创新型国家行列，基本建成中国特色国家创新体系，科技创新的实践必会有更大的进步和发展。

2013年5月4日，习近平总书记在同各界优秀青年代表座谈时指出："广大青年一定要勇于创新创造。创新是民族进步的灵魂，是一个国家兴旺发达的不竭源泉，也是中华民族最深沉的民族禀赋，正所谓'苟日新，日日新，又日新'。生活从不眷顾因循守旧、满足现状者，从不等待不思进取、坐享其成者，而是将更多机遇留给善于和勇于创新的人们。青年是社会上最富活力、最具创造性的群体，理应走在创新创造前列。"习近平总书记也强调："广大青年要牢记'空谈误国、实干兴邦'，立足本职、埋头苦干，从自身做起，从点滴做起，用勤劳的双手、一流的业绩成就属于自己的人生精彩。要不怕困难、攻坚克难，勇于到条件艰苦的基层、国家建设的一线、项目攻关的前沿，经受锻炼、增长才干。要勇于创业、敢闯敢干，努力在改革开放中闯新路、创新业，不断开辟事业发展新天地。"

这是习近平总书记对广大青年的期望和要求，也是新时代青年努力奋斗的方向，广大青年要学习真知识、练就真本领，充分发挥自己的想象力和创造力，走在科技创新的前沿一线，开拓科技创新思维，培育科技创新精神，提高科技创新能力。同时，广大青年要积极主动地在社会平台上实践锻炼，把个人科技理想融入到国家和社会的发展中，践行知行合一，真正在社会实践中受教育、长才干、作贡献。

这一领域社会实践的选题方向主要有：

选题具体方向一：科学普及，弘扬科技创新精神。习近平总书记向世界公众科学素质促进大会致贺信时强调："中国高度重视科学普及，不断提高广大人民科学文化素质。中国积极同世界各国开展科普交流，分享增强人民科学素质的经验做法，以推动共享发展成果、共建繁荣世界。"青年大学生作为高学历、高素质的群体，要结合自身所学，以科学普及为目标，开展社会实践，普及科学知识、弘扬科学精神、传播科学思想、倡导科学方法，在全社会推动形成讲科学、爱科学、学科学、用科学的良好氛围，为增强公众科学素质、促进科学成果共享、推动构建人类命运共同体作出自己的贡献。

选题具体方向二：科技探索，走进高新技术实践。习近平总书记在中国科学院第十九次院士大会、中国工程院第十四次院士大会上指出："全部科技史都证明，谁拥有了一流创新人才、拥有了一流科学家，谁就能在科技创新中占据优势。"青年大学生是祖国未来的建设者，也是科技创新发展的推动者，要激发青年大学生对人工智能、物联网、5G、大数据、云计算等新一代科学技术的研究兴趣，做基础科学发展的研究者，从调查研究中了解科技创新目前发展现状，做高新技术应用的实践者，从实际应用中明确科技创新未来发展趋势，培育科技创新人才储备军，让更多的人关注科技发展，弘扬万众创新的科学精神，坚持科创报国的价值理念。

选题具体方向三：科技应用，服务社会发展。习近平总书记强调："要把满足人民对美好生活的向往作为科技创新的落脚点，把惠民、利民、富民、改善民生作为科技创新的重要方向。"新中国成立70周年，"为中国人民谋幸福，为中华民族谋复兴"一直是不变的初心和使命，科技创新发展的方向和价值也要聚焦在为人民服务的目标上，青年大学生也要以社会共享科技创新成果、满足人民美好生活需要为实践追求，推动科技创新成果在经济、文化等建设中广泛应用，服务国家、社会发展。

选题具体方向四：科技应用，帮助弱势群体。党的十八大以来，习近平总书记多次强调要在幼有所育、学有所教、劳有所得、病有所医、老有所养、住有所居、弱有所扶上不断取得新进展。帮助弱势群体也是科技创新发展的动力，青年大学生也要积极承担起扶弱助残的社会责任，发挥自身优势，用切合实际的发明创造服务弱势群体的真实需求，让科技创新的成果在实践中应用，在实践中实现价值。

选题具体方向五：创新创业，将科学技术转化为现实生产力。李克强总理强调："推动大众创业、万众创新是充分激发亿万群众智慧和创造力的重大改革举措，是实现国家强盛、人民富裕的重要途径，要坚决消除各种束缚和桎梏，让创业创新成为时代潮流，汇聚起经济社会发展的强大新动能。"青年大学生是推进大众创业、万众创新的生力军，在这样自主发展的新时代中面临着重大的机遇和挑战，要勇于迈出实践的脚步，积极投身创新创业，在创新创业中增长智慧才干，在艰苦奋斗中锤炼意志品质，将科技技术转化为现实生产力，推进创新驱动发展战略的实施。

第二节 典型案例

📑 **案例1：北京科技大学青年志愿者协会中国科学技术馆志愿实践团**

北科大青年在志愿服务活动中感悟创新力量

【事迹简介】

党的十八大以来，习近平总书记就科技强国发表了一系列振奋人心的讲话，通过强调"科技创新""制度创新""人才创新"的重要性，激发了更多科技工作者的创新创造热情，为新时代科技事业发展指明方向。创新对于一个国家和民族而言，有着重要的影响作用，它是国家发展和民族振兴的前提保证。当前的社会发展需要创新型的人才，这也正是当代青年需要为之努力的目标。

自2009年开始，北京科技大学青年志愿者协会就成立了中国科学技术馆志愿项目，来自北京科技大学的志愿者们有序地在科技馆志愿服务网站注册报名，并根据个人专长选择四个岗位开展志愿服务，为科技馆的运营提供保障。在影院运行岗位上，志愿者在特效影院内服务，需要在影片开始前向观众讲解注意事项、影片播放中为中途进入或离开放映厅的观众指路、影片播放结束后组织观众有序退场并检查卫生；在场馆运行岗位上，志愿者在主展厅内服务，操作简单的仪器（科技馆展品）或进行科学小实验的演示，同时为观众讲解其中的原理，必要时维护周围秩序，组织观众排队；在前台检票岗位上，志愿者在大厅3号窗口服务，以两人为一组负责主展厅门票的售卖；在古展厅运行岗位上，志愿者在古展厅内维持秩序，负责引导参观者，并保护展厅展出品安全。

志愿者们每周都会出发前往科技馆，也会在节假日期间协助工作人员发起和运行科技小活动，通过志愿活动启发游客的新奇思路和创新想法，为前往科技馆的青少年输送先进科学知识与科技体验，为孩子们点亮科技之光，更为创业创新、科技强国培养未来的中坚力量。

十年间，北京科技大学累计上千人注册参与科技馆志愿项目，累计志愿服务时长达上万小时，服务受众人数达三百余万人次，成为北科大最具影响力的志愿服务项目之一。科技馆志愿活动奉行"一直坚定、一点轻快"的志愿精神，得到中国科学技术馆的大力支持。科技馆服务队的高素质、严要求赢得了馆内工作人员以及各界群众的高度赞扬。经历近十年的高速发展，科技馆志愿项目发展成熟，运行有序。

科技馆志愿项目蓬勃发展至今，离不开科技馆、学校和志愿者们的支持和努力。在过往十年经验的基础上，项目今年开拓了新的志愿形式，鼓励科技馆的志愿者们利用在科技馆服务中获得的科技体验与知识，积极运用到其他志愿活动中去。例如利用场馆内的科学小体验，给社区孩子们开展一堂有趣的科技第二课堂；利用科技馆的环保知识，参与到绿色环保的相关志愿中去……

中国科技馆的志愿者们发扬学校科技创新的传统："奉承、奉献、友爱、互助、进步"的服务理念为前往科技馆的莘莘学子带去科技知识与体验，成为全国青少年了解先进科技的窗口。科技是引领时代发展的最大动力，科技馆项目的愿景是充分运用的科技的力量在青少年心中播下创新的种子。志愿者们也将以更加饱满的服务热情，不断提高志愿服务质量、时刻创新志愿服务精神，把科技馆志愿项目更好地传承与发展下去！

【教师评析】

中国科学技术馆志愿实践团在实践主题上，选择志愿服务类型，进一步深入学习宣传贯彻习近平总书记关于科技强国的系列重要讲话精神。在实践过程中，实践团结合自身专业，投入到科技馆工作中，为科技馆运营提供保障，同时为来馆参观的观众进行科学实验的演示，普及科学文化。通过岗位实践、科普课堂等多种方式，发扬学校科技创新的传统，为前往科技馆的莘莘学子带去科技知识与体验，运用科技的力量在青少年心中播下创新的种子，最终形成实践报告等具有实践意义的成果，加强学生认知实践的同时更好地受教育、长才干、作贡献。

但实践团也存在一些需要改进的地方，实践目前以志愿服务的形式开展，比较常规，虽然已经在开始探索其他形式，但并未成体系，建议可以从志愿服务中总结经验，与学生的专业学习相结合，开展更广泛、更有力量的科普、科创活动。

案例2：北京科技大学无人机实践团

走进无人机科技，绽放新时代光芒

【事迹简介】

习近平总书记在全国科技创新大会、两院院士大会、中国科协第九次全国代表大会上指出科技是国之利器，国家赖之以强，企业赖之以赢，人民生活赖之以好。我们要深入贯彻新发展理念，深入实施科教兴国战略和人才强国战略，深入实施创新驱动发展战略，统筹谋划，加强组织，优化我国科技事业发展总体布局。

随着物联网技术的发展，多旋翼飞行器的身影逐步走入大众生活。多旋翼飞行器作为一种小型无人飞行器，也是最近几年科研领域大热方向。

为了解无人机应用在社会产业的变革和人们生活的改变中的影响，培养创新精神，提高创新能力，同时为西部地区中小学生普及无人机知识，激发大众的创造力，让更多的人能了解并且享受到无人机带来的便利，让更多人能参与到无人机这个新兴产业中来，推动无人机技术的发展。无人机实践团的各位队员在学习了相关的无人机知识之后，亲手设计一个大型八旋翼无人机的主体机械部分，成功调试所有的飞行控制部分和自主驾驶部分。随后，他们带着自己的飞行器赶往西宁市为当地的中小学生教授无人机相关知识，带领他们完成简易的迷你飞机制作，带他们体验航拍的魅力，让他们更加全面地了解无人机原理方面的知识。实践团利用全景设备，通过自制的飞行器在空中进行俯瞰式VR摄影，进行专业的后期制作，让更多人也切身体会到飞行在天空的自由视角。通过这次亲手设计无人机并将成果转化为应用，实践团的成员对科技前沿领域：无人机和VR技术有着更切身的体会，提高了成员们科技创新以及实际应用转化的能力。同时，将无人机和VR的前沿技术带向学生群体，激发了学生们对无人机的兴趣，培养学生们的科技创新意识，为学生们成为科技领域的创新型人才打下基础，推动无人机等前沿科技革命更快速地向前发展。

无人机实践团怀揣着航空航天的梦想，一直在积极学习尖端的无人机知识，攻克技术难题，在航模竞赛方面屡获殊荣，曾多次获得电动滑翔机、模型火箭竞赛的国家以及省级奖项。同时，将自己的研究成果回报学校，连续两个月制作了"北科全景图"，与校团委合作成立"北京科技大学小博士新媒体全景 VR 与航拍工作室"，创造属于北科的精彩画面。在竞赛和创作模型之外，实践团还不忘将无人机这个高科技的项目推广向大众。实践团通过建立微博、公众号实时推送实践过程、收获、无人机知识，让更多的人了解无人机，并制作创意微电影，生动形象地展现了无人机的魅力。实践团还对中小学生进行无人机教学并向其捐献航空模型，将自己的蓝天梦传承给更多的孩子。

心怀大地，志在蓝天，希望无人机科技实践团的航天梦知行合一无止境，止于至善飞更高。

【教师评析】

无人机实践团在实践主题上，结合科创探索和支教志愿，投身于无人机知识的普及、无人机技术的应用实践中，进一步深入学习宣传贯彻习近平总书记的重要讲话精神。在实践过程中，实践团结合自身专业学习，设计制作大型八旋翼无人机的主体机械部分，通过科技课堂、VR 拍摄等多种方式，将无人机和 VR 的前沿技术带向学生群体，让更多学生了解、走进、感受前沿科技魅力。同时，实践团将实践成果转化，在科研竞赛、技术转化等方面取得了一定的成绩，最终形成实践报告等具有实践意义的成果，加强学生认知实践的同时也对信息技术的普及和应用作出自己的贡献。

但实践团也存在一些需要改进的地方，实践团成员对无人机知识比较了解，但对授课的方式不太熟悉，在课堂讲授上不够专业。同时，实践团面对的对象范围较窄，普及度有限。建议在授课前寻求指导老师的帮助，开展学习培训，了解如何面向小学生开展科普课堂，同时，建议可以面向更多的中小学生开展实践活动，开展网络讲座等类型的大课堂，提高科创普及力度，增强影响力。

案例3：苏州科技大学电子学院"智能小队001"暑期社会实践团队

苏科大探访人工智能展望未来发展

【事迹简介】

中共中央政治局10月31日下午就人工智能发展现状和趋势举行第九次集体学习。中共中央总书记习近平强调，人工智能是新一轮科技革命和产业变革的重要驱动力量，加快发展新一代人工智能是事关我国能否抓住新一轮科技革命和产业变革机遇的战略问题。人工智能不仅是一个学科，也不仅是一个行业、一个产业，而是一个时代的象征，事关全局。在人工智能时代，大学需要培养学生的几种能力素质，包括继续学习的意识和终身学习的能力、创新创意的能力、与人沟通的能力等，同时要注重伦理，远离科学至上主义、技术至上主义。只有主动融入社会，大学生参与社会实践才知道自己真正有价值的科学研究到底在哪。

7月20日至26日，苏州科技大学电子学院"智能小队001"暑期社会实践团队赴上海浦东软件园昆山园，深入科技企业，调研人工智能技术的发展应用情况，学习先进技术，实现自我成长。团队成员们参观了博达特智能科技（昆山）工程中心，并参加了中心组织的人工智能主题讲座，对人工智能在全球领域的最新发展情况有了清晰的认识。在接下来的一周中，团队成员们走进工程中心，详细了解人工智能技术的实际应用。通过参观学习，团队成员深刻认识到，作为计算机专业的大学生，不仅需要在学校学习知识，还要在实践中接触前沿科技，将理论和实践相结合，达到融通的境界，才能做到学以致用，真正发挥专业所长。

通过对人工智能技术的深入学习，团队成员尝试在企业技术人员的指导下实现"循环神经网络（RNN）"的搭建，从而在实践中考验自己的学习、调研成果。"循环神经网络（RNN）"在当今的人工智能领域，或者说机器学习领域炙手可热，大放异彩，特别是在自然语言处理（Natural Language Processing，NLP）方面可谓独当一面，是掌握人工智能技术十分关键的一环。在技术人员的指导下，团队成员顺利完成了"循环神经网络（RNN）"的搭建，实现了能力、技能的进步。同时，团队成员还通过与科技企业工作人员面对面访谈，深入了解了人工智能技术在各行业中的应用情况，对人工智能技术的应用前景有了全面的认识，也对计算机行业的未来发展有了一定的思考。

全球新一轮科技革命和产业变革，瞬息万变、百舸争流。苏州科技大学"智能小队001"团队在本次暑期社会实践活动中深入科技企业，不仅仅是为了认识当今时代人工智能的应用发展情况，更是探究如何将自己的专业知识与实践相结合，提高创新创造能力，拥抱前沿科学技术，从而真正在实践中获得成长。

【教师评析】

"智能小队001"暑期社会实践团队在实践主题上，结合企业参观学习和科技应用实践，走进人工智能领域，深入学习宣传贯彻习近平总书记关于人工智能领域的重要讲话精神。在实践过程中，实践团结合自身专业学习，通过企业走访、交流访谈、科技应用等多种方式，认识人工智能在全球领域的最新发展情况，实现"循环神经网络（RNN）"的搭建，在实践中检验学习效果，引发对自己未来发展的思考，最终形成实践报告等具有实践意义的成果，加强学生认知实践的同时也获得更长足的成长。

但实践团也存在一些需要改进的地方，实践主要通过参观学习等方式进行，大部分信息来源于他人所陈述，自己探索的方面很少，建议实践团可以将实地调研和理论调研相结合，据目前人工智能发展的情况，设计调查问卷，更全面具体地了解人工智能技术，解答自己深层困惑。

案例4：北京科技大学索奥科技实践团

索奥科技实践团以科技服务社会，解决现代社会问题

【事迹简介】

习近平总书记在中国科学院第十九次院士大会、中国工程院第十四次院士大会中提到："青年是祖国的前途、民族的希望、创新的未来。青年一代有理想、有本领、有担当，科技就有前途，创新就有希望。"新时代中国青年，应以创新的勇气、创业的实干、创造的能力，托举起新时代中国之命

运、中华民族之命运、中国人之命运。

北京科技大学三支索奥科技实践团以"科技服务社会"为中心，针对人口老龄化、城市停车难以及部分公共人口密集区域在突发灾情时难以解决人员疏散的问题，开发了智能助老便携应急装置、"空位引导"系统和应急智能疏散系统。"守护夕阳"科技发明实践团进行多方调研，先后采访了百余位市民及走访了社会各界人士，调查助老科技产品市场销售情况，开发出一款智能助老便携应急装置。该装置能通过加速度监测判断老人是否遇到摔倒等紧急情况，通过定位系统和通信系统将老人所在的位置发送给亲属或医院终端，达到及时实施救助的目的。实践团在北京市区内举办了两次外展，展示应急装置，引起老年朋友的关注。智能空位引导系统实践团设计、研发、制作智能空位引导系统，实践期间去往陕西省西安市、山东省德州市、陕西省大荔县3个有代表性的城市实地应用，安装测试时同步进行了问卷及网络调研，该系统受到了北京市静态交通业商会、陕西省交警大队等专业机构的肯定。通过进行的3次宣讲活动，让市民深入了解产品，进一步体会物联网发展带来的生活模式的变化。索奥应急智能疏散系统实践团针对当前消防产业在信息交互上的问题进行了革新，将消防产业和当前的互联网时代结合，实现了消防与人的直接互动，能够快捷及时了解现场情况，帮助人们在火场作出更正确的判断。实践团结合手机APP和传感器，单片机等硬件，对突发灾情现场不同地点的烟雾、温度、压力等数据进行监测，网络传输后，在手机地图界面上显示路径是否可通行，为人们寻找逃生路径提供便利，从而保护人民群众的财产安全和生命安全。实践团还在北京西外文化广场、潘庄社区开展外展和讲座，前往打工子弟小学举办消防知识讲座和火灾疏散演习。

当今，中国特色社会主义已进入新时代，深化供给侧结构性改革、实现高质量发展前所未有地呼唤创新创业创造。新时代中国青年应当在创新、创业、创造上有所作为，而且应有大的作为，以创新向落后宣战、以创业向享乐宣战、以创造向保守宣战，用真情投入体现家国情怀和人类关怀。2017～2018年，索奥三支科技发明实践团深入社会调查，真听真看真感受，将专业知识与社会中亟需解决的难题相结合，将科技产品应用于实际生活，以科技之创新，成美好之社会，在社会各界产生了一定的影响，也受到一些官方媒体的关注。同时，实践团也将不忘初心，继续前行，用自己的青春，以科技服务社会。

【教师评析】

索奥科技实践团在实践主题上，选择科技服务社会类型，结合自己专业学习，积极发明创造，通过走访调研、科技创造、讲座宣传、实践应用等多种方式，了解社会需求，开发智能助老便携应急装置、"空位引导"系统和应急智能疏散系统，并进行实地应用，切实为助老、消防提供了帮助，体现了青年大学生的家国情怀和人类关怀。

但实践团也存在一些需要改进的地方，实践团在前期调研和后期应用时，缺少与目前产品现状的对比，也缺少对应用效果的评估。建议实践团可以进一步深入了解目前已有产品的使用情况，进一步多方实践应用，定性定量地了解实际效果，为社会作出更大的贡献。

案例5：北京科技大学芯炬科技支教实践团

芯炬科技支教实践团将科技创新之梦播撒红色大地

【事迹简介】

习近平总书记在十九大讲话中提到"青年兴则国家兴，青年强则国家强"，指明了当代青年成长成才的正确方向，并强调青年创新的重要性。我们要培养青年一代的科技创新精神，为国家发展贡献力量。北京科技大学芯炬科技支教是北京科技大学索思科技协会大一学生发起的社会实践项目，依托大学生社会实践和计通学院索思科技协会，面向延安中学开展以"传承红色精神，传递科技火种"为主题的科技夏令营，以激发孩子们对科技的浓厚兴趣，引导青少年学生树立科技梦想、掌握实用技能为目的，旨在培养孩子们的科技创新思想及能力，弥补革命老区教育短板。

2017年暑期北京科技大学芯炬科技支教团与延安中学合作开展了为期14天的科技支教活动，包括北京大学生走进延安科技支教，接待访京青少年及延安精神寻访三个部分。实践团通过与校方的多次沟通、深入调查，逐步确立了较为完善的教学方案，团队充分利用高校科技社团的技术优势与地方中学对接，初步形成一套可复制的"科技支教"教学体系，一改传统的知识支教，将枯燥的学习课堂转变成一场科技教学盛宴。实践团开展了以硬件制作、页面设计、网页制作、视频创作技术培训为主的累计100余学时的实例教学，向延安中学的同学们传播"互联网+"时代的科技魅力，弘扬我校独具特色的科技创新精神；并举办首届"芯炬杯"中学生创新创意实践大赛，由实践团成员担任指导老师，引导学生完成媒体创新作品制作，产生40余件优秀作品。科技夏令营结束之后，延安青少年前往北京科技大学参观，实践团成员带领学员深入学校各特色、优势实验室，体验科学魅力，开展科学实践活动，激发了青少年对科学的热情和兴趣，培养科学思想、创新精神和实践能力。

在实践过程中，芯炬科技支教实践团全体队员踏实认真、细致周到，出色地完成了从备课、授课、接受学生反馈到后期接待来京学生的每一环节，取得了良好的实践效果。实践团首创首都高校社团对接地方高中，"延安青年访问北京高校树立高校梦想，北京青年前往延安中学传递科技能量"的"芯炬"模式，提供红色文化与蓝色科技交流融合的新平台；搭建了专题学习网站"芯炬·心聚延安"，收录了夏令营期间的精品课程以及科技竞赛中的全部成果；实践团还采用访谈加纪实的形式，记录了整个实践过程，制作了一部主题为"芯炬北科，心聚延安"的纪录片。同时本次实践也受到了社会各界的好评。延安中学校方充分肯定了科技支教活动的意义，与实践团合作建立北京科技大学大学生社会实践基地，延安电视台及《延安日报》先后4次专题采访芯炬科技支教实践团，实践事迹刊登延安市人民政府官网首页。

习近平总书记指出，青年一代要扎根中国大地了解国情民情，在创新创业中增长智慧才干，在艰苦奋斗中锤炼意志品质，在亿万人民为实现中国梦而进行的伟大奋斗中实现人生价值。芯炬科技支教实践团深入革命老区，把自己的青春梦融入伟大的中国梦，将学科优势与基层服务相结合，将科技资源与红色资源相结合，将科技创新之梦播撒红色大地，用青春和理想谱写信仰与奋斗之歌，让科技梦想的种子在年轻一代的心中发芽开花，指引着更多的孩子探索科技创新的新世界。而可复制的"芯炬"模式已经较为成熟，2018年暑假芯炬科技支教实践团又与北京科技大学计算机与通信工程学院、河南省卢氏县第一高级中学合作开展以"点燃科技梦想，播种科技理想"为主题科技夏令营，其身影也将会出现在更多的地方，惠及更多的青少年学生，让科技筑起通向未来的桥梁。

【教师评析】

芯炬科技支教实践团在实践主题上，选择科技支教类型，开展以"传承红色精神，传递科技火种"为主题的科技夏令营，形成一套可复制的"科技支教"教学体系。在实践过程中，实践团通过北京大学生走进延安科技支教，接待访京青少年及延安精神寻访三个部分开展实践，结合自身专业所学，以硬件制作、页面设计、网页制作、视频创作技术培训为主进行100余学时的实例教学，同时举办首届"芯炬杯"中学生创新创意实践大赛，首创了首都高校社团对接地方高中，"延安青年访问北京高校树立高校梦想，北京青年前往延安中学传递科技能量"的"芯炬"模式，最终形成实践报告、纪录片等具有实践意义的成果，加强学生认知实践的同时将科技梦想带到地方高中的课堂。

但实践团也存在一些需要改进的地方，实践团开展的内容比较丰富，形式多样的情况下也造成了各方面开展得不够深入，建议实践团可以继续深入实践项目，将实践延续、深化，取得更有价值和意义的实践成果。

案例6：北京科技大学索奥智能报警器科技实践团

研发报警器保障妇女和儿童出行安全

【事迹简介】

女性和儿童在社会中多数情况下属于弱势群体，极易成为不法分子的侵害对象，女性和儿童受害案件的频频发生，触碰着全社会的神经，同时也给女性和儿童的安全问题敲响了警钟。2016年7月23日，怀着科技改变生活的热情，本着为妇女和儿童群体谋福利的原则，北京科技大学索奥智能报警器科技发明实践团致力于通过技术手段发明一款实用性强且又便于携带的智能报警装置。此装置将集成GPS定位模块、短信发送模块、自动报警模块、通信模块，具有一键求救、蓝牙通信、智能记步等功能，便于妇女儿童随身佩戴，减少遭受不法侵害的可能。

在实践前期，实践团队员们学习单片机基础知识，熟练掌握并能编写基础代码；安排实践场地并准备实践材料，组织实践人员，安排实践相关事宜并准备开展实践，并分析作品预期功能、初步构思作品软硬件设计、初步构思作品外观。同时，队员们先后到北京科技大学、中央民族大学、国家图书馆、南锣鼓巷、陶然亭等附近发放问卷，进行问卷调查，了解社会各界人士妇女和儿童群体受侵害的态度和建议；并开始走访相关部门，比如全国妇女联合会，青少年维权中心、派出所等，咨询如何做好安全和权益保护方面的宣传，寻求指导意见。之后，实践团的成员们根据之前调查问卷的结果进行产品功能预期，从而对作品进行框架设计模块程序编写与硬件搭建、作品模块整合、采购作品所需电子元件，完成设计与制作。然后，实践团的成员们开始进行作品综合调试，最终优化设计。对所有功能都实现的作品进行进一步优化，包括人性化设计，外观美化等等。在实践后期，实践团的成员们联系媒体将完成的作品面向相应目标人群进行推广，并通过实际试验获得反馈，用于后续作品维护以及进一步开发。实践团所发明设计的智能报警器具有轻便、易携带、低成本等优点，使得产品在没有批量生产的情况下成本已经可以为大部分妇女和儿童所接受。经社会调研，实践团发现大多数的女性和儿童很关注安全问题，一旦这款智能报警器投入使用，将给妇女和儿童带来不少的便利，可以在一定程度上保证妇女和儿童出行的安全。

习近平总书记在纪念五四运动 100 周年大会的重要讲话中号召新时代中国青年到人民群众中去，到新时代新天地中去，让理想信念在创业奋斗中升华，让青春在创新创造中闪光。北京科技大学索奥智能报警器科技发明实践团走出校门、走进社会、聚集社会中的弱势群体，利用科技力量进一步保障了女性和儿童的生活安全，为社会发展贡献青春力量；同时便于有关政府部门、社会组织制定更合理贴切的政策方针、活动方案，给予妇女和儿童群体更多的关怀和必要且及时、适宜的帮助，促进社会平等、和谐发展。

【教师评析】

索奥智能报警器科技实践团在实践主题上，选择以科技服务弱势群体；在实践过程中，结合自身专业所学，通过问卷调查、部门走访、产品设计、产品优化等多种方式，发明一款实用性强且又便于携带的智能报警装置，为妇女和儿童带来便利和保护，最终形成实践报告等具有实践意义的成果，加强学生认知实践的同时利用科技力量为社会发展贡献青春力量。

但实践团也存在一些需要改进的地方。实践团前期准备比较完善，但后期应用比较薄弱，并没有完成后续作品维护以及进一步开发。建议实践团可以广泛地开展实际试验，进一步优化产品，争取投入使用，同时也建议实践团将实践成果进一步转化，取得更好的成绩。

📑 案例7：青岛科技大学赴西海岸新区"海洋科技创新创业"实践调研团

青科大在了解创新创业情况中展现五有精神

【事迹分析】

为充分贯彻落实习近平总书记"7.2"重要讲话精神，实现青年在基层实践中锻炼成长，以实际行动践行习近平总书记提出的，青年要成长为国家栋梁之材，既要读万卷书，又要行万里路，既多读有字之书，也多读无字之书，注重学习人生经验和社会知识。坚持知行合一，在实践中学真知、悟真谛，加强磨炼、增长本领。要重视实践育人，坚持教育同生产劳动和社会实践相结合，广泛开展各类社会实践，让学生在亲身参与中认识国情、了解社会，受教育、长才干，不断拓展学生社会实践的平台和路径的理论要求，青科大调研团赴西海岸新区进行调研，在了解创新创业情况中展现"五有"精神。

为更好地了解当今大学生创新创业情况，顺利完成创新创业社会实践调研项目，青岛科技大学赴西海岸新区进行调研。调研团以"海洋科技创新创业"为主题，首先对青岛理工大学等高校进行了实地走访调研，并与高校学生就大学生对海洋科技创新创业的想法展开了深入的交谈。为更好地了解当今大学生的就业意向，了解海洋科技在位于西海岸新区的企业中的应用，学习西海岸新区众多企业技术需求，调研团先后抵达青岛理工大学、中国石油大学黄岛校区、青岛科海分析检测有限公司，"先锋创客空间"西海岸创新创业中心与琅琊台集团西厂区与北厂区，进行了实体问卷调查，开展了对海洋科技方面的调研，并且进行了创新创业学习。

在本次实践调研过程中，青岛科技大学赴西海岸新区"海洋科技创新创业"实践调研团传承橡胶品格，弘扬青岛科技大学"五有"科大精神，不忘初心，砥砺前行，完成实践调研任务。此次活动提高了大学生认识社会状况和解决社会问题的综合素质，对海洋科技创新创业的开展提供了积极的借鉴意义。同时，本次问卷调查为调研项目奠定了一部分调研基础，为完成社会实践调研项目做好了数据调查工作，推动了社会实践调研项目的进程。此次学习活动也使调研团队对大学生创新创业情况有了更清晰的认识，丰富了调研团队的调研内容，为调研主题奠定了坚实的理论基础。同时，另一方面激发了团队的创新创业意识，树立了科大人的良好精神风貌，展现了科大人有精神、有文化、有责任、有活力、有特色的五有精神。

在当下为实现社会主义现代化而努力奋斗的新时代，西海岸正焕发出前所未有的发展潜力。政府的开发指导思想是：为深入实施创新驱动战略、支撑供给侧结构性改革为主线，坚持创新是引领发展的第一动力，优化政府管理和服务创新，充分激发各类创新主体活力，实现以科技创新为核心的全面创新，培育具有国际竞争力的蓝色、高端、新兴产业体系，形成面向全球的创新要素集聚和辐射功能，打造具有国际影响力的海洋科技创新中心和国内知名的高端产业创新高地。

【教师评析】

赴西海岸新区"海洋科技创新创业"实践调研团在实践主题上，紧跟时代脚步，推进大众创业、万众创新的思想理念；以"海洋科技创新创业"为主题，赴西海岸新区进行调研。在实践过程中，结合自身专业所学，通过问卷调查、实地走访、交流访谈等多种方式，了解海洋科技在位于西海岸新区的企业中的应用，学习西海岸新区众多企业技术需求，最终形成实践报告等具有实践意义的成果，加强学生认知实践的同时对海洋科技创新创业的开展提供了积极的借鉴意义。

但实践团也存在一些需要改进的地方，实践团以参观学习为主，主要停留在了解、学习阶段，并没有更加深入地参与到实际创新创业中，建议实践团可以在前期准备团队项目，与对方就项目进行深入交流，后期也可以进一步进行成果转化，得到更有价值的收获。

第三节　拓展阅读

拓展阅读 1：习近平总书记给第三届中国"互联网+"大学生创新创业大赛"青年红色筑梦之旅"的大学生的回信

习近平总书记给第三届中国"互联网+"大学生创新创业大赛"青年红色筑梦之旅"的大学生的回信

第三届中国"互联网+"大学生创新创业大赛"青年红色筑梦之旅"的同学们：

来信收悉。得知全国 150 万大学生参加本届大赛，其中上百支大学生创新创业团队参加了走进延安、服务革命老区的"青年红色筑梦之旅"活动，帮助老区人民脱贫致富奔小康，既取得了积极成效，又受到了思想洗礼，我感到十分高兴。

延安是革命圣地，你们奔赴延安，追寻革命前辈伟大而艰辛的历史足迹，学习延安精神，坚定理想信念，锤炼意志品质，把激昂的青春梦融入伟大的中国梦，体现了当代中国青年奋发有为的精神风貌。

实现全面建成小康社会奋斗目标，实现社会主义现代化，实现中华民族伟大复兴，需要一批又一批德才兼备的有为人才为之奋斗。艰难困苦，玉汝于成。今天，我们比历史上任何时期都更接近实现中华民族伟大复兴的光辉目标。祖国的青年一代有理想、有追求、有担当，实现中华民族伟大复兴就有源源不断的青春力量。希望你们扎根中国大地了解国情民情，在创新创业中增长智慧才干，在艰苦奋斗中锤炼意志品质，在亿万人民为实现中国梦而进行的伟大奋斗中实现人生价值，用青春书写无愧于时代、无愧于历史的华彩篇章。

习近平

二〇一七年八月十五日

（资料来源：新华社 2017 年 8 月 15 日《习近平总书记给第三届中国"互联网+"大学生创新创业大赛"青年红色筑梦之旅"的大学生的回信》）

拓展阅读 2：创新指数居世界第十四位——我国迈入创新型国家行列

发明专利授权量居世界首位；国际科学论文被引用数位居世界第二；全社会研发支出达 2.17 万亿元，占 GDP 比重大体上与欧盟平均水平相当；科技进步贡献率达到 59.5%，有望在今年实现 60% 的目标……过去一年，我国加快建设创新型国家，取得了新进展。我国创新指数位居世界第十四位，进入了创新型国家行列。

国务院新闻办公室 2020 年 5 月 19 日举行新闻发布会，介绍加快建设创新型国家、支撑引领高质量发展有关情况。

科技部部长王志刚表示，一般来说，创新能力指数达到前 15 位就进入了创新型国家。世界知识产权组织（WIPO）评估显示，我国创新指数位居世界第 14 位；中国科学技术发展战略研究院发布的国家综合创新能力指数，我国排在第 15 位。"这是进入创新型国家的一个重要标志。"

科技进步贡献率将达 60%。

王志刚介绍，在推进创新型国家建设方面，综合性指标基本完成规划任务：2019 年，我国发明专利授权量居世界首位；国际科学论文被引用数位居世界第二。全社会研发支出达 2.17 万亿元，比 2006 年增长 6 倍以上，占 GDP 的比重达到 2.19%，大体上与欧盟平均水平相当。科技进步贡献率达到 59.5%，有望在今年实现 60% 的目标。

2019 年，科技重大专项在培育战略性新兴产业方面发挥了重要作用，集成电路实现 14 纳米工艺产业化，5G 研发应用和产业化全面推进。国家自创区和高新区成为培育高新技术产业的核心载体，169 个高新区生产总值达 12 万亿元，经济总量占全国的十分之一以上。全国高新技术企业达到 22.5 万家，科技型中小企业超过 15.1 万家。

同时，数十万名科技特派员领办创办了 1.15 万家企业。推进重大疾病防治科技攻关，新增 18 家国家临床医学研究中心。

近年来，我国推进科技体制改革，进一步完善科技评价体系，成果转移转化机制不断完善。2019 年全国技术交易额达到 2.2 万亿元，超过了 2019 年度全社会研发支出总额。"创新没有止境，创新型国家建设一直在路上。"王志刚说。

疫苗研究与世界同步。

"这次新冠肺炎疫情，对我国科技创新能力是一次重要检验。"王志刚介绍，疫情发生后，科技部会同 12 个部门组成科研攻关组，设立药物研发、疫苗研发、检测试剂等 10 个重点工作专班，聚焦临床救治和药物、疫苗研发、检测技术和产品、病毒病原学和流行病学、动物模型构建等 5 个方向，部署 83 个应急攻关项目，形成了全国一盘棋的科研攻关格局。

据了解，我国第一时间分离鉴定出病毒毒株并向世界卫生组织共享了病毒全基因组序列；迅速筛选评价了氯喹、法匹拉韦、托珠单抗等有效治疗药物，以及恢复期血浆治疗、干细胞治疗等新疗法，建立了适合不同阶段患者的治疗方案；短时间内建立形成了核酸检测、抗体检测相配套的检测技术体系，不断提高灵敏度和便捷化；并行部署 5 条技术路线推进疫苗研究，重组腺病毒载体疫苗和灭活疫苗已进入临床试验阶段。同时，积极开展疫苗、药物、检测试剂等领域国际合作，及时分享我国抗疫科研成果。

科技部社会发展科技司司长吴远彬介绍，国家科技计划重点支持了 12 项新冠肺炎疫苗研发任务。目前，腺病毒载体疫苗已经完成了一期二期临床研究的受试者接种，一期结果初步进行了评价；另有 4 个灭活疫苗也已开展临床试验。"现在全球开展临床试验的疫苗总共有 10 个，我国的研究与世界同步。"

基础研究投入增速超 10%。

"科技创新如何对国家发展起支撑和引领作用，一方面要发展科技，另一方面要改革科技发展的体制机制和环境。"王志刚介绍，科技体制改革主要围绕几个方面进行，一是调动科技人员积极性、创造性，提供更好的政策环境；二是促进科技和经济深度融合。

"营造一个好的平台、好的环境，让大学、科研院所、企业以及其他一切愿意参加科研活动的人，都能够依靠机会公平、权利公平、规则公平参加进来。"王志刚表示。

此外，这些年中国科技的整体实力和水平取得了长足发展，但原始创新能力相对薄弱问题备受关注。

"基础研究是科技创新的总开关。"王志刚介绍，过去一年我国取得了三维量子霍尔效应、非常规新型手性费米子、原子级石墨烯可控折叠等基础研究上的突破。"我们在前沿基础研究和应用基础研究方面加大了投入，达到了10%以上的增长。"王志刚说。

（资料来源：2020 年 5 月 20 日《经济日报》）

📇 拓展阅读 3："科技小院"汇集科技扶贫"最强大脑"

以科技为引领、以人民为中心，建立院士专家扶贫工作站，选派优秀挂职干部深入基层，集聚科技、智力、资源优势，团队联合攻关。六年来，中国工程院定点扶贫云南省会泽县、澜沧县，扶志和扶智相结合，推进当地特色产业发展，激发群众脱贫致富内生动力，走出了一条科技助力精准扶贫、精准脱贫的特色之路。

岁末隆冬，中国工程院院长李晓红再次率 30 多位院士专家来到这里，与云南省一道贯彻习近平总书记关于扶贫工作的重要论述和关于科技扶贫工作的重要批示精神，全面落实中央关于打赢脱贫攻坚战的决策部署，总结交流中国工程院及朱有勇院士科技扶贫经验，为云南科技扶贫工作再问诊、再把脉、再部署、再推进，共同努力打赢脱贫攻坚硬仗。

在澜沧县竹塘乡蒿枝坝村，近年建成的"科技小院"，每年吸引 40 多名院士近百人次专家进村开展科技扶贫，不仅成为全国科技扶贫战线的"最强大脑"，而且成为当地村干部宣传党和国家政策方针的党建园地，更成为村民获取种养殖知识技术、致富信息的培训课堂和参与文化活动的精神家园。

提升素质，破解农民"不会干"难题。

竹塘乡，是澜沧县西北部的一个山区乡，距县城27公里。

这里日照足、雨量好、土壤肥美、气候温和，人均耕地达3.8亩。"长期以来，由于当地经济建设起步晚，社会发育程度低，广大干部群众学科技、用科技的意识很弱，仍延续着刀耕火种、广种薄收的落后生产方式，贫困人口中因缺技术致贫的高达57.6%，人们守着绿水青山，却过着靠天吃饭的穷日子。"澜沧拉祜族自治县委书记杨中兴说。

在竹塘乡云山村委会蒿枝坝村，村寨交通、卫生环境差，大伙儿缺钱花，没有支撑发展的产业，村民们长期靠种旱稻、荞麦、玉米生活，由于缺乏技术，地里刨来的那点食，连温饱都难以保障。

2015年起中国工程院定点帮扶澜沧县，并委派云南农业大学名誉校长朱有勇院士负责。他带着云南农业大学50名教授、博士和硕士组成的团队，扎根蒿枝坝村，晴天一身灰，雨天一身泥，一干就是四年多。

跟老乡语言不能沟通，他就从头学习拉祜话；老乡的观念难以改变，他就不厌其烦地走家串户拉家常，和他们交朋友。示范种植100亩周期短、见效快的冬季马铃薯和50亩冬早蔬菜，次年就见效，平均每亩马铃薯收入超过9000元。

收益之下见行动，农户纷纷跟进。到2018年，澜沧县共种植冬季马铃薯3300亩，推广种植6700亩，4800多人受益，其中就有贫困户413户1446人。扣除成本，平均每亩为农户创造收入3000至5000元，真正把"冬闲田"变为"效益田"。

努力把澜沧县打造成"林下有机三七"之乡，是朱有勇院士的另一个目标。经过三年的精心培育，不久前，他们在天然思茅松林下依靠生物多样性技术栽种，全程不施化肥不打农药的首批林下三七成功"出土"。在竞买会上，最高喊出了1050元一公斤的竞价，亩产值可达20万元。目前，澜沧县林下三七已示范推广近万亩。

扶智为先，破解澜沧四大难题。

在李晓红院长、邓秀新副院长等带领下，中国工程院先后有200余人次的院士、数以百计的专家深入澜沧县把脉问诊，通过"产业+技能"的科技扶贫模式，破解澜沧县"四大"难题。

"院士专家们把'扶智'作为定点帮扶澜沧县的重中之重，为澜沧县量身定制了'科技引领，创新驱动'的科技扶贫思路，开办院士专家指导班，有针对性地进行实用科技培训，大幅提升了本地干部、农技人员、农民群众的科学素质。"杨中兴说。在院士专家的精心指导下，澜沧县聚焦产业发展、素质提升、科技基础设施建设、劳务输出、健康扶贫、科技人才队伍建设六大科技扶贫示范行动工程，加快推进科技进企业、进田间、进学校、进村寨，着力打造科技扶贫"试验田"。

家畜传染病学专家陈焕春院士讲授《我国猪病流行现状与防控策略》，年过八旬的著名茶学家陈宗懋院士讲授《以绿色发展理念引领茶产业》，著名农业机械化工程专家罗锡文院士讲授《水稻生产机械化新技术与新机具》，菌物学家李玉院士讲授《食用菌种植相关内容》……这是 2019 年 4 月在云南澜沧县的一次讲座"授课表"的部分内容，学员是澜沧县的农民和致富带头人。

"边疆村寨原来是茅草房、'猪扒房'，现在变成了小洋房；过去的泥巴路、毛毛路变成了水泥路；过去人畜混居、牛屎马粪遍地，现在有了人畜分离、干干净净的美丽村寨；原来村民'等靠要'，变成现在的要产业、要致富、要发展。"朱有勇说。

在当地党委、政府的支持下，院士专家们聚焦科技运用，破解各族群众"如何富"的难题，通过大力推进科技扶贫，培养了 1500 多名面向市场的实用型人才、本地创业人才和新型职业农民，提高了群众劳动技能，提升了脱贫致富的内生动力，带动 9 万以上贫困人口脱贫，在落后的少数民族边疆地区创造了奇迹。

院士扎营，科技扶贫乌蒙山。

与澜沧县相隔 810 多公里的曲靖市会泽县乌蒙山中，也活跃着扶贫院士的身影。比起澜沧县，他们甚至还早来了三年。

"第一次走近大海乡草山等地贫困户，深刻感受到什么是'贫中之贫、困中之困'。"中国工程院对口会泽县科技扶贫工作总负责人陈剑平院士说。

"会泽贫困面大，贫困程度深，全县 25 个乡镇中有贫困乡 12 个。"会泽县委书记谭力华介绍，全县 106 万人口中，还有 14 万人未脱贫，是云南省 27 个深度贫困县之一。自 2012 年挂钩帮扶会泽县以来，中国工程院发挥人才和资源优势，组织院士专家百余人次，到会泽开展扎实的帮扶工作，先后选派 4 位处级干部、博士到会泽挂职，当好院地对接的桥梁纽带。

"打造产品、社会资本、商业模式、专业运行"是院士专家在会泽总结的精准扶贫模式。他们通过全面调研，精准分析会泽产业发展情况，选准符合会泽实际和市场需求、带动能力强的优质产业项目加快推进。立足会泽林业资源禀赋，朱有勇院士团队把"林下三七"模式复制到会泽。目前，200亩林下有机三七种植示范基地正在建设，下一步有望扩大到 2 万亩。

此外，李玉院士团队帮助会泽培育 7 个食用菌栽培菌种，发展林下食用菌产业 1000 余亩，有效带动贫困户脱贫；陈剑平院士协调唐华俊院士团队，开展高产优质新品种燕麦引种试验示范，两年多的时间内完成 13 个高产燕麦品种选育工作。目前，已建成 6000 亩燕麦品种繁育基地，实现了平均亩产 70 公斤到 300 公斤的飞跃，每亩增收 1500 元以上，今年已完成播种 4.6万亩，三年内将推广 15 万亩计划惠及 1.8 万贫困户，为高寒冷凉地区群众脱贫提供有力支撑。

"我们还研究和推进会泽县苹果品质和马铃薯、玉米种源改良工作，计划利用两到三年时间，完成 5000 亩低产苹果园改良增效和百万亩核桃产业链延伸工作。"陈剑平院士说，好产品要有好销路，他们还联合开展农村电商，开展农村"互联网+"研究和示范。

不止于此，院士专家们还为会泽古城保护开发和高原特色农业、林下经济、中药材、文化旅游产业等发展费尽心力，在会泽设立了全国第一个县级院士专家咨询服务站，帮助协调渝昆高铁过境会泽并设站，共圆会泽人民的"高铁梦"；依托资源优势，黄璐琦院士主持制定《中药产业发展战略规划》；徐德龙院士帮助完成《古城西内街片区修建性详细规划》《白雾村保护规划》；吴志强院士操刀《会泽高铁站场功能布局、空间组织及其造型研究》等战略规划，为会泽未来产业发展指明了方向。

陈剑平院士表示，下一步，他们将努力打造特色产品，整合农业科技资源，积极引入社会资本，创新精准扶贫商业模式，培育高技能高素质农民队伍，夯实产业振兴的基础，按时、高质量完成工程院交给的会泽县科技扶贫任务。

（资料来源：2019 年 12 月 19 日《科技日报》）

🗐 拓展阅读4：做科技交流的倡导者实践者

金秋时节，国际科技交流迎来盛会。首届世界科技与发展论坛等活动，吸引了来自五大洲40多个国家和地区的科学家。与会者围绕科技文明与可持续发展等议题，介绍科研成果、分享创新经验，开放合作的共识得到进一步凝聚。

科学技术是世界性的、时代性的，是应对人类发展挑战的主要手段，也是人类智慧的共同结晶。纵观现代科技发展史，每个人科学研究的成就都是在别人的基础上更进一步，高科技产业也在竞争合作中得以快速向前。随着科技探索的深入，分工协作日益精细、复杂，科技合作的广度和力度持续增强，已经形成你中有我、我中有你的格局。尤其是在新一轮科技和产业变革加速演进的背景下，新技术、新产品、新业态、新模式不断涌现，降低创新成本和风险，提高创新效率和水平，整合优化全球科技资源和要素，促进国际科技资源互补共享，加强开放合作是大势所趋。

世界发展受益于科技进步，人类命运因科技合作而更加紧密。过去几十年，通过科技交流与合作，人类已经在信息、能源、医疗卫生等领域取得了前所未有的成就，而今应对未来发展、粮食安全、能源安全、人类健康、气候变化等共同挑战，携手合作的要求更加紧迫。让科技更好造福人类，让科技成果为更多国家和人民所及、所享、所用，需要我们站在人类文明发展的角度，汇聚智力资源，共同应对时代提出的新命题、新挑战。

世界潮流浩浩荡荡，开放合作的大势不可阻挡。中国举办首届世界科技与发展论坛等活动，搭建对话平台，促进科学成果共享，就是为了积极倡导科技开放合作、推动科技创新更好造福人类。会场上，一场场关于科技与产业变革、科技与教育文化、中小企业成长的思想碰撞和献计献策，也正表达了国际科学界期盼交流互动的心声。

加强国际科技创新合作、主动融入全球科技创新网络，我国既是倡导者，更是实践者。不久前，我国宣布围绕中国空间站将开展空间科学实验的第一批项目，就吸纳了来自17个国家的23个实体科研人员的参与；在500米口径球面射电望远镜、全超导托卡马克核聚变装置等重大科研基础设施平台上，不时能看到国际同行忙碌的身影。中国科研人员还积极走向世界科技舞台，加入人类基因组计划，在非洲推广先进的水稻种植技术，参与拍摄人类首张黑洞照片，在开源平台为全球知名软硬件企业完善生态。

科技因交流而多彩，科技因互动而活跃。作为科技交流的倡导者、实践者，中国愿同国际科技界携手，努力营造更开放、包容、协同的科技合作生态，为应对全球共同挑战作出应有的贡献。

（资料来源：2019 年 10 月 17 日《人民日报》）

拓展阅读 5：习近平致 2018 世界人工智能大会的贺信

值此 2018 世界人工智能大会召开之际，我谨表示热烈的祝贺！向出席大会的各国代表、国际机构负责人和专家学者、企业家等各界人士表示热烈的欢迎！

新一代人工智能正在全球范围内蓬勃兴起，为经济社会发展注入了新动能，正在深刻改变人们的生产生活方式。把握好这一发展机遇，处理好人工智能在法律、安全、就业、道德伦理和政府治理等方面提出的新课题，需要各国深化合作、共同探讨。中国愿在人工智能领域与各国共推发展、共护安全、共享成果。

中国正致力于实现高质量发展，人工智能发展应用将有力提高经济社会发展智能化水平，有效增强公共服务和城市管理能力。中国愿意在技术交流、数据共享、应用市场等方面同各国开展交流合作，共享数字经济发展机遇。希望与会嘉宾围绕"人工智能赋能新时代"这一主题，深入交流、凝聚共识，共同推动人工智能造福人类。

预祝 2018 世界人工智能大会取得圆满成功！

中华人民共和国主席　习近平

2018 年 9 月 17 日

（资料来源：新华社 2018 年 9 月 17 日《习近平致 2018 世界人工智能大会的贺信》）

第七章　港澳台青年共绘蓝图篇

第一节　选题解读

随着"一国两制"基本国策的不断推进，港澳台形势与局面的不断变化，青年群体逐渐走上时代舞台，以社会实践为活动载体的港澳台青年交流事业不断涌现新气象、展现新作为，促进着中国各地青年携手同心、拼搏奋斗，助力中华民族的复兴大业。

习近平总书记在十九大报告中指出："青年兴则国家兴，青年强则国家强，青年一代有理想、有本领、有担当，国家就有前途，民族就有希望。"作为经济社会发展的生力军和重要力量，只有青年群体能够源源不断地发展，党和国家才能日益壮大。全党要关心和爱护青年，为他们实现出彩人生搭建舞台，这是报告对青年群体作出的承诺。港澳台青年作为中国青年不可缺少的一部分，亦是完成祖国统一、实现中国梦的重要力量，因此，加强对港澳台青年的教育引导，增加对中华文化的认识认同，有助于港澳台青年正确认识"一国两制"国策，增强归属感和认同感，为未来成长成才创造更有利的条件。

"我们坚信，只要包括港澳台同胞在内的全体中华儿女顺应历史大势、共担民族大义，把民族命运牢牢掌握在自己手中，就一定能够共创中华民族伟大复兴的美好未来！"习总书记的重要论述表明了港澳台同胞是祖国强盛、民族复兴过程中不可分割的一部分。为了更好地理解港澳台地区对于祖国的重要意义，理解港澳台青年对于中国青年的重要意义，就需要先了解港澳台地区被强行侵占的历史渊源，了解"一国两制"国策的历史由来。

第一次鸦片战争结束后，英国强占香港岛，清政府曾试图以武力收回但并未成功，1842 年签订不平等的《南京条约》，割让香港岛给英国；1860年签订不平等的《北京条约》，割让九龙半岛界限街以南地区给英国；1898

年签订《展拓香港界址专条》，租借九龙半岛界限街以北地区及附近 262 个岛屿，租期至 1997 年 6 月 30 日结束。澳门被侵占的历史更为久远，1557年，葡萄牙人向当时明政府取得居住权，成为首批进入中国的欧洲人。1844年，葡萄牙女王玛丽亚二世单方面宣布澳门为"自由港"；1849 年，葡萄牙停止向中国交澳门地租，此后，葡萄牙陆续占领氹仔、路环、厦洲、青洲等地。1887 年，当时的葡萄牙政府与清政府先后签订《中葡会议草约》和《中葡和好通商条约》。1974 年葡萄牙本地革命成功，新政府实行非殖民地化政策，承认澳门不是殖民地，而是中国的领土。台湾地区历史悠久，自文献记载起，就与大陆紧密相连、荣辱与共，中日甲午战争战败后，腐败的清政府与日本签订了《马关条约》，将台湾和澎湖列岛割让，台湾就此沦为日本的殖民地，开始了长达 50 年的日据时期。1945 年，日本宣布无条件投降，台湾重新回归祖国的怀抱，结束了台湾同胞蒙受日本帝国主义奴役的屈辱历史。但此后，依附于美国的国民党政府却发动了全国规模的反共内战，1947年，在全国民主革命的高潮下，台湾全省人民举行了反对国民党政权的武装起义。虽然在国民党政府的血腥镇压下失败了，但它又一次表现了台湾同胞不屈不挠的斗争精神。1949 年全国人民在中国共产党的领导下推翻了国民党政府，国民党的部分军政人员跑到台湾，他们依靠美国的庇护与支持，在台湾维持偏安局面，使台湾与祖国大陆再度处于分裂状态之中。

新中国成立后，港澳台三地因历史遗留仍处于被分裂的局面，党和政府就试图以和平的方式解决领土分裂问题，但由于诸多原因，始终未能成功。自 20 世纪 70 年代末开始，国际国内形势发生了一些重要变化，以邓小平同志为核心的党中央出于对整个国家利益与民族前途的考虑，更好地解决祖国大陆和台湾和平统一的问题以及在香港、澳门恢复行使中国主权，开创性地提出了"和平统一、一国两制"的基本国策，指的是在一个中国的前提下，国家的主体坚持社会主义制度，香港、澳门和台湾可以保留资本主义制度。1997 年，香港顺利回归祖国，1999 年，澳门顺利回归祖国。

得益于"一国两制"的伟大构想和党中央的不懈努力，港澳已顺利回归，祖国统一事业不断创造新成绩。但是目前，台湾地区并未完全回归，"港独""台独"势力仍然在开展破坏祖国统一的恶劣行为，存在诸多问题有待解决。特别是近年来，少数港澳台地区的青年被非法势力蛊惑，参与到政治运动中，存在极端化的行为，严重地破坏了国家的政治、经济和社会稳定。因此，引导港澳台青年健康成长，强化其国家认同感和民族自豪感，成为当下港澳台地区青年教育的核心要务之一。

青年交流在教育引导青年茁壮成长方面具有独特优势，新时代青年思维活跃，具有较强的自主意识，并不完全认同过去长辈对晚辈"说教式"的教育方式。青年群体处在同一时代背景，具有相同年龄段的共同语言，互相之间感情最为真挚，更容易产生价值共鸣，凝聚价值共性。在"一国两制"制度优势的保障下，青年群体通过交往交流、交心交融，可以加强国情认识，碰撞思想观念，增进青年友谊，增加未来深化合作的可能性，并在交流过程中注重青年主体，以青年人更喜爱、更易接受的方式开展教育行为，注入爱国主义培育、传统文化熏陶、创业能力培养等内容，最终吸引更多的港澳青年来内地、台湾青年来大陆学习、工作、生活，共同投入到建设祖国的大事业、大工程中。

现阶段，港澳台青年交流活动在祖国各地开展得如火如荼，不断开创新局面。以政府机构为主导，社会团体、民间组织深度参与的青年交流格局已经形成，通过论坛对话、参访参观、实习实践、商业培训、歌舞联欢等多种形式，在经济、文化、科技、教育、体育、就业等多个领域搭建了深度交流平台，为中国各地青年认识国情、增长见识、提升能力提供了更多的机会。在中共中央、国务院印发的《中长期青年发展规划（2016—2025年）》中，明确指出实施港澳台青少年交流计划、港澳台青少年交流工程，增强港澳台青年的国家认同、民族认同和文化认同。

社会实践作为大学生开展活动的天然载体，深受大学生群体的喜爱与认同，因此开展以大陆与台湾青年交流、内地与港澳青年交流为主题的社会实践逐渐成为主流做法之一。青年交流主题的社会实践需要具备两点功能，一是育人功能，社会实践的指导方针和根本目的是"受教育、长才干、作贡献"，即大学生在活动过程中能够走出校园、了解社会，在思想意识和道德修养等方面受到教育，树立起正确的世界观、人生观、价值观，在专业知识和职业技能等方面得到锻炼，将课堂知识转化为解决实际问题的能力，切实为基层和人民做实事、解难题，并在奉献知识和爱的过程中体会责任感和成就感，这也是社会实践的本职功能。二是育心功能，港澳台青年现阶段具有特殊的时代背景,在资本主义的环境中成长,思想独立开放,追求个性化发展,是国外反华和敌对势力的重点拉拢对象,更容易产生错误观念,参与到错误行为中。因此,必须在社会实践过程中注入更多爱国主义培育、中华文化熏陶、国情世情认知的元素,推动中国青年在职业发展上交互交流,在传统文化上认识认同,在爱国情怀上凝心聚力,帮助港澳台青年更为紧密地团结在祖国周围,以背靠祖国、面向世界的姿态和信心涂彩人生画卷。

这一领域社会实践的选题方向主要有:

选题具体方向一:青年友好伙伴交流方向。以北京科技大学京港青年交流的部分活动为例,以青年需求为导向思考社会实践选题从而确定内容、开展实践。一是为满足青年情感需求而开展交流周活动,邀请在港就读的港籍大、中学生来京与首都高校学生组成"1+1"交流伙伴,同吃同行同悟一周时间,立足培养青年学生爱国情怀,深度感受祖国首都家国梦想和人文情怀。

选题具体方向二:青年发展合作实习方向。为满足青年实践需求而开展实习月活动,面向高年级、有实习计划的京港青年学生,在长达一个月的时间中,两地青年学生通过实习实践运用所学知识,锻炼个人能力,拓展视野格局,切身感受首都企业的工作氛围,为个人的职业生涯规划提供经验。

选题具体方向三:青年引领爱国教育方向。为满足青年适应需求而开展新生营活动,邀请来京就读的内地籍大学新生和港籍大学新生组成"1+1"交流伙伴,在开学迎新至元旦新年的百天时间中开展适应性趣味活动,帮助大学新生尽快融入北京的人文环境,并注入国情教育,培养京港新生的爱国信念。

以实践内容为维度开展选题探究也是常用的选题方法。在调查研究类的选题上,可以与当下的时事热点相结合开展社会调研,如随着粤港澳大湾区的不断推进,已经吸引了越来越多的港澳青年前往深圳、广州、珠海等地学习、工作,可设计实践选题"香港籍大学生在深圳学习状况调查研究"或"澳门籍金融从业人员在广州工作满意度调研"。再比如大陆是台湾水果外销的最大市场,是两岸经济往来的重要体现,可依此设计实践选题"大陆市场对台湾水果行业发展意义探究"。在公益服务类的选题上,类似于志愿服务,可组成团队走基层、访老区,参与劳动、解决难题,比如可以确定实践选题

"浙澳青年学生稻田劳动体验实践团"或"两岸学生打扫福利院实践团"。在职业发展类的选题上，选题角度也较为丰富，可依据行业确定，比如中药学是中华民族共同的瑰宝，举办中医药行业青年群体学习参观的社会实践活动有助于行业的发展和个人水平的提高，可确定实践选题"赴香港中医药行业学术交流实践团"。但不论采取哪种社会实践的开展形式，都应紧扣港澳台青年交流这一主题，组成大陆与台湾青年学生、内地与港澳青年学生共同参与的实践团队，一是为了提供青年交流平台、促进青年融合发展，二是为了充分利用当地资源，克服语言等障碍，更好地完成社会实践活动。

第二节　典型案例

案例1：北京科技大学2016年京港青年伙伴训练营交流周

两地170名青年学生相约"七个在北京"开展交流

【事迹简介】

由北京团市委、北京科技大学、香港专业人士（北京）协会、中华青年精英基金会举办的"携手同成长 共筑中国梦"2016京港青年伙伴训练营交流周于7月24日晚在北京科技大学落下帷幕。来自香港大学、香港中文大学、香港理工大学、香港浸会大学、北京科技大学、北京电影学院等高校的170余名京港青年学生在京完成为期一周的学习交流活动。

交流周的7天日程分别以"相聚在北京、故事在北京、探索在北京、梦想在北京、奋斗在北京、创造在北京、未来在北京"等为关键词，有效融合京港青年的国情教育认知、综合素质拓展、团队精神培育等多方面需求，开展了青年领导力课程、创业计划训练等培训项目，日程丰富多彩，内容饱满充实。

此次活动呈现出三个特点：一是启发集体分享。从启动礼的小组组建开始，京港青年学生先后通过校园游踪、城市定向、团体训练等系列内容互学互帮互促，在集体中分享所思所想。二是注重深度体验。除了故宫、长城等名胜古迹的文化参访之外，还开展了"探索北京"城市寻踪活动，徒步穿梭北京城区完成团队任务，深度体验北京街头发生的故事，探寻首都的当下与未来。三是突出梦想主题。中国梦是每一个中国人的梦，也是每一个京港青年的梦。在中关村感受创新创业的火热氛围后，营员结合两地特点进行了公益创业竞赛与领导力提升课程，启示青年人趁青春正好，乘势而为，将个人成才梦融入民族复兴梦，实现更大的人生价值。作为年轻的资深"港漂"，此次活动的港方领队、香港专业人士（北京）协会青年事务委员会主委王柏荣是京港交流活动的亲历者、受益者和倡导者。他说："我从香港来内地工作的三年，亲身经历了内地日新月异的发展速度，深刻感受到如果香港年轻人不亲身参与这一进程，将错失巨大机遇，必是人生的巨大遗憾。"

此次活动让两地青年学生受益颇多，2017年6月份刚从香港大学毕业的邝慧婷参加完此次活动后对内地尤其是北京有了全新了解，"北京很大，人也很热情，来这里短短一周看什么都应接不暇，眼界一下开阔了，感觉这里平台大，机会多，以后希望有机会能来内地发展，做好京港两地的桥梁。"北京科技大学大三学生赵金丹表示，在团队建设中感觉到香港的同学们思维活跃，富有创新意识，打开局面的能力很强，值得内地的学生们学习。

【教师评析】

本选题是以参观学习为社会实践活动的主要形式，以京港青年学生短期交流为社会实践活动的主要内容，融入国情教育认知、综合素质拓展、团队精神培育、领导力课程培训、创业计划训练等环节，活动日程丰富，深受青年喜爱，实践目的是让两地青年学生能够在一周时间、七个昼夜内，共同参与、携手成长、互相见证，在体验和感悟中厚植情怀和友谊，在交流与分享中收获知识和见识，在经历与行动中懂得责任和担当，具有一定的教育意义，同时具有一定的时代意义，为内地与香港未来的青年关系发展起到了示范性作用。

选题仍有一定的改进空间。一是可以考虑以青年为主体进行筹办，京港两地青年既参加了一次交流活动，同时也参加了一次社会实践，应该在教师的指导下独立完成活动策划、行程设计、物资准备、安全保障等方面的任务，这样京港两地青年既是举办者，也是参与者，对于活动更有主人公意识和参与感，也能更全面、深入地体验文化、吸收文化，提升交流活动和社会实践育人育心功能实效。二是可以考虑继续丰富日程安排，深化教育意义，在活动内容中增加升旗仪式、人民大会堂参观等爱国教育元素，注入体育训练、企业参访等新兴环节，以增强活动吸引力和感染力。

📖 **案例 2：北京科技大学 2018 年京港青少年伙伴实习计划**

全国政协副主席梁振英到北京科技大学与京港青年交流

【事迹简介】

2018 年 6 月 25 日晚，京港青少年伙伴计划交流分享会在北京科技大学举行，全国政协副主席梁振英与正在北京参加"2018 年京港青年伙伴实习计划"的 200 余名京港青年代表交流，共话"粤港澳大湾区和青年发展机遇"。

梁振英在会上表示，香港见证了内地改革开放 40 年的迅猛发展。未来 30 年，粤港澳大湾区的发展将为两岸及港澳地区青年提供新一轮事业腾飞机会。他期盼青年人把握好这一发展机遇，踏上更大更好的人生舞台。他指出，现在香港与内地的交流已十分方便，可以通过海陆空三种方式来往。港珠澳大桥和广深港高铁全面贯通后，内地与香港的联系将更加紧密。香港是超级联系人，结合粤港澳大湾区和"一带一路"倡议，促进中外经贸活动，作用会更为明显。他鼓励香港年轻人要勇于离开自己的舒适区，勇于面向大湾区这个更大的平台寻找机会，为自己、为家庭，也为国家实现梦想。

近年来，北京市积极支持开展京港青少年交流工作，北京科技大学与有关单位联合举办"携手共成长"京港青年伙伴计划，2015 年以来累计接待千余名香港青少年，通过和北科大青年"结对子"同吃同行同悟，有力推进了京港青少年的互访交流，加深了两地青少年对中华文化同根同源的认识。其中，京港青年伙伴实习计划是京港青年伙伴计划"三来一往"交流模式中的重要组成部分，来自京港两地的实习生们，满怀热情地走进企业开展为期一个月的专业实习，在实践中扩展视野格局，提高综合素质，为将来事业发展积累宝贵经验，切身感受祖国内地和首都北京日新月异的发展变化。

在这一交流平台上，京港两地青年可以发挥特长，选择所爱，实习内容涵盖新媒体运营、程序设计师、市场营销策划等；在周末，精心组织了文化古迹寻访、创新企业参访、城市寻踪打卡等丰富多彩的活动，既感受内地企业工作氛围，又体验首都古今文化；在这一交流平台上，营员们怀着一颗开放包容的心，在结伴实习中相互沟通、相互帮助，在活动中收获友谊、感悟成长，在不同环境氛围中成长的京港青年始终血浓于水，情如一家；在这一交流平台上，营员们带着成长梦想走上实习岗位，不仅为心中的梦想搏击，更是将个人力量融入中华民族伟大复兴的中国梦中，为祖国的繁荣发展贡献青春力量。

【教师评析】

本选题针对性强，以企业实习为主要实践内容，文化交流作为补充，引导京港两地青年学生在实践实习中增长见识、锤炼本领、孕育友谊、加强共识，在实践过程中感受首都日新月异的巨大变化。工作实习是青年锻炼自我、融入社会的必经之路，在课堂上所学的理论知识只有在实践的千锤百炼中才能得以融会贯通。选题为来自京港两地的青少年提供长达一个月时间的企业实习，两地青年通过实习的方式感受内地企业的职场氛围和工作节奏，提升专业技能和综合素养。在周末，京港青年学生结伴学手艺、逛胡同，感受悠久古都的民俗街巷，看故宫、爬长城，探寻历史遗迹的厚重古朴，访企业、听课程，体会商业资本的活力生机。梁振英与参加实习的京港青年代表共话"粤港澳大湾区和青年发展机遇"是对本选题的认可和支持，获得了广泛的关注和报道，进一步丰富了实践成果，引发了社会对于青年伙伴关系的热议和思考。

本选题仍然具有一定的提升空间，除了企业实习外，在周末的文化交流活动中，可适当增加公益志愿类型的实践活动，进福利院、养老院等开展社区助人服务，引导两地青年感受并理解新时代青年的责任和担当，在劳动的最基层把握社会需要。同时还可以进一步丰富技能提升相关的实践内容，比如增加创业技能培训、简历撰写指导等实用性较强的活动，提升青年能力，提高育人效果，增强活动吸引力和感染力。

📝 案例3：香港内地大学丝绸之路民族社区访问计划实践课程

香港内地大学生携手"文创"推广甘肃裕固族文化

【事迹简介】

文化认同是构建民族认同的重要组成部分。在新时期下推进文化认同，有利于增强港澳台学生的民族认同。推进文化认同，需要分析中华传统文化的特质，理解国家意识，历史底蕴和兼容风格对于增强民族认同的重要作用。通过开展历史文化教育，搭建文化交流平台，弘扬中华传统文化等途径增强港澳台学生的文化认同感，以文化认同助力推动中华民族大一统进程。

来自香港城市大学和兰州大学的30名学生，8月5日左右走进肃南县展开2018年"丝绸之路民族社区访问计划实践课程"的参访、学习。在为期三天的"裕固族文化课程"中，香港和内地大学生详细记录了裕固族各式传统文化素材和设计元素，采访裕固族学者和非遗传承人求教文化产品的设计理念和内涵，走进县文化馆和民族企业调研裕固族文化创意产品的销售模式、游客购买需求等，完成了融合裕固族语言小字典、裕固族迁徙历史绘图、民族吉祥物手提包、儿童帽子等一系列文化创意概念产品。

"在往年考察、调研的基础上，促进香港和内地年轻人发挥创意设计专长于民族文化传承和推广，是今年实践课程特别提倡的活动策略。"据本年度项目领队魏家玮介绍，通过"文创"这种途径激发和调动两地大学生的积极性，结合文化考察、调查研究、案例分析等，为丝绸之路少数民族文化发展贡献"青年"思路。

香港城市大学学生领队江善铟认为，文化创意设计活动让香港学生有机会更深入地了解裕固族文化，特别是各个反映裕固族传统文化的陈列品背后的故事和文化内涵。江善铟说："更加深了我们成为民族文化保护参与者的意识，我们通过所学专业和团队构思，生成了一件件让更多人读懂裕固族的文创，很激励我们。"

魏家玮则认为："香港大学生们想法多元丰富，内地的同学们则在社区调研、历史背景研究等方面有所专长，通过团队合作而互学互长，不仅完成了精美的文化创意产品，更增进了两地年轻人的沟通了解和互相欣赏。"

"丝绸之路民族社区访问计划"由兰州大学港澳台事务办公室、兰州大学管理学院、文化行者管理委员会联合承办，支持香港与内地青年走进丝绸之路沿线典型民族社区参观考察、研修学习、志愿服务等，促进两地青年了解中国西部和"一带一路"倡议，并期望两地青年在共同学习、协力合作的氛围下深入交流、相互理解并深化情谊。

（相关链接：http://www.gs.chinanews.com.cn/news/2018/08-05/306913.shtml）

【教师评析】

本选题与当下国家的政策方针结合紧密。在庆祝中国共产党成立 95 周年大会上，习近平总书记提出了"四个自信"，其中重要的一点就是文化自信，强调了中华优秀传统文化的重要性，要激发党和人民对中华优秀传统文化的历史自豪感。因此，本选题以学习和推广中华优秀传统文化为实践内容和目的就具有较强的时代意义和价值。本选题组建了以内地与香港青年学生为核心的团队，优势互补，合作交流，同时开展的实践内容和实践方式较为丰富，先是前往肃南县学习体验裕固族的文化民俗，详细记录了裕固族传统文化素材和设计元素，而后采访了裕固族学者和非遗传承人，参观县文化馆和民族企业，调研了文创产品设计、销售等内容，最终帮助当地居民完成了部分文创概念产品的设计与制作，整体来说是一次"受教育、长才干、作贡献"全过程参与，"学""做"融合，内容饱满，意义丰富的社会实践。

本选题仍可在以下方面加以改进。一是社会实践周期可适当延长，本选题只有三天时间，但需要做的事涉及文化学习、销售调研、产品设计等多方面，因此会略显仓促，影响实践效果。二是文创产品的购买人群为当地游客，因此调研产品时除了访谈学者、手艺传承人之外，还可以采用问卷调查的方式调研顾客的喜好和需求，为产品设计提供参考建议，增加产品销售量，为当地旅游事业、经济发展作出更大贡献，展现青年责任与能力。

📑 **案例4：武汉大学港澳台学生主题社会实践团赴兰州大学交流**

"一带一路"创机遇，四海青年共担当

【事迹简介】

中国迈进新时代，香港、澳门与祖国内地的命运始终紧密相连。实现中华民族伟大复兴的中国梦，需要香港、澳门与祖国内地坚持优势互补、共同发展，需要港澳同胞与内地人民坚持守望相助、携手共进。作为年轻的一代，港澳台青年与大陆青年共担祖国责任、共享发展成果，彼此间不断进行着深入的交流。

2018年7月6日，由武汉大学港澳台事务办公室组织，36位在武汉大学就读的港澳台学生组成的港澳台学生主题社会实践交流团赴兰州大学交流。当日上午，兰州大学举行了欢迎仪式，兰州大学港澳台事务办公室负责人迟刚参加了欢迎仪式。迟刚介绍了兰州大学的历史概况、学科特色以及甘肃特殊的地缘位置。他说，两岸四地同根同源，武汉大学港澳台学生交流团到访兰州大学和甘肃，不仅促进两校之间的交流，更是深入了解华夏文明起源的良好契机。甘肃是华夏文明的摇篮，被誉为"河岳根源，羲轩桑梓"。港澳台同学在参访过程中真正体验了"大漠孤烟直，长河落日圆"的意境，他们认识到，"一带一路"构想的提出会将中外文明交流推向一个新的高峰，中华民族伟大复兴是包括港澳台同胞在内的所有炎黄子孙的共同愿景。

交流过程中，政治与国际关系学院陈小鼎教授为交流团做了《一带一路倡议与新青年》的讲座。他运用文学性的语言，深入浅出地将大家带入"丝绸之路"的文化意境中，通过"汉唐雄风""花开见佛"和"涅槃重生"三个极富丝路特色的文化内涵，沿着丝路发展的时空脉络，既传神又写实地展现了一幅壮阔的丝路画卷。在"一带一路"倡议背景下，青年人迎来了建功立业的大好时机，希望各位来自港澳台的同学能紧紧把握国家发展机遇，参与推动"一带一路"，助力祖国发展。

交流团中的港澳台学生经过了兰州大学实地参观走访，切身感受到了另一种风格的中国内地文化，在交流学习中，领悟到了"一带一路"构想的内涵。他们将会在今后的发展中切实融入国家发展大局，为祖国的繁荣昌盛贡献力量。

（相关链接：http://news.lzu.edu.cn/c/201807/50031.html）

【教师评析】

本选题以校际关系作为纽带，开展校际之间港澳台青年交流主题的社会实践活动，以学习参观为主要实践形式，了解兰州大学以及一带一路倡议为主要实践内容，引导港澳台青年融入国家发展大局为实践目的，教育意义明显，具有一定的代表性。在实践过程中加入了讲座教学的环节，从专业研究者的角度，运用文学性的语言，为参与实践的港澳台青年学生详实地介绍了"丝绸之路"的历史发展和文化内涵，有助于他们理解"一带一路"倡议的历史意义和现实价值，增强对国家认同感和民族自豪感。

本选题仍有可改进之处。实践队员均来自港澳台地区，成员构成单一，可以采取内地青年与港澳青年、大陆青年与台湾青年共同参与的方式，增加青年群体内部之间的交流频率，用青年思维引导青年，青年行为带动青年，不断提升交流实效。并且本选题实践内容较为单一，以校园内部活动为主，可借助学校资源积极拓展当地的社会资源，在实践过程中走出学校，走进社会，真切感受"一带一路"倡议为经济社会发展带来的巨大优势，感受祖国日新月异的变化和朝气蓬勃的生机，丰富实践成果，真正达到吸引港澳台学生参与祖国建设的实践目的。

案例5：华侨大学港澳台侨学生海上丝绸之路起点"百村千人行"

华侨大学港澳台侨学生"百村千人行"

【事迹简介】

实施乡村振兴战略，是党的十九大作出的重大决策部署，是决胜全面建成小康社会、全面建设社会主义现代化国家的重大历史任务，是新时代"三农"工作的总抓手。党的十九大报告提出，实施乡村振兴战略。农业农村农民问题是关系国计民生的根本性问题，必须始终把解决好"三农"问题作为全党工作重中之重。要坚持农业农村优先发展，按照产业兴旺、生态宜居、乡风文明、治理有效、生活富裕的总要求，建立健全城乡融合发展体制机制和政策体系，加快推进农业农村现代化。

2018年4月10日，华侨大学港澳台侨学生"百村千人行"在海上丝绸之路起点泉州正式启动。未来3~5年内，华侨大学将组织上千人次港澳台侨学生深入福建一百个乡村，围绕扶贫、扶智目标，开展慰农、惠农服务，引导港澳台侨学生争当乡村代言人，为乡村振兴战略添砖加瓦。这也是全国首个港澳台侨学生有计划、长时间、大规模地服务乡村振兴战略的实践育人活动。

华侨大学将采取"走进去"和"请出来"相结合的方式推进港澳台侨学生"百村千人行"。"走进去"方面，将主要实施"五个一"计划，即走进乡村，组织一项慰农演出；走进农户，记录一份村民访谈；走进农田，开展一次农耕实践；走进留守儿童，举办一场乡村读书会；走进空巢老人，拨打一个亲情电话。"请出来"方面，将主要实施"四个面对面"，即筹办乡村论坛，实现村支书面对面；筹组乡村艺术团，实现农民面对面；筹集公益基金，开展夏令营，实现留守儿童面对面；筹建"八闽乡音"APP等互联网平台，实现乡村面对面。

"共你翻山越岭，百村千人行……为你，为我八闽乡村，为可爱的祖国，千山万水，山川湖海，百村千人，你我同行。"这是华侨大学港澳台侨学生在启动仪式上的庄严宣誓。他们将整装待发，在新时代的春天里，共建新福建，共享中国梦；他们将结伴同行，携手并肩，用实际行动献礼改革开放40周年。（经济日报薛志伟）

（相关链接：http://news.eastday.com/eastday/13news/auto/news/china/20180410/u7ai7600319.html）

【教师评析】

本选题范围较大，多方面全方位开展实践，包括了调研、公益等多种社会实践形式，其围绕的农业农村农民问题是关系国计民生的根本性问题，乡村振兴战略是我国建设现代化经济体系的重要基础，是健全现代社会治理格局的固本之策，是实现全体人民共同富裕的必然选择，对于党和全国人民都至关重要，以此作为社会实践选题，走进农村了解农村，开展慰农、惠农服务，为乡村振兴战略添砖加瓦，在青年学生层面具有较强的现实意义和教育价值。该选题顶层设计较为合理，论证充分，预期做法和成果具有较强的可行性，以"走进去"和"请出来"作为实践主线，实施"五个一"和"面对面"计划，涉及丰富农村文化、关注留守儿童、帮扶空巢老人、开展农耕种植、访谈村民生活等多项实践内容，为港澳台侨青年学生准确认识乡村振兴战略这一国家大政提供了渠道。该选题规划深远，预计开展3～5年，参与人数上千人，走访农村一百个，可在已有基础上开拓创新，不断丰富实践成果，持续为港澳台侨青年学生的成长铺设台阶。

此选题可形成常态化，建立长期稳定的社会实践基地，既为后续港澳台侨学生参与社会实践积累项目资源，同时也为当地农村发展持续发挥作用，作出更大贡献。形成常态化后，可丰富实践内容，与当地中、小学对接教育资源，进行教育帮扶，助力完成扶智目标，并调研当地农民的经济收入和幸福指数，了解农民困难和需要，为农村发展建言献策。

第三节　拓展阅读

拓展阅读1："九二共识"的由来

1992年，海协会与台湾海基会受权就在两岸事务性商谈中表述坚持一个中国原则事宜进行协商。经过当年10月香港会谈及其后一系列函电往来，达成了各自以口头方式表述"海峡两岸均坚持一个中国原则"的共识，后来被概括为"九二共识"。其核心意涵是大陆和台湾同属一个中国，两岸不是国与国关系，从而明确界定了两岸关系的根本性质。

1992年10月28日至30日，两会在香港举行工作性商谈。商谈中，海协会代表提出5种有关表述坚持一个中国原则的方案，其中一种方案表述为："在海峡两岸共同努力谋求国家统一的过程中，双方都坚持一个中国的原则，对两岸公证书使用（或其他商谈事务）加以妥善解决。"台湾海基会代表也先后拿出8种表述方案，其中第八种表述方案是在参考海协会前述表述方案的基础上提出的："在海峡两岸谋求国家统一的过程中，双方虽均坚持一个中国之原则，但对一个中国的涵义，认知各有不同。惟鉴于两岸民间交流日益频繁，为保障两岸人民权益，对于文书查证，应加以妥善解决。"

海基会代表称此案为台方的底案，并建议"以口头声明方式各自表述"。香港商谈结束后，11 月 1 日，海基会代表发表书面声明表示，有关事务性商谈中一个中国原则的表述，"建议在彼此可以接受的范围内，各自以口头方式说明立场"。海协会研究了海基会的第八种表述方案，认为这个方案表明了台湾方面谋求统一、坚持一个中国原则的态度；虽然海基会提出"对一个中国的涵义，认知各有不同"，但没有具体论述台湾方面的看法，因此，可以考虑与海基会各自以口头方式表达坚持一个中国原则的态度，同时提出希望海基会能够确认这是台湾方面的正式意见。11 月 3 日，海基会发布新闻稿并致函海协会，表示已征得台湾有关方面同意，"以口头声明方式各自表达"。同日，海协会副秘书长就此事与海基会秘书长通电话时表示，这次两会工作性商谈，"在海峡两岸事务性商谈中表述一个中国原则的问题上取得了进展""贵会建议采用贵我两会各自以口头声明的方式表述一个中国原则。我们经研究后，尊重并接受贵会的建议。口头表述的具体内容，另行协商"。11 月16 日，海协会致函海基会，指出海基会在香港商谈中就表述坚持一个中国原则的态度"提出了具体表述内容，其中明确了海峡两岸均坚持一个中国的原则"；重申了同意以各自口头表述的方式表明"海峡两岸均坚持一个中国之原则"的态度，并提出海协会口头表述的意见为："海峡两岸都坚持一个中国原则，努力谋求国家统一。但在海峡两岸事务性商谈中，不涉及一个中国的涵义。本此精神，对两岸公证书（或其他商谈事务）加以妥善解决。"该函以附件的方式，将海基会在香港提出的第八种表述方案附在函后，作为双方彼此接受的共识内容。12 月 3 日，海基会回函对此未表示任何异议。至此，双方都认为经过协商达成了共识。这一共识后来被称为"九二共识"。

"九二共识"是各自以口头方式表述海峡两岸均坚持一个中国原则的共识。达成共识的方式是各自口头表述，构成共识的内容就是上述两段经过协商、相互认可的具体文字，核心是坚持一个中国原则。共识中，两会都表明了"谋求国家统一""海峡两岸均坚持一个中国原则"的基本态度。对于一个中国的政治含义，台湾海基会表示"认知各有不同"，海协会表示"在事务性商谈中不涉及"，作了求同存异的处理。在两岸之间固有矛盾一时难以解决的历史条件下，"九二共识"的达成，体现了两岸双方搁置争议、求同存异的政治智慧，确立了两岸商谈的政治基础，为两会开展协商并取得成果提供了必要前提。

拓展阅读 2：庆祝澳门回归祖国 20 周年文艺晚会在澳举行——习近平出席并观看

依依濠江情，拳拳中国心。庆祝澳门回归祖国 20 周年文艺晚会于 2019 年 12 月 19 日晚在澳门东亚运动会体育馆举行。中共中央总书记、国家主席、中央军委主席习近平观看了演出。

演出现场灯光璀璨，欢乐喜庆。舞台正中，光影勾勒的巨型莲花景观绚丽绽放。20 时许，欢快的乐曲声响起，习近平和夫人彭丽媛在澳门特别行政区行政长官崔世安和夫人霍慧芬陪同下，步入晚会现场。全场观众起立鼓掌，热烈欢迎习近平的到来。

鼓乐齐鸣，热闹欢腾的南粤舞狮表演拉开晚会序幕。《我和我的祖国》《七子之歌》等经典歌曲抒发爱国爱澳的无限深情；多媒体情景讲述《光阴的故事》以独特视角表现了澳门回归祖国 20 年来的辉煌成就；刚毅雄健的功夫表演《濠江雄风》、慷慨激昂的经典诗词朗诵《少年中国说》展现出自强不息的奋斗精神和中华优秀文化在澳门的传承弘扬；深具传统韵味的粤剧与南音表演、活力四射的现代舞和热情奔放的葡式土风舞，描绘出澳门中西文化荟萃交融的独特魅力；情景讲述《温馨一刻》表达了澳门同胞对习近平主席的爱戴之情；歌曲《大湾区之美》《莲成一家》《乘风破浪再出发》等唱出了心手相牵、共同逐梦的美好愿景。整台晚会精彩纷呈，高潮迭起，赢得观众们阵阵掌声。

晚会最后，习近平在崔世安和澳门特别行政区候任行政长官贺一诚陪同下走上舞台，同主要演职人员一一握手，并同全场观众一起高唱《歌唱祖国》，祝愿伟大祖国繁荣昌盛，祝福澳门明天更加美好。晚会气氛被推向高潮，歌声和掌声汇成欢乐的海洋。

拓展阅读 3：港珠澳大桥

港珠澳大桥（英文名称：Hong Kong-Zhuhai-Macao Bridge）是中国境内一座连接香港、广东珠海和澳门的桥隧工程，位于中国广东省珠江口伶仃洋海域内，为珠江三角洲地区环线高速公路南环段。

港珠澳大桥于 2009 年 12 月 15 日动工建设，于 2017 年 7 月 7 日实现主体工程全线贯通，于 2018 年 2 月 6 日完成主体工程验收，同年 10 月 24 日上午 9 时开通运营。港珠澳大桥东起香港国际机场附近的香港口岸人工岛，向西横跨南海伶仃洋水域接珠海和澳门人工岛，止于珠海洪湾立交；桥隧全长 55 千米，其中主桥 29.6 千米、香港口岸至珠澳口岸 41.6 千米；桥面为双向六车道高速公路，设计速度 100 千米/小时；工程项目总投资额 1269 亿元。2018 年 12 月 1 日起，首批粤澳非营运小汽车可免加签通行港珠澳大桥跨境段。港珠澳大桥因其超大的建筑规模、空前的施工难度和顶尖的建造技术而闻名世界，获 2019 年度中国建设工程鲁班奖（国家优质工程）；大桥项目总设计师是孟凡超，总工程师是苏权科，岛隧工程项目总经理、总工程师是林鸣。2020 年 1 月 24 日至 25 日，中央广播电视总台春节联欢晚会在港珠澳大桥白海豚岛设分会场。

港珠澳大桥是国家工程、国之重器，其建设创下多项世界之最，非常了不起，体现了一个国家逢山开路、遇水架桥的奋斗精神，体现了我国综合国力、自主创新能力，体现了勇创世界一流的民族志气。这是一座圆梦桥、同心桥、自信桥、复兴桥。大桥建成通车，进一步坚定了我们对中国特色社会主义的道路自信、理论自信、制度自信、文化自信，充分说明社会主义是干出来的，新时代也是干出来的！

（中共中央总书记、国家主席习近平评）

拓展阅读 4：听港生讲述内地求学故事：香港青少年应更多到内地感受这边的社会文化

2019 年 9 月 2 日，全国高校正式开学，内地高校迎来 1.6 万余名香港新老学生入学、返校。在近日香港紧张的局势下，不少来内地读书的香港学生内心都有一些压力。《环球时报》记者联系了几名在内地上学的香港大学生，听他们讲述如何融入内地校园生活，如何深入了解内地并丢掉曾经的偏见。"学校里的内地学生和港澳台学生没有什么隔阂"，一名港生表示，"香港青少年应更多到内地亲自感受这边的社会文化"。

按目前内地大学对港澳台学生的要求，他们理论上可以自选是否参加新生军训。但贺同学今年被北京大学录取后，毅然决然地登记参加开学前军训。她对《环球时报》记者说，军训是内地教育重要的一环，"完成军训才是完整地在内地上了大学"。

"我小学和中学都是在香港读，选择大学时，我想跳出香港这片熟悉的土地，不让自己的思想和发展禁锢在舒适区。"贺同学表示，她申请参加军训有两个原因：第一，既然来了内地，就要求自己像内地学生一样，不想大学教育"缺斤少两"；第二，她也期望军训时"能和同学体验各种酸甜苦辣，培养深厚的'革命友谊'"。

"军训特别开心！"贺同学回顾起自己的军训生活时如此感叹道。她说，在军训中能感受到强烈的集体荣誉感，"军人要求一个'齐'字，从生活内务、走方阵到唱军歌，我感觉大家都拧成了一股绳"。在军训中，她也十分积极参加各种小活动，"在歌咏大赛中，我是我们十二连代表队的领唱，获得优秀奖，我们还参加了拔河比赛，收获了友谊和他人的认同"。

和其他同学一样，贺同学也曾感到过"痛苦"。"两天才能洗一次澡，还是在没有隔间的大澡堂；伙食'以量取胜'，肉类比较单调"。但是这些艰苦都被收获所抵消。和内地同学一起在烈日下暴晒时，"每一步都是同一秒落下，同一秒抬起，连呼吸都是同步的。我很庆幸参加了军训"。

军训结束后，贺同学也即将正式展开自己在北京的大学生活。"我很喜欢北大古色古香的建筑，红砖绿瓦，仿佛活在历史里，与古人神交。"她也看到了城市的一些不足之处，比如有些地方还有老旧的基建和规划，看上去没有深圳和香港那样现代化，并且有的公共区域卫生条件还有待提高。

对于还没有来过内地的香港同学，贺同学说，内地早已不是他们想象得那样落后了，美食文化更是博大精深，"大江南北的菜系都应该通通尝一遍"。最后，贺同学开玩笑地表示，希望香港的朋友"可以来看望一下远离家乡孤零零的我"。

拓展阅读 5：《中英联合声明》–《中英关于香港问题的联合声明》（1984 年）

中华人民共和国政府和大不列颠及北爱尔兰联合王国政府关于香港问题的联合声明

中华人民共和国政府和大不列颠及北爱尔兰联合王国政府满意地回顾了

近年来两国政府和两国人民之间的友好关系，一致认为通过协商妥善地解决历史上遗留下来的香港问题，有助于维持香港的繁荣与稳定，并有助于两国关系在新的基础上进一步巩固和发展，为此，经过两国政府代表团的会谈，同意声明如下：

一、中华人民共和国政府声明：收回香港地区（包括香港岛、九龙和"新界"，以下称香港）是全中国人民的共同愿望，中华人民共和国政府决定于一九九七年七月一日对香港恢复行使主权。

二、联合王国政府声明：联合王国政府于一九九七年七月一日将香港交还给中华人民共和国。

三、中华人民共和国政府声明，中华人民共和国对香港的基本方针政策如下：

（一）为了维护国家的统一和领土完整，并考虑到香港的历史和现实情况，中华人民共和国决定在对香港恢复行使主权时，根据中华人民共和国宪法第三十一条的规定，设立香港特别行政区。

（二）香港特别行政区直辖于中华人民共和国中央人民政府。除外交和国防事务属中央人民政府管理外，香港特别行政区享有高度的自治权。

（三）香港特别行政区享有行政管理权、立法权、独立的司法权和终审权。现行的法律基本不变。

（四）香港特别行政区政府由当地人组成。行政长官在当地通过选举或协商产生，由中央人民政府任命。主要官员由香港特别行政区行政长官提名，报中央人民政府任命。原在香港各政府部门任职的中外籍公务、警务人员可以留用。香港特别行政区各政府部门可以聘请英籍人士或其他外籍人士担任顾问或某些公职。

（五）香港的现行社会、经济制度不变；生活方式不变。香港特别行政区依法保障人身、言论、出版、集会、结社、旅行、迁徙、通信、罢工、选择职业和学术研究以及宗教信仰等各项权利和自由。私人财产、企业所有权、合法继承权以及外来投资均受法律保护。

（六）香港特别行政区将保持自由港和独立关税地区的地位。

（七）香港特别行政区将保持国际金融中心的地位，继续开放外汇、黄金、证券、期货等市场，资金进出自由。港币继续流通，自由兑换。

（八）香港特别行政区将保持财政独立。中央人民政府不向香港特别行政区征税。

（九）香港特别行政区可同联合王国和其他国家建立互利的经济关系。联合王国和其他国家在香港的经济利益将得到照顾。

（十）香港特别行政区可以"中国香港"的名义单独地同各国、各地区及有关国际组织保持和发展经济、文化关系，并签订有关协议。香港特别行政区政府可自行签发出入香港的旅行证件。

（十一）香港特别行政区的社会治安由香港特别行政区政府负责维持。

（十二）关于中华人民共和国对香港的上述基本方针政策和本联合声明附件一对上述基本方针政策的具体说明，中华人民共和国全国人民代表大会将以中华人民共和国香港特别行政区基本法规定之，并在五十年内不变。

四、中华人民共和国政府和联合王国政府声明：自本联合声明生效之日起至一九九七年六月三十日止的过渡时期内，联合王国政府负责香港的行政管理，以维护和保持香港的经济繁荣和社会稳定；对此，中华人民共和国政府将给予合作。

五、中华人民共和国政府和联合王国政府声明：为求本联合声明得以有效执行，并保证一九九七年政权的顺利交接，在本联合声明生效时成立中英联合联络小组；联合联络小组将根据本联合声明附件二的规定建立和履行职责。

六、中华人民共和国政府和联合王国政府声明：关于香港土地契约和其他有关事项，将根据本联合声明附件三的规定处理。

七、中华人民共和国政府和联合王国政府同意，上述各项声明和本联合声明的附件均将付诸实施。

八、本联合声明须经批准，并自互换批准书之日起生效。批准书应于一九八五年六月三十日前在北京互换。本联合声明及其附件具有同等约束力。

一九八四年十二月十九日在北京签订，共两份，每份都用中文和英文写成，两种文本具有同等效力。

第八章　职业发展匠心筑梦篇

第一节　选题解读

中国具有悠久的匠心文化，春秋末期战国初期的鲁班，发明了锯子、钻、刨子、铲子、曲尺、墨斗等木工工具，创造了砻、磨、碾子、铲等农业工具，建造出殿、阁、桥、亭等建筑，制作出攻城用的云梯、钩强、攻城锤等军事器械，被后人尊称为"行业神"和"百工圣祖"。与鲁班处于同一时代的墨子，精通手工技艺，发明了车轴、木鸟、云梯、桔槔（汲水工具）等实用工具，在几何学、力学、光学和机械学等方面有诸多发明创造，被后人誉为"科圣"。鲁班和墨子出身于工匠家庭，他们热爱自己的职业，在不断地创新实践中提高自己的技能，敢于挑战，勇于突破，精益求精，墨班精神就是一种工匠精神，班墨匠心文化一直根植于中国悠久的历史和深厚的传统文化。

新中国成立以来，各行各业快速发展，在经济飞速前进的同时，大庆精神、"两弹一星"精神、载人航天精神等等，都为工匠精神注入了新的内涵。也正是在工匠精神的培育和践行下，中国制造不断突破，中国路、中国桥、中国港口、中国核电等等，成为一张张让国人引以为傲的"中国名片"，工匠精神已然成为了中国制造的质量保障。在2016年的政府工作报告中，李克强总理强调说"要鼓励企业开展个性化定制、柔性化生产，培育精益求精的工匠精神"。"工匠精神"一词更是迅速流行开来，成为了社会各界广泛关注的热点话题之一，引发了网友热议。2016年12月14日，"工匠精神"一词凭借巨大的行业影响入选2016年十大流行语。

工匠精神是永不过时的精神品质，它在时代的洗礼下历久弥新，新时代的"工匠精神"具有新的基本内涵，它主要包括爱岗敬业的职业精神、精益求精的品质精神、协作共进的团队精神、追求卓越的创新精神。其中，爱岗敬业的职业精神是根本，精益求精的品质精神是核心，协作共进的团队精神是要义，追求卓越的创新精神是灵魂。新时代中国已经从经济高速增长阶段迈向高质量发展阶段，想要稳步形成优质高效的现代产业体系，就更需要坚定"文化自信"，更需要继承并弘扬工匠精神。

弘扬工匠精神，需要良好的社会风气，需要企业的大力支持，同时，也需要培育一大批大国工匠、劳动模范，为国家、社会贡献力量。而青年大学生是祖国未来的建设者和接班人，在其成长成才的关键时期更应该接触社会、服务社会，明确职业生涯发展的过程中培育和践行工匠精神。习近平总书记在党的十九大报告中提出，要"激发和保护企业家精神，鼓励更多社会主体投身创新创业。建设知识型、技能型、创新型劳动者大军，弘扬劳模精神和工匠精神，营造劳动光荣的社会风尚和精益求精的敬业风气"。工匠精神，不仅体现在对作品细节的注重、对完美品质的追求上，更体现在兢兢业业、一丝不苟、持之以恒的专注态度上，培育工匠精神，让青年大学生拥有"沉""潜"的气质，脚踏实地地为实现自我价值不断奋斗，为中华民族的伟大复兴作出自己的贡献。

青年大学生正处于生涯发展的关键时期，培育并践行工匠精神，需要与大学生的未来职业发展紧密结合，近年来，国家、社会也不断强调专业学习实践、职业发展实践的重要性，教育引导大学生通过社会实践接触社会，在职业实习实践中不断提高自己对未来职业发展的认知，发挥自己的个人价值，实现自己的职业理想。

2011 年 6 月 17 日，教育部办公厅关于开展全国高校学生"永远跟党走"主题暑期社会实践活动的通知中强调各地各高校要加强实践教学环节，将专业实践活动与专业学习相结合、与服务社会相结合、与勤工助学相结合、与择业就业相结合、与创新创业相结合。要创立高校与科研院所、行业、企业联合培养人才的新机制，依托一批产学研结合的校内实验室、校外实习基地和一批开放共享的实践教学平台，结合学科专业特点，分类开展专业实践活动。使学生在参与专业实践的过程中，发现新知、运用真知，在解决实际问题的过程中增长才干，不断提高实践能力、创新创业能力，切实掌握建设国家、服务人民的过硬本领，为走上社会、成就事业打下坚实基础。

2013 年 9 月 2 日，中共教育部党组关于在全国各级各类学校深入开展"爱学习、爱劳动、爱祖国"教育的意见中强调要把"三爱"教育贯穿于社会实践活动中，各地各学校要组织学生走出校园、走向工厂和田间地头，积极参加劳动体验活动，广泛开展志愿服务活动并在制度化上下功夫，推动学雷锋活动常态化。

2014 年 1 月 28 日，习近平总书记给烟台市福山区福新街道垆上村大学生村官张广秀复信，对她病愈重返工作岗位表示慰问，对全国大学生村官提出殷切期望，希望他们热爱基层、扎根基层，增长见识、增长才干，促农村发展，让农民受益，让青春无悔。

2015 年 7 月 30～31 日，教育部、人社部、国资委联合在湖北黄冈召开全国高校实践育人暨创新创业现场推进会，会议强调，要学习黄冈经验，结合本地本校实际，发挥自身优势，推动省校、市校、地校、校所等深入合作。会议要求，要主动作为、共同推进、坚持不懈、久久为功，重点抓好协同育人机制、实习实训工作、创新创业教育、提供政策支持、加强组织领导五个方面工作，推进高校实践育人和创新创业，切实增强大学生创新精神、创业意识和创新创业能力。

2017 年 12 月 5 日，中共教育部党组关于印发《高校思想政治工作质量提升工程实施纲要》的通知中强调扎实推动实践育人。整合实践资源，拓展实践平台，依托高新技术开发区、大学科技园、城市社区、农村乡镇、工矿企业、爱国主义教育场所等，建立多种形式的社会实践、创业实习基地。

2019 年 2 月 24 日，教育部关于做好新时期直属高校定点扶贫工作的意见中强调把定点扶贫与国情民情教育结合起来，在定点扶贫县建立学生社会实践基地，从学校选派优秀学生到当地实习，鼓励大学生到当地创新创业。

2019 年 6 月 11 日，共青团中央发出通知，面向全国大学生常态化组织开展"返家乡"社会实践活动，包括寒暑假期间返乡实践和在校期间远程互动两种形式，寒暑假期间开展以政务实践、企业实习、公益实践、兼职锻炼等为主要方式的实地活动，在校期间则进行线上远程联系，有条件地配合地方中心工作和经济社会发展，服务地方团的建设和工作。

2019 年 7 月 2 日，教育部思想政治工作司关于组织开展"小我融入大我，青春献给祖国"2019 年高校师生主题社会实践的通知中强调开展悟成才之道——"访谈用人单位，激发奋斗力量"励志调研活动。围绕促进提升高校人才培养质量，激发大学生成长成才内驱力，组织在校大学生深入用人单位，通过实地考察、面对面访谈、问卷调查等多种形式，深入开展毕业生就业质量跟踪调查，详细了解毕业生就业状况和当前就业形势，摸清各行各业的用人需求和对大学生的能力素质要求，形成调研报告并反馈有关高校，促进高校专业结构调整和人才培养质量提升，引导大学生增强勤奋学习、努力拼搏的紧迫感。

2020 年 3 月 26 日，中共中央、国务院印发《关于全面加强新时代大中小学劳动教育的意见》，强调高等学校要注重围绕创新创业，结合学科和专业积极开展实习实训、专业服务、社会实践、勤工助学等，重视新知识、新技术、新工艺、新方法应用，创造性地解决实际问题，使学生增强诚实劳动意识，积累职业经验，提升就业创业能力，树立正确择业观，具有到艰苦地区和行业工作的奋斗精神，懂得空谈误国、实干兴邦的深刻道理；注重培育公共服务意识，使学生具有面对重大疫情、灾害等危机主动作为的奉献精神。

青年大学生要深入学习党和国家的政策方针，紧紧跟随社会的发展需求，积极主动地到实习实践平台上锻炼，把个人职业理想融入到国家和社会的发展中，践行知行合一，真正在社会实践中受教育、长才干、作贡献。

这一领域社会实践的选题方向主要有：

选题具体方向一：行业现状调研分析。当今时代，各行各业蓬勃发展，日新月异，青年大学生要以自己所学专业为基础，了解其行业发展现状，通过走进行业开展实践调研，采用各种调查方式系统客观地收集信息和数据，并进行全面细致的研究分析，深入了解行业发展历史、目前现状和未来前景，并根据行业的发展轨迹及实践经验，对行业未来的发展趋势作出一定分析与预测，帮助自己加强认知实践的同时也更好地服务行业发展。

选题具体方向二：职业发展调研分析。大学是做好职业规划、明确生涯发展的关键时期，青年大学生对自己未来的就业方向、发展途径有着强烈的期待，通过对校友的就业情况、职业发展情况进行调查研究，收集到真实详细的信息和数据，可以深入了解校友的就业满意度情况，掌握校友的职业发展途径，可清晰具体地向大学生们展现出不同的就业选择带来的不同职业发展，指导大学生做好职业选择的同时，也能够客观地反映学校的人才培养质量，对学校就业指导与服务工作、教育教学工作提出新的意见和建议。

选题具体方向三：企业预就业实习，探索职业规划。近年来，高校毕业生越来越多，就业形势也越来越严峻，青年大学生理论学习扎实，知识储备丰富，但很少有机会将理论应用到实践中，实习实践能力有限，开展预就业实习类的社会实践，可以让更多的大学生深入到企业中，深入到生产一线，有效地把高校、实习单位和大学生联系起来，帮助大学生更好地认识社会，更好地将所学知识内化于心，同时也能够引导大学生在实践过程中探索自己的职业兴趣，明确自己的未来发展规划，当然，预就业实习不仅仅对大学生综合就业能力有较大提升，也能够提高大学生的就业能力，减少用人单位招聘人才的成本，实现大学生、学校和企业三赢。

选题具体方向四：机关单位实习，坚定理想信念。青年大学生是祖国未来的栋梁之材，应该了解国家的时事政治，才能够更好地实现自己的人生价值，开展类似于"紫光阁"计划类的社会实践，引导青年学生通过走进中央国家机关实习，了解体验中央国家机关运转状况，了解国家治理体系，在实际工作中坚定理想信念、了解国情民情、全面成长成才；同时促进中央国家机关在青年学生及社会公众中提升透明度，搭建中央国家机关公务员与青年学生的交流平台。

选题具体方向五：科技服务挂职锻炼，服务社会发展。研究生科技服务与挂职锻炼是北京科技大学落实研究生实践育人的重要举措。2019年，学校共选拔78支团队、900余名优秀研究生赴全国各地的政府机关、企事业单位开展研究生科技服务与挂职锻炼活动。研究生科技服务团足迹遍布北京、河北、内蒙古、江苏、福建等15个省的48个城市，参与活动的研究生将论文写在田间地头、生产一线，用青春的脚步丈量祖国大地，以实际行动建功新时代。

本科生也应积极发挥专业优势，深入企业一线，用自己的能力帮助企事业单位解决实际问题，同时提高自己的实践能力，培养创新意识，增强社会责任感，积极践行北科大崇尚实践的优良传统，服务国家、社会发展。

第二节 典型案例

📑 案例1：北京科技大学国有钢企冶金类人才需求调研实践团鞍山分队

从北科大走向鞍钢

【事迹简介】

在国内冶金行业前景迷茫的时代背景下，本着让冶金专业的同学们更好地了解钢厂、了解冶金行业的宗旨，实践团提出了"钢铁行业冶金人才需求调研"这个课题。

国有钢企冶金类人才需求调研实践团鞍山分队，隶属于北京科技大学冶金与生态工程学院，其实践根源就如同其名字，即摸清当下冶金类学生对于国有钢企就业的认识，以及国有钢企的实际情况。而这次调研的主要对象分别是冶金学院的学生、校友和鞍山钢铁公司。

在确定好选题后，实践团迅速开始行动，通过发放调查问卷的方式来了解冶金专业毕学生对未来进入钢厂工作的个人看法，并对所回收的问卷进行数据统计，对统计结果进行分析，得出结论，并由此总结出当下冶金专业学生对国有钢企的了解程度和看法感受。之后队员内经过多次开会的商榷，讨论、整理出了同学们的一些观点和问题，带到鞍钢，作为采访鞍钢校友时的主要问题。

实践团到达实践地——鞍钢后，首先举办了一场北科大校友座谈会，会上就前期对在校学生的调研情况，向校友们进行采访求证，同时，也深入了解了在鞍钢就业的校友们的工作生活情况。会后，我们对此次采访整理出了上万字的鞍钢校友访谈录，作为冶金学院学生毕业就业的参考资料。

之后，在鞍钢公司方面的安排下，实践团参观了鞍钢厂区、景点、食堂等场地，深入到鞍钢一线，为同学们更好地了解鞍钢留下了珍贵的素材、资料。实践团还参观了刚建成不久的鞍钢展览馆，馆内留存下大量珍贵的历史影像资料与珍贵实物，为实践团详细介绍了鞍钢的历史背景及发展状况，这些材料对丰满冶金专业学生对老一代共和国钢铁工业的印象有极大的作用。

通过此次实践，实践团了解了冶金专业学生对国有钢厂的真实看法，掌握了最真实的数据。同时，也深入钢铁行业，全面掌握了冶金专业毕业的校友们在钢铁行业工作生活的真实情况，这让同学们对鞍钢也有了更加清晰的了解，另外，此次实践也留下了珍贵的校友访谈录及影像资料，实践团也以此制作了一部名为《从北科到鞍钢》的微电影，讲述了一位校友从北科进入鞍钢的心路历程。

【教师评析】

国有钢企冶金类人才需求调研实践团鞍山分队在实践主题上，选择符合时代主题的行业现状调研，进一步深入学习宣传贯彻习近平总书记系列重要讲话精神。在实践过程中，实践团结合自身专业学习，深入鞍钢生产一线，通过问卷调查、采访调研、实地参观学习等多种方式，了解冶金专业学生对国有钢厂的真实看法以及在钢铁行业就业的校友的真实感受，进一步掌握行业发展和人才需求情况，紧扣实践主题，最终形成调研报告、实践论文等具有实践意义的成果，加强学生认知实践的同时更好地服务冶金专业学生未来发展。

但实践团也存在一些需要改进的地方，实践的方式方法比较传统，缺少一定的创新，问卷调研涉及的信息较少，调研结果比较片面，建议实践团可以在设计问卷时，考虑得更加全面一些，从各个角度了解学生对钢铁产业的看法及其原因，同时，也建议实践团结合专业知识，亲身参与到岗位实践中，通过亲身了解钢铁行业工作生活情况，与校友们的感受进行对比，可以给同学们更真实的反馈，对同学们未来就业也有更深刻的影响。

案例2：北京科技大学钢铁行业去产能——宝钢集团有限公司调研实践团

行业低迷情况下的宝钢梦

【事迹简介】

钢铁工业，是最重要的基础工业，是其他工业发展的物质基础。但近些年来，中国钢铁行业面临着严峻的产能过剩形势。在钢铁行业全产业过剩、亏损以及供给侧结构性改革的大背景下，2016 年起，国家发布大量相关政策，以加快钢铁行业去产能步伐。中央经济工作会议提出的 2016 年五大任务为：去产能、去库存、去杠杆、降成本、补短板。去产能位列五大任务之首。

在李克强总理给北京科技大学下达了研究钢铁产能状况调研的任务后，学校以社会实践为载体，组织了一支学生队伍进行调研。作为分支，北京科技大学钢铁行业去产能——宝钢集团有限公司调研实践团于 7 月 25 日至 8 月 8 日在宝钢进行了为期 14 天的调研实践。

经过前期查阅大量文献资料，实践团发现在中国钢铁行业产能过剩的大背景下，宝钢是中国唯一盈利的国有大型钢铁企业，因而实践团决定调研其在去产能方面的先进做法，并概括出其优秀经营模式，加以推广。

实践团采用了多种方法进行实践调研，获得可靠数据，达成实践目标。队员采用实地走访和问卷调查的形式，深入基层，走访了上海市松江钢材城的 50 家商铺，发放调查问卷 102 份，同时通过和宝钢集团相关领导的深入会谈等方式获得初步的有效信息。

通过实地调查，实践团从"互联网+"的方向切入分析宝钢集团的发展趋势，得出了"宝钢集团积极推动企业转型，实现'从制造向服务'"的命题，同时实践团从国际钢铁行业的层面出发，分析得出国际钢铁行业竞争激烈、全球性的钢铁产能过剩等的问题，给出了自己对于宝钢集团实行精品钢发展战略、多元化服务转型战略以及国际化发展战略等战略上的建议。最终，实践团收集和整理了大量资料，以研究、总结和推广宝钢集团应对产能过剩和钢铁行业不景气问题的一系列优秀做法为目的，写成了一篇论文《宝钢模式及其对钢铁企业转型的启示》，对于钢铁企业的转型发展具有一定的借鉴意义。

实践绘就最美青春，对于参与实地调研的实践团而言实践更为深刻。在与自己相关的岗位上体验自我、锻炼自我，通过实地的走访调研得到有价值、有意义的行业信息，对于新时代的青年大学生实现自己的职业价值有着深刻的意义。

【教师评析】

钢铁行业去产能——宝钢集团有限公司调研实践团在实践主题上，深入贯彻李克强总理的要求，选择符合时代主题的钢铁行业去产能调研，在实践过程中，实践团深入宝钢生产一线，通过问卷调查、采访调研、实地走访等多种方式，了解钢铁行业现实情况，发现中国钢铁行业所存在的问题，分析宝钢发展面临挑战的原因，探索宝钢在中国钢铁行业产能过剩的大背景下仍然能够盈利的原因，紧扣实践主题，有方向，有深度，最终形成调研报告、实践论文等具有实践参考意义的成果，加强学生认知实践的同时对钢铁企业的转型发展具有一定的借鉴意义。

但实践团也存在一些需要改进的地方，实践团发放的调查问卷数量不足200份，回收有效问卷数量较少，主要面向钢材城商铺人员，在调查研究中有一定的局限性，建议更加重视问卷调研，可以将宝钢员工也纳入调研范围，这样可以得到更加有意义的数据信息，也可以为宝钢为何能够盈利的问题解答提供数据支持。

案例 3：北京科技大学校友生涯规划寻访行动实践团

北科大青年在寻访校友中明确人生规划

【事迹简介】

校友是大学精神气质的鲜活载体，是大学得以持续发展不可或缺的宝贵资源。校友广泛的社会活动，促进学校与社会的联系与合作，增强了学校为社会服务的功能，是学校重要的人脉资源。校友的社会经历、成长之路、奋斗精神、人生阅历和工作业绩等，是在校学生的精神资源。校友在工作实践中产生的对母校人才培养模式的批评和建议，是推动学校教育教学改革的思想资源。

为充分发挥校友资源作用，2017 年 6 月，北京科技大学校友生涯规划寻访行动实践团成立，并开始了他们的前期准备工作。在指导老师和辅导员的推荐下，实践团与 16 位已经在传媒、机器人、互联网金融、教育等行业就业的校友取得联系，结合校友的工作情况，实践团规划好整体的实践行程。

实践过程中，实践团对校友进行采访与访谈，通过与校友交流，倾听校友的经历与心声，实践团了解了自己所学专业的行业需求以及当下行业的发展状况，通过与校友一起浏览北科老照片，寻找到共同的北科记忆，传递学校发展信息，拉近了学校与校友之间的距离，同学们也在与校友的交流沟通中明确了自身的学习和发展方向。同时，实践团邀请与所学专业相关的校友开展讲座报告，取得了良好的效果。

最终，实践团队共完成访谈录 16 部，共计 11.4 万余字，最大程度地还原与校友的访谈内容和过程，并根据访谈实践记录制作相关的校友访谈视频，形成访谈微电影一部，真实地反映访谈情况。同时，经整理总结，撰写了 1 万余字的实践成员访谈实践心得，形成了关于学校人才培养、就业服务等方面的调研报告，为学校今后制定人才培养方案和同学们确定未来发展方向具有指导意义。

找到自己的人生方向和生活节奏，在自己的专业和岗位上发光发热，这是时代赋予每个人的义务。通过此次实践，实践团成员们了解到企业当前的人才需求，也更加明确了自己的职业发展规划，同时，也加深了校友对母校的记忆，让每一位校友获得了来自自己母校的一份温情。

【教师评析】

校友生涯规划寻访行动实践团在实践主题上，选择服务学校发展和学生成长的校友寻访具有重要意义，在实践过程中，实践团联系各行各业的校友，通过采访调研、讲座报告等方式，了解各专业在行业中的需求，明确专业未来发展前景，同时也进一步增进校友与母校的情谊，紧扣实践主题，最终形成调研报告、访谈录等具有实践参考意义的成果，加强学生认知实践的同时对学校今后制定人才培养方案和同学们确定未来发展方向具有一定的参考价值。

但实践团也存在一些需要改进的地方，实践团调研的方法比较单一，通过采访的方式获得的信息不够客观全面，与校友的交流也不够深入，建议可以提前设计问卷，采用问卷调研的方式，更加全面地了解校友就业后的情况，通过问卷数据和信息，也可以进一步定性定量地获得调研结论。

📑 案例4：北京科技大学"预就业实习"实践团

推动"预就业实习计划"，提升学生核心竞争力

【事迹简介】

对于青年大学生而言，"预就业实习"是其职业发展过程中的重要一环。结合自己的专业知识在企业"预就业实习"，既能够发挥专业特长达到学以致用的效果，又能够提升自我的核心竞争力、丰富自己的实践知识，因此，"预就业实习"在青年大学生的职业发展中扮演着不可或缺的角色。

2008年，北京科技大学正式启动暑期"预就业实习计划"，组建"预就业实习"社会实践团，以加强学校与用人单位之间的招聘合作，进而为本校大学生提供"预就业实习"的通道。该计划实施之后，越来越多的大学生参与企业"预就业实习"、积累相关专业经验、达成企业合作意向，也有更多的大学生表示参与"预就业实习计划"夯实了自己的专业知识、明确了自己的职业发展方向。

2009年，大学生的就业压力随着金融危机的影响陡升，为了让2010年毕业生在就业方面"早动员、早出手、早收获"，北京科技大学就业指导中心继续推进大学生"预就业实习计划"。2009年4月以来，许多面临就业压力的"准毕业生"在亚马逊公司、用友软件、新京报以及中关村软件行业协会等100家企业事业单位的1100余个实习工作岗位上进行"预就业实习"，许多大学生表示在岗位上得到了明确的职业发展方向。同时，"准毕业生们"还可以通过学校就业信息网、就业指导中心大屏幕等方式找到属于自己的一份"预就业"岗位，对于"预就业"通道，许多人表示十分便捷。

2017年7月，经学院组织安排，文法学院6名同学组成实践小组到大兴北京生物工程与医药产业公司进行为期一个月的预就业实习。由公司负责人统一面试后，结合每个人专业和特长兴趣以及公司各部门的工作任务，6名同学分别被安排到人力、企划、行政等部门。在一个月的实习期间，他们都承担一定的工作，加深对专业的认识，锻炼了能力。

"预就业实习计划"的诞生和推进，为即将迎来毕业压力的大学生提供了职业发展的通道，也为大学生进一步夯实自己的专业基础、作出合理的职

业选择提供了机会。越来越多的大学生尝试通过这一通道找到理想的岗位和工作，也有越来越多的大学生愿意接受这样一种"就业保险"，让自己找到真正适合自己的就业选择。

【教师评析】

"预就业实习"实践团在实践主题上，选择职业发展类型，提升学生自身职业素养，服务学生未来专业学习和就业求职，具有重要价值，在实践过程中，实践团深入企业进行岗位实习实践，在真正的职场中加深专业认识，明确就业意向，提升职业能力，最终形成实习报告等具有实践意义的成果，加强学生认知实践的同时对学校就业工作和学生未来发展具有重要意义。

但实践团也存在一些需要改进的地方，实践团参与的工作比较单一，企业对学生比较照顾，学生很多时候没有办法得到真正的锻炼，同时，预就业实习单位是固定的，不一定能满足所有学生要求，对一些同学的未来发展作用不大，建议同学们在实习前和企业做好沟通，在实习中不怕苦、不怕累，多参与到企业工作中，争取得到更多的锻炼。

📋 案例5：中央国家机关大学生（紫光阁）实习实践团

中国科大学子参加大学生实习计划

【事迹简介】

习近平总书记曾给在北京大学首钢医院实习的西藏大学医学院的回信中说到："希望你们珍惜学习时光，练就过硬本领，毕业后到人民最需要的地方去，以仁心仁术造福人民特别是基层群众。"包括研究生在内的青年学生应该重视理论与实践的相结合，在企业实习的岗位上发光发热，在基层锻炼中找寻实现自我价值，中央和国家机关大学生实习计划为青年学生提供了这样的实习平台。

中央和国家机关大学生实习计划是在中央国家机关（紫光阁）大学生实习计划基础上，延续实施的大学生政务实习项目。原中央国家机关（紫光阁）大学生实习计划从2014年启动以来，已经为482名优秀大学生提供了部委实习岗位，引导青年学生深刻了解体验中央国家机关运转状况，了解国家治理体系，在实际工作中坚定理想信念、了解国情民情、全面成长成才。

立鸿鹄志，做奋斗者。2018 年 7 月 18 日至 8 月 17 日，中国科学技术大学五名同学入选该计划，分别在国务院参事室、交通运输部、中国社科院以及生态环境部顺利完成了实习锻炼。在短暂的实习过程中，五名优秀的中国科大学子在中央和国家机构躬体力行、锤炼成长，用自己的实习行动为青春涂上了"爱国奋斗"的底色，得到各实习单位的一致认可。与他们一起参与同期实习计划的还有来自全国 68 所高校的 316 名品学兼优的大学生。在为期一个月的实习活动中，他们在中宣部、国家发改委等 44 个中央和国家机关的业务、综合、党群等岗位参与锻炼。

短暂的实习经历，永远的家国情怀。在实习的一个月中，所有实习学生都在各自岗位上尽心尽力，努力做好自己本职工作的内容，凭借自己矢志不渝、百折不挠的意志和精神战胜工作岗位中的各种困难，在奋斗中获得实习成长。作为今天的青年一代，参与实习的青年大学生在实际的工作中学本领、长见识、强政治，努力成长为有理想、有本领、有担当的好青年，以实际行动展现当代青年学生积极服务人民、奉献社会、报效祖国的良好风貌。

【教师评析】

中央国家机关大学生（紫光阁）实习实践团在实践主题上，选择职业发展类型中机关实习实践，在提升自身素养的同时坚定理想信念，具有重要价值。在实践过程中，实践团深入国务院参事室、交通运输部、中国社科院以及生态环境部等单位进行岗位实习实践，在岗位实习中了解体验中央国家机关运转状况，了解国家治理体系，在实际工作中坚定理想信念、了解国情民情、全面成长成才，最终形成实习报告等具有实践意义的成果，加强学生认知实践的同时对学生服务社会、成长成才具有重要意义。

但实践团也存在一些需要改进的地方，实践团学生基础不一样，对岗位的认识和期待也不一样，实习单位是固定的，不一定能满足所有学生要求，有些同学并没有去到适合自己的单位，对学生成长助力有效，建议同学们在参加实习前提前了解好各个单位，做好沟通，参与到真正适合自己的岗位中。

📑 案例6：北京科技大学庄户村挂职村官实践团

北科大青年学生在村官挂职中获得成长

【事迹简介】

习近平总书记在江苏视察工作中曾对当时正为大学生"村官"的任杰勉励道："大学生'村官'既参加创业带领农民致富，又承担了村里的社会工作，对你们来说是一种很好的锻炼。"青年大学生应当积极将自己的所学所得运用到基层服务的事业当中，踏踏实实地做好帮扶工作，也让自己在工作锻炼中获得成长。

2012年7月，北京科技大学庄户村挂职村官实践团来到北京市丰台区庄户村开始了自己挂职锻炼实践的历程。在挂职学习中，实践团的成员扮演大学生"村官"的角色，为该村进行了一系列的环保宣传工作。实践团的成员不仅帮助庄户村设计了排水沟的施工图解决了该村住户的排水问题，还为该村设计建立了村办官方网站用于普及宣传环保知识，同时实践团的成员实地参观农业单位，实地了解环境问题并给出相应建议，设计制作环保宣传手册以及海报等进行普及环保知识，收获了不错的效果。

在实践活动的后期，实践团的成员利用所建立的村办官方网站添加"新农村建设""村治理"等栏目，促进了该村的环保事业长久发展，同时通过协商联系，实践团在庄户村建立了大学生社会实践基地，为后期的发展奠定了基础。在后期的实践活动中，实践团的成员也通过自己的专业知识以及查询的资料形成了相应于该村的环保手册，用于当地的环保事业，对当地环境保护起到了积极作用。

实践绘就最美青春。在村官挂职锻炼的活动中，实践团的成员不仅用自己的实际行动为当地村民普及了环保知识、解决了困扰当地村民的环保问题，而且通过自己的专业知识为该村建设官办网站，收获了包括该村村委会在内的当地单位、当地村民的一致好评，也为自己的成长轨迹添加了浓墨重彩的一笔。

【教师评析】

庄户村挂职村官实践团在实践主题上，选择职业发展类型中村官挂职锻炼实践，深入学习贯彻习总书记的重要精神指示，锻炼自己的同时服务社会，具有重要意义，在实践过程中，实践团扮演大学生"村官"的角色，进行岗位实习实践，结合自己的专业知识帮助村庄解决实际问题，服务村庄发展，最终形成实习报告等具有实践意义的成果，加强学生认知实践的同时对学生服务社会、成长成才具有重要意义。

但实践团也存在一些需要改进的地方，实践团挂职锻炼的时间不长，对村庄的贡献有限，且集中在这一段时间，建议实践团在结束实践后能继续和村庄保持联系，建立志愿服务基地、社会实践基地，这样能够更好地发挥学生价值，锻炼自己，服务社会。

案例 7：北京交通大学基层法治调研实践团

北交大青年发挥专业技能增强居民群众法治观念

【事迹简介】

2012 年 11 月，党的十八大提出，倡导富强、民主、文明、和谐，倡导自由、平等、公正、法治，倡导爱国、敬业、诚信、友善，积极培育和践行社会主义核心价值观，而法治观是社会主义核心价值观中极为重要的一项。2014 年十八届四中全会提出全面推进依法治国总目标是建设中国特色社会主义法治体系，建设社会主义法治国家，基本格局是"科学立法、严格执法、公正司法、公正守法"，紧紧围绕全面推进依法治国总目标，加快建设中国特色社会主义法治体系。既明确了全面推进依法治国的性质和方向，又突出了全面推进依法治国的工作重点和总抓手，对全面推进依法治国具有纲举目张的意义。

2016 年夏天，北京交通大学基层法治调研小分队对北京市不同区域（城区、城郊、远郊区、农村）的居民进行调查，以了解北京居民法治观念的现实状况。实践团在实践前期与指导老师紧密沟通，紧跟时代脚步，确立了实践主题及问卷内容。在实践期间以大学生视角发现问题，结合自身专业知识与技能，调研走访了城区（朝阳）、城郊（昌平）、远郊区县（延庆县）三种类型的地区，在基层法院、公园、超市、商场、医院等 8 个场所进行随机调研，共回收有效问卷 290 份，公众号制作并发表推送文章 16 篇，公众号文章阅读量多达 3872 人次。该实践团后期将调研数据进行思政化，撰写的论文《北京居民法治观的调查研究》入选北京高校思想政治理论课学生社会实践优秀论文。

"法治"是相对"人治"而言的，是以法律来治理国家的先进理念，而人民无疑是依法治国的主体和力量源泉，只有人民群众尊重、运用、遵守和信仰法律，法律才有生命力。依法治国需要科学立法。立法是法治的龙头环节，只有坚持以民为本、立法为民理念，使每一项立法都符合宪法精神，反映人民意志，得到人民拥护。要让人们认识立法活动与自身生活关系密切，积极参政议政，参与立法活动。该实践团进行暑期社会实践，在炎日酷暑下发放问卷、分析结果，对北京居民的法治观进行调查研究，为了解目前社会法治观状况，分析我国建设社会主义法治国家在现实中存在的问题提供了参考。同时，为有针对性地提高广大人民的法治观念，最终让全国人民共同担负起未来建设法治国家的重任提出了建议，这对于全面推进依法治国、建设社会主义法治国家具有重要意义。

【教师评析】

北京交通大学基层法治调研小分队积极响应国家号召，以北京居民的法治观为切入点，在实践主题上紧扣"建设社会主义法治国家"的时代脉搏。前期与指导老师沟通，实践中紧密结合自身专业知识，在调研、专访中将所学运用于社会实践，实现了理论与实践的结合，实践内容自主性强，后续成果转化成绩显著。

但是实践团仍有较大进步空间，如实践团的可复制性强，法治观的调研可在各地取材，因此团队很难具备核心竞争力、辨识度；且仅限于调研走访的实践形式创新性不足，容易导致后续跟进和持续发力不足，难以形成规模化强、成果突出的大型实践团。

第三节　拓展阅读

拓展阅读1：扎根基层奉献青春的坚强村官

"最美大学生村官"收到的一封信

2014年1月30日，正在垆上村准备过新年的大学生村官张广秀从山东省委常委、组织部部长高晓兵的手中接到了一封特殊的回信。

张广秀同志：

来信收悉，感谢你和乡亲们的祝福。得知你康复良好、重返岗位的消息，我感到很欣慰，同时希望你仍要注意保重身体。

改变农村面貌，帮助农民群众过上好日子，推动广大农村全面建成小康，需要党和政府的好政策，也需要千千万万农村基层干部带领广大农民群众不懈努力。大学生村官计划实施以来，数十万大学生走进农村，热情服务，努力实现人生价值。你们的付出和贡献，农民群众有最真切的感受，我看了很多反映大学生村官事迹的材料，为你们的进步和成绩感到高兴。

希望你和所有大学生村官热爱基层、扎根基层，增长见识、增长才干，促农村发展，让农民受益，让青春无悔。

祝工作顺利、身体健康、阖家幸福！

请转达我对垆上村乡亲们的节日问候！

习近平

2014年1月28日

这是习近平总书记的回信，在信中，习近平总书记表达了自己对作为大学生村官的张广秀的殷切希望，对在垆上村的乡亲们的亲切问候。

张广秀是山东省大学生村官群体的优秀代表。她于2009年9月考取烟台市大学生村官，扎根基层，虚心学习，吃苦耐劳，服务群众，以实际行动赢得了当地干部群众的好评。2010年9月，张广秀被确诊为急性白血病，但她一直保持积极乐观的态度，坚持同疾病作斗争，同时仍然惦记着工作，挂念着群众。她的事迹在全国引起了强烈反响。

张广秀的优秀事迹得到了社会各界人士的关注，2011年2月22日，全国妇联作出决定，授予张广秀"全国三八红旗手"荣誉称号，习近平、李源潮、姜异康等中央和山东省委领导也作出重要批示，对张广秀扎根农村、无私奉献，全身心为村民服务，身患重病不忘本职的精神给予高度评价，号召向张广秀同志学习。

不幸的是，经过几次住院治疗后的病情依旧不见回转，年仅30岁的张广秀于2016年8月21日在山东省临沂人民医院去世。她的优秀事迹被越来越多的大学生村官实践和学习，激励着更多的后来者吃苦耐劳、扎根基层，用自己的行动书写青春华章。

（资料来源：2014年1月28日《习近平总书记给大学生村官张广秀复信》）

拓展阅读2：发挥专业技能体现青年担当

社会实践：村里来了大学生"河长"

2019年1月，治水工作一直走在前列的浙江省德清县乾元镇与同济大学生态环境学院合作，启动共建"长三角美丽河湖关键技术研究示范基地"计划，重点针对"河湖健康体检"和"美丽河湖"创建等内容，由同济大学派出研究生与导师，在联合村开展科研及教学实践。

2019年4月开始，正在读同济大学生态环境学院研究生二年级的学生唐问悉，在导师和其他10多名研究生同学的带领和陪伴下，每周往返于上海和乾元镇联合村2000多公里的路程上，他们致力于共建"长三角美丽河湖关键技术研究示范基地"，实现河湖的健康体检。

"冬季，我们会一周一次采样检测；夏天，检测密度就大一些。"唐问悉介绍，他们的想法是种植水生植物进行生态修复，通过对比实验、定期检测和记录水质变化曲线来获得对比结论。同时，收集联合村气象、地理、生态、水文、人文等基本信息，为构建当地的水生态样本提供理论基础。虽然刚刚入驻，但是团队依旧获得了丰富的实验成果。

观察、采集、检测水体样本的同时，他们还会坐着小船，在河港里来回巡河，发现问题及时汇报交流。"他们俨然是我们村里的河长，积极性可高了。"村干部这样夸道，"他们吃住在村里，有时比河长还忙呢。"

在闲暇时间，唐问悉等人还向村内外的干部群众宣讲治水新理念、环保新举措等。在大学生"河长"们的言传身教影响下，今年，德清乾元镇有5000余名普通群众参与治水，开展巡河4.3万余次，平均活跃度保持在70%以上，进一步营造了全民治水、护水的浓厚氛围。

（资料来源：2019年12月27日《中国教育报》）

🖥 **拓展阅读 3：创新钢铁企业发展的新模式**

钢铁制造行业提升发展质量 把智能制造融入钢铁全流程

北京向南驱车400多公里，有一座别样的AAA级旅游景区——位于河北邢台的德龙钢铁有限公司。很难想象，一家集烧结、炼铁、炼钢、轧钢为一体的大型钢铁联合企业，竟然可以实现"零扬尘、无污水流出、无黑烟（近零）"排放。

"钢铁行业智能发展的趋势不可阻挡，钢铁企业要抓住机遇、顺势而为。"冶金工业规划研究院院长李新创在2019年6月20日召开的"2019（第二届）钢铁智能制造创新实践研讨会"上说道，钢铁企业必须把智能制造融入钢铁企业全流程和智能决策过程中，做到"精准、高效、优质、低耗、安全、环保"，全面提升发展质量。

德龙钢铁有限公司首席信息官郭玉宾表示，钢铁企业不仅面临去产能、去杠杆、产业集中度提高的压力，还面临国内钢铁企业的竞争所带来的企业管理水平快速提高的压力，而作为高耗能、高污染的企业，环保和降低能耗方面的压力更为突出。

"钢铁企业如何把压力和挑战转化为机遇，迫在眉睫。"郭玉宾表示，正是瞄准了智能制造的发展方向，德龙钢铁斥资上亿元推动数字化建设，成功探索出低成本、高成效的生产数据集成模式，打造了产销一体、管控衔接、财务业务一体化的钢铁行业数字化样板工程。

冶金工业规划研究院项目经理高强表示，钢铁企业智能制造的总体思路就是以智能制造标准体系的构建、平台建设，提升钢铁企业数字化、网络化、智能化水平，打造钢铁行业智能制造解决方案为着力点，促进互联网、云计算、大数据、人工智能在企业研发设计、生产制造、经营管理、销售服务等全流程和全产业链的综合集成应用，推进钢铁行业智能化转型升级。

在德龙钢铁，覆盖制造全流程的实时数据采集与可视化生产管控系统已建成，郭玉宾介绍，该系统的数据采集超过2万个点位，基于新一代物联网技术，可实现生产计划、投料、能源消耗、工艺过程、质量、物流等方面的一体化管理与控制，生产实绩直达生产管理者，大幅提升生产管理的精细化程度和协同效率。

"我们还建成生产能源指挥中心，实时监控风、水、电、气等能源介质的生产、输配和消耗数据。通过数据综合利用，支撑能源平衡及动态优化，实现系统性的节能降耗。"郭玉宾说。不仅如此，德龙钢铁还基于对炼钢排放烟气的激光分析、炉口火焰的图像识别以及声呐化渣等技术，建立转炉终点预报数字化模型。通过模型炼钢与人工经验炼钢相结合，提高命中率、缩短冶炼周期、提高产量、降低成本，智能化炼钢取得阶段性突破。

"我们要充分利用新一代信息技术，落实两化深度融合，推动钢铁行业智能升级，进而实现钢铁行业高质量发展。"李新创感叹，智能制造是钢铁行业转型升级的现实需要，也是钢铁行业高质量发展的有力保障。

不过，在钢铁企业推进智能制造的过程中仍然存在很多问题。高强指出，按照智能制造能力成熟度1~5级分析，钢铁企业智能制造能力成熟度在1.8~3.5之间（满分为5），企业间差别很大，大型钢铁企业智能制造水平发展较高，但在研发方面尚未形成以产学研用为主的创新研发体系，自主创新研发积极性不高。

另外，钢铁智能化应用也还处于初级阶段，工艺过程数学模型的适用性差、全流程计划调度水平不高、全流程周期质量管控尚待打通、供应链协同存在较大差距、管控一体化水平待提高、底层装备网络化基础较弱。

与会专家还指出，目前面向钢铁行业进行智能制造专项服务的服务机构虽然很多，但市场较为混乱，缺乏政府的引导，处于无序状态。同时缺乏既熟悉钢铁工艺流程，又掌握先进信息技术，还具备企业管理知识的专业人才，缺乏专业人力资源储备。

在多位专家看来，智能制造是系统工程，不能一蹴而就，切忌急功近利，需扎实推进管理优化。为避免企业在智能制造过程中走入误区，数字化和网络化是基础，智能化才是技术深水区，因此，企业首先应打好数字化、网络化这些强基固本的基础，进而充分挖掘智能化需求。

"智能制造需以实事求是的态度，做好技术积累，来不得半点虚假。"高强说道，智能制造涉及多学科专业，应通盘考虑，整体规划，按需实施智能制造需搭建行业智能制造服务平台，整合各方资源为企业提供专项服务。

李新创强调，未来要进一步加强政策支持、建立完善的钢铁行业智能制造标准体系、加快人才培养、加强国际合作，推动钢铁行业在新时代实现高质量的智能转型与升级。

（资料来源：2019 年 7 月 4 日《中国科学报》）

拓展阅读 4：周恩来总理跑遍全国重点钢铁企业搞调研

周恩来总理跑遍全国重点钢铁企业搞调研

周恩来日理万机，但在分管冶金工业期间几乎跑遍全国所有的重点钢铁企业，如鞍钢、武钢、包钢、太钢、首钢、重钢、上海各钢厂、天津各钢厂还实地考察了邯郸、麻城等一大批小钢铁厂。他是以深入实际、调查研究的态度，去了解情况、解决问题的。

20 世纪 60 年代初的调整期间，面临的一个突出问题是缩短工业战线，精减大批职工，充实农业战线。周恩来首先从我国最大的钢铁企业鞍钢入手，实地考察并和鞍钢的同志逐厂地算细账，统一了思想，把鞍钢 20 万职工精减到 12 万人，在全国起了示范作用。周恩来每到基层，总是深入生产第一线，到矿井下、炉台上、轧机旁，详细观察和询问具体的生产技术情况。

1956 年 7 月，周恩来在上钢一厂视察时来到职工食堂排队买饭，和工人一起边吃边谈。彼此间距离顿消，像朋友一样拉家常，从而听到了群众的心里话。

1957 年 2 月，周恩来视察重钢时，在平炉台上拿起一些不同的铁合金，逐一询问化学成分、物理性能和冶炼过程中的作用。车间负责同志一时答不上来有些紧张。陪同视察的贺龙笑言：你问得那么细，谁答得上来，看你把人家考倒了。周恩来却亲切而严肃地说："不懂就学嘛，要变成内行啊！"他的指示对这位车间负责人起了很大的促进作用，从此狠钻技术很快成了行家。7月，他在上钢一厂二转炉车间，登上五号行车对驾驶员徐金庚说"徐师傅，我要拜你为师"，并在徐师傅指点下驾驶了行车。

1958年，周恩来和陈毅在湖北麻城凤凰窝钢铁厂，和职工一起挥舞铁锤打铁、锻钢。在实践中他深切体会小钢铁厂缺乏技术人员、技术水平低，就指示冶金部调派大批技术人员到各地小钢铁厂去，帮助提高技术和产品质量。11月，他到武钢视察。登上高炉平台，手拿风口镜，仔细观察了八号风口的情况。当发现并不像炉前工报告的那种颜色时，便亲切地对陪同他的一号高炉炉前总技师李凤恩说："是不是炉温低了？"李凤恩一看，果然如此，立即作了处理。

（节选自 2019 年 4 月 19 日《人民网–中国共产党新闻网》）

📖 拓展阅读 5：防控疫情　稳定生产　钢铁企业共克时艰

<h1 align="center">防控疫情　稳定生产　钢铁企业共克时艰</h1>

新型冠状病毒导致的肺炎疫情发生以来，钢铁企业积极投入到这场战"疫"中，一方面扎实做好企业的疫情防控工作，保障职工身体健康，另一方面合理组织生产经营工作，确保了在非常时期企业生产的稳定运行。

1月21日，中国宝武就成立了新型冠状病毒感染肺炎疫情防控工作领导小组，统一部署公司有关疫情防控工作。处于疫区中心的武钢集团，成立了防控指挥部，统一指挥公司的防控工作。武钢有限每天对办公楼、更衣室、澡堂、餐厅、作业区等重点区域进行全面消毒；武钢交运光大目前每天有近80台车保障相关单位职工上下班通勤。韶钢员工在防控疫情的同时，坚守岗位，干劲十足，屡破生产纪录，实现疫情防控和顺产高产两不误。

连日来，鞍山钢铁加强联防联控，筑起牢固防线，迅速开展疫情防控工作，同时还积极加强生产运营保障，保证生产顺行。一方面，群防群治、联防联控，做到防控把关严。另一方面，着力做好5个方面稳生产工作。一是确保生产运行平稳，坚持"一炉一策"，加强高炉管理，确保高炉稳定顺行；

二是确保设备系统稳定，调整安排 2 月份生产检修工作；三是确保物流运输畅通；四是确保原料供应正常，在铁矿石采购方面加强市场后期研判，灵活调整采购策略；五是深化承包经营改革。

首钢集团在紧抓疫情防控工作不放松的同时，统筹抓好生产经营建设各项工作，努力实现今年的目标任务。连日来，首钢钢铁板块各单位梳理疫情防控期间对正常生产造成的影响，重点组织好产线稳定生产、原燃料进厂、备品备件采购、产品发运等工作，在做好疫情防控的同时，保持了生产稳定。

河钢集团各级领导干部带头坚守岗位，各层级管理人员通过河钢信息化系统云平台网络办公；1900 多个基层党组织充分发挥战斗堡垒作用，3.8 万多名党员坚守岗位保障生产，矢志夺取疫情防控和生产经营双胜利。

太钢党委 2 月 3 日召开常委（扩大）视频会议，总结公司前一阶段疫情防控工作情况，就进一步做好疫情防控工作进行再安排再部署再落实。太钢将严格落实各项措施，确保实现公司职工以及外协人员"零感染"、医护人员"零感染"的防控目标。同时，要做好安全、环保等生产经营各项工作，形成工作合力，确保公司疫情防控工作的顺利推进和改革发展大局稳定。

沙钢全面精准做好人员摸底排查工作，并重点关注湖北武汉等重点疫情地区职工的情况。企业生产经营虽受疫情影响，但仍处于平稳可控阶段。沙钢将严格落实各级要求，在保障职工生命安全和身体健康的同时，确保生产安全、平稳、有序开展。

疫情发生以来，山钢集团在扎实做好疫情联防联控工作的同时，加强生产运营管理，合理优化生产组织预案，生产保持安全有序、稳产顺产的良好局面。值得一提的是，山钢莱钢型钢炼铁厂自发成立党员突击队，带领职工立足岗位、迅速行动，为企业稳定生产撑起了"抗疫保产"的安全屏障。

连日来，本钢集团坚决把广大干部职工及家属的生命安全和身体健康放在第一位，在大力抓好疫情防控工作的同时，科学合理协调生产经营工作。目前，本钢生产运行稳定，主要产品产量均实现超产，同时紧急组织生产疫区用救护车所需的优质板材，已有 300 吨高级别汽车面板交付华晨公司，后续 1900 吨高级汽车用深冲钢板正在有序组织生产，预计 2 月 20 日前交付。

疫情发生以来，柳钢党委迅速响应上级要求，把疫情防控作为当前最紧迫、最重要的工作来抓，做到防控小组建起来，党员表率动起来，疫情形势控起来，防控知识学起来，舆情风险防起来，保障广西柳州、防城港、玉林"三基地"职工身体健康和生产稳定。在设备年修、疫情形势严峻的形势下，今年1月份，柳钢铁、钢、钢材产量分别为104万吨、114万吨、142万吨，较好地完成了月度计划目标任务，生产经营平稳有序。

春节期间，昆钢每天都有2万多名员工坚守岗位，尤其是钢铁一线职工边抗疫边保产，以全员担当的主人翁意识，积极主动应对疫情，形成打赢疫情防控阻击战的强大合力。昆钢许多单位都在1月份超计划完成了生产任务，在疫情的影响下仍然实现了"开门红"。

（资料来源：2020年2月8日《中国冶金报》）

拓展阅读6：七成受访者认为大学生在校期间应多实习

七成受访者认为大学生在校期间应多实习

一些职场新人常常"一言不合就辞职"，这一方面体现出他们择业时自主自由的心态，另一方面也说明就业市场和他们的就业需求不够匹配。年轻人如何寻找到符合自己期待的工作？

上周，中国青年报社社会调查中心联合问卷网（wenjuan.com），对2001名受访者进行的一项调查显示，69.7%的受访者认为大学生在校期间应多实习，搞清楚自己喜欢和适合什么工作，47.3%的受访者认为大学生在校期间应做好职业规划，30.9%的受访者希望用人单位为新员工提供更多入职培训和帮助。

身为在校生，山东济南某高校大四学生魏薇（化名）认为，大学生课余时间应该走出校门，参加实习，降低未来择业时可能出现的"试错成本"。"我觉得，在校期间多实习，能提前熟悉一些岗位，并了解自己适合什么类型的工作，尽早确立择业目标"。

北京某"985"高校新闻专业研究生刘一潇（化名）说，现在很多大学生不重视实习，只把实习当成"装饰"简历的办法，工作不扎实，投机取巧，认为拿到实习鉴定就万事大吉，其实对自己的成长没什么帮助。"大学生要意识到，踏踏实实的实习经历，对于个人求职有多重要。它对于未来择业有很大帮助，值得认真对待"。

对于大学生择业，调查中，69.7%的受访者建议他们多实习，了解自身喜好和适合的职业。

中国政法大学人力资源开发与管理研究中心主任、商学院教授王霆介绍，他和团队曾经做过一项研究，发现在校期间接触社会更多的大学生，在就业能力方面，与企业需求的差异会缩小。"所以，我建议大学生更多地接触社会，在实习期间更好地了解企业的需求，这对于未来求职很有指导意义"。

王霆还指出，用人单位除了关注大学生的知识、专业技能，还更多地关注应聘者的其他素质，以及工作态度。所以大学生也要注意在这些方面进行自我提升。

对于大学生择业，65.3%的受访者认为他们应权衡个人期待和实际情况，懂得取舍，47.3%的受访者认为在校期间应做好职业规划。

在重庆从事人力资源工作的罗力（化名），遇到过不少应届生"秒辞"的案例。他认为，应届生求职前，首先应该多咨询同专业的师兄师姐，了解就业市场和相关职业的真实情况。其次，投递简历前要多做功课，通过网络等渠道了解目标公司的情况，判断是否符合预期。另外，还可以寻求父母的帮助，有时他们能够根据人生经验，提供很有用的建议。

北京某民企 HR 王念（化名）认为，应届生在求职前，最需要想清楚的是，自己到底想做什么，适合做什么，"想清楚这些问题，求职目标就明确了，能节省很多不必要的人力成本和时间成本"。

调查中，30.9%的受访者希望用人单位能够为新员工提供更多入职培训和帮助。

正值招聘季，魏薇经常向已工作的学兄学姐请教，"他们经常提到的一个问题是人性化管理。比如公司在招聘时，应把岗位的工作内容、未来发展表述清楚，降低双方的选择成本"。魏薇认为，企业要形成对新人友好的氛围，才能让新员工更有归属感。

王霆认为，企业应重视新人的职业发展通道设计，提供清晰的职业成长路径和培养平台。"这是整个人力资源管理体系的一条主线，能让年轻人进入企业后，感受到通过自己的努力，按照企业所制定的路径，能够在两年、

3年、5年后，达到什么样的水平"。另外，面对新生代员工，企业应改变管理模式，从原来的管理型的强压方式改变为赋能的方式，激发年轻人工作的主动性。

刘一潇认为，高校应争取与更多对口的、有潜力的企业合作，为在校生开拓更多的就业渠道，同时，帮助学生把关用人单位质量。此外，高校应多鼓励学生走出校门去实习，并且让学生明白实习的目的和意义。

王霆认为，高校应该给大学生提供具有实际意义的职业指导和帮助，"尤其是在职业价值观方面，要让大学生了解什么是职场，以及职场对于人才能力的需求，帮助大学生更好更快地适应未来的就业环境"。

(资料来源：2019年10月31日《中国青年报》)

⊟ 拓展阅读7：大连：大学生返岗实习助力医药企业复工复产

换上洁净服，仔细消完毒，4月29日早上8点，吴国鹏准时出现在大连美罗制药有限公司的药品内包车间，给带自己实习的师傅打起了下手。

吴国鹏是大连职业技术学院（大连广播电视大学）2017级药品生物技术专业一名大学生，已经返岗实习一个多月了。"很高兴能在企业急需的时候帮上忙，同时也进一步丰富了自己的工作经历。"

针对返岗实习可能会出现的风险点，学校做到有效预测、精准排查，确保实习工作有序组织。为确保学生顶岗实习环境得到有效保障，学校及早委派专人到三家企业实地考察，调研企业疫情防控方案、实习生工作环境、宿舍疫情防控落实情况。专业主任和辅导员与实习学生保持密切联系，加强对学生身心健康管理、就业指导服务，落实疫情防控要求，坚持"疫情零报告、日报告"制度。

(资料来源：2020年4月29日《学习强国–辽宁学习平台》)

第九章 协同发展青春见证篇

第一节 选题解读

近年,"一带一路""京津冀""粤港澳""长三角"等区域性词汇热度不断升高,在青年大学生群体中也得到广泛传播,区域协调发展相关内容已成为大学生社会实践的热门主题之一。

党的十八大以来,以习近平同志为核心的党中央统筹内外、着眼全局,多次强调要持续实施区域发展总体战略,促进区域协调发展。在党的十九大报告中正式提出实施区域协调发展战略,建立更加有效的区域协调发展新机制,并将其正式纳入国家七大战略中。区域协调发展战略是习近平新时代中国特色社会主义思想的重要组成部分,是新时代解决人民日益增长的美好生活需要和不平衡不充分的发展之间的矛盾的重要途径,是贯彻新发展理念、建设现代化经济体系的重要内容,是打赢精准脱贫攻坚战的重要支撑,对实现"两个一百年"和民族复兴的奋斗目标具有重大战略意义。

"协调"的含义是"配合适当、步调一致"。所谓协调发展,就是促进有关发展各系统的均衡、协调,充分发挥各要素的优势和潜力,使每个发展要素均满足其他发展要素的要求,发挥整体功能,实现经济社会持续、均衡、健康发展。目前学术界对于区域协调发展的定义较多,包含以下两种。第一种释义为在国民经济的发展过程中,既要保持国民经济的高效运转和适度增长,又要促进各区域的经济发展,使区域间的经济差异稳定在合理、适度的范围内,达到各区域优势互补、共同发展和共同繁荣的一种区域经济发展模式。第二种释义为区域之间相互开放、经济交往日益密切、区域分工趋于合理,既保持区域经济整体高效增长,又把区域之间的经济发展差距控制在合理、适度的范围内并逐渐收敛,达到区域之间经济发展的正向促进、良性互动的状态和过程。新中国发展至今,区域协调发展已不仅仅只是追求各地区经济差距的缩小，而是由经济范畴扩大至义务教育、医疗救治、社会保障等各项公共服务，通过协调发展实现不同区域之间各项差距的全面缩小，实现经济效益整体提高。在国家层面，区域协调发展战略是指加大力度支持革命老区、民族地区、边疆地区、贫困地区发展，强化举措推进西部大开发形成新格局，深化改革加快东北等老工业基地振兴，发挥优势推动中部地区崛起，创新引领率先实现东部地区优化发展。习近平总书记在 2017 年中央经济工作会议中明确了区域协调发展战略的三大目标："要实现基本公共服务均等化，基础设施通达程度比较均衡，人民生活水平大体相当。"

我国幅员辽阔、人口众多，各地区自然资源差别较大，统筹区域协调发展历来都是一个重大问题。20 世纪 80 年代初期，邓小平同志基于当时的国情世情，开创性地提出了"两个大局"区域发展战略，第一个大局是先集中发展沿海地区，第二个大局是沿海地区支援内地发展。之后东部地区抓住发展机遇，经济总量快速增长，逐步拉大了与中西部地区的经济差距。为了改变发展不均衡的局面，自国民经济"九五"计划起，中央就提出要通过区域协调发展缓解区域差距的扩大。党的十六届三中全会上提出了"五个统筹"，其中之一就是统筹区域发展。2017 年 10 月 18 日，习近平同志在十九大报告中指出，实施区域协调发展战略。2018 年 11 月，中共中央、国务院出台了《中共中央国务院关于建立更加有效的区域协调发展新机制的意见》，明确指出实施区域协调发展战略是新时代国家重大战略之一，是贯彻新发展理念、建设现代化经济体系的重要组成部分。

区域协调发展战略实施至今，我国发出了"一带一路"这一国家级层面的合作倡议，已同多个国家和国际组织签署合作文件，同时国内也已形成了优势互补、快速发展的"三群两带"新战略格局。"三群"就是三大城市群：京津冀协同发展、长三角一体化、粤港澳大湾区建设；"两带"就是长江经济带和黄河生态带。

"一带一路"是"丝绸之路经济带"和"21 世纪海上丝绸之路"的简称，是 2013 年习近平总书记提出的合作倡议。依靠中国与有关国家既有的双多边机制，借助既有的区域合作平台，积极发展与有关国家的经济合作伙伴关系，共同打造政治互信、经济融合、文化包容的利益共同体、命运共同体和责任共同体。

　　京津冀协同发展是将京津冀三地作为一个整体寻求协同发展道路，以疏解非首都功能、解决北京"大城市病"为基本出发点，调整优化城市布局和空间结构，构建现代化交通网络系统，扩大环境容量生态空间，是实现京津冀地区优势互补、促进环渤海经济区发展、带动北方腹地发展的重大决策部署。

　　长三角一体化是指长江三角洲区域一体化发展，包括上海市、江苏省、浙江省、安徽省全域。通过树立三省一市的"一体化"意识和"一盘棋"思想，推动长三角一体化发展，增强长三角地区创新能力和竞争能力，提高经济集聚度、区域连接性和政策协同效率，对引领全国高质量发展、建设现代化经济体系具有重要意义。

　　粤港澳大湾区由香港、澳门两个特别行政区和广州、深圳等九个珠三角城市组成，开放程度高、经济活力强，计划建设成为充满生机的世界级城市群、国际科技创新中心。推进建设粤港澳大湾区，是"一国两制"制度的新实践，对港澳参与国家发展战略，提升竞争力，保持长期繁荣稳定具有重要意义。

　　长江经济带覆盖沪、苏、浙、皖、赣、鄂、湘、渝、川、滇、黔等11个省市，横跨东中西三大区域，是具有全球影响力的内河经济带、东中西互动合作的协调发展带、沿海沿江沿边全面推进的对内对外开放带，也是生态文明建设的先行示范带，将持续推动长江上中下游地区协调发展和沿江地区高质量发展。

　　黄河生态带是我国重要的生态屏障和经济地带，但目前生态环境较为脆弱，水资源保障形势较为严峻，发展质量有待提高。通过加强黄河治理保护，推动黄河流域高质量发展，解决好流域人民群众特别是少数民族群众关心的防洪安全、饮水安全、生态安全等问题，对保障生态安全、维护社会稳定、促进民族团结具有重要意义。

　　自改革开放以来，我国经济水平和社会发展取得长足的进步，但区域分化现象也逐渐显现。目前，我国区域发展差距依然较大，无序开发与恶性竞争仍然存在，区域发展不平衡不充分问题依然比较突出。一些中西部地区及贫困地区的基础设施和公共服务设施较差，与东部等地区存在差距，部分地区人才储备和技术支撑缺口较大、产业新动能培育较慢，一些资源型省份经济结构转型较为困难，经济增速不断放缓。区域发展的不协调越来越引起中央的高度重视，区域协调发展战略作为指导地区经济和社会发展的战略导向而提出，是党中央在新时代针对区域协调发展新特征作出的重大战略部署，具有深远的影响和意义。

从历史实践来看，推动区域协调发展，可以不断培育各区域的经济增长动力源，稳定经济发展格局，解决发展不平衡不充分的问题，共享发展成果，实现共同富裕。在我国，通过实施区域协调发展战略，未来还可在以下几个方面发挥重要作用和意义。

一是加大"特殊地区"援助力度，激发潜能。"特殊地区"指革命老区、民族地区、边疆地区和贫困地区，这些地区往往存在基本设施缺乏、公共服务不完善、经济结构以第一产业为主、工业基础薄弱、资源丰富但开发程度较低等诸多发展问题，通过政策倾斜，从而带动人才、技术等方面的流入，激发"特殊地区"的经济增长潜能，实现区域间的协调均衡发展，保证这些地区与全国人民一起达到小康水平。二是完善"四大板块"总体格局，增强联动。对地理单位进行划分，我国已基本实现西部开发、东北振兴、中部崛起、东部创新的战略发展格局，各具优势和特点，只要各板块之间加强牵引协调，紧密经济联系，优化资源配置，推动要素流动，就能实现优势互补，经济发展国土全覆盖。三是重视"问题区域"结构转型，实现复苏。"问题区域"是指资源枯竭地区以及部分老工业基地，产业结构单一，当地发展被自然资源或者工业产品所限制，缺少经济增长的新动力，通过深化体制机制改革，"输血"和"造血"相结合，营造良好的经济发展氛围，吸引各类市场要素参与产业结构优化升级，形成经济可持续发展模式。四是推进城市化发展战略，聚焦优势。城市群作为竞争的基本单元，占据区域经济发展和社会进步的主导地位，以城市群作为新引擎促进区域协调发展，可推动基础设施互联互通，公共服务共建共享，促进产业集群协同，链条衔接，充分发挥高质量发展过程中的聚集效应和规模效应。五是坚持陆海统筹重要部署，建设海洋。我国是海洋大国，在当前的国际局势下，必须维护海洋领土安全和周边稳定，积极开发海洋资源，优化海洋产业结构，加快海洋科技建设，畅通海洋运输通道，在开拓发展新空间的同时保护好海洋生态环境，加快建设海洋强国，形成陆海统筹的发展格局。

对于新时代青年大学生而言，社会实践作为大学生走进社会、认识社会、体验社会的重要方式之一，开展区域协调发展战略相关主题的社会实践活动，将有助于大学生深刻认识区域协调发展战略的时代背景和重要意义，深入了解区域协调发展战略的政策规划和发展趋势，有利于大学生选择正确的人生方向，找到喜欢并且适合的发展平台，对职业规划产生积极、正面的影响，为国家建设添砖加瓦。同时，区域协调发展战略的实施，也能让新时代青年大学生更好地理解国家和民族进步道路上的艰难之处，享受经济发展、文化交融、交通便利等方面的优势条件，直观感受区域协调发展所带来的各方面变化，增进对国情世情的了解。

选定区域协调发展战略作为大学生社会实践选题，具有以下特点和优势。一是地域划分明显，一带一路、京津冀、长三角、珠三角、长江经济带、黄河生态带等重大战略囊括了北京、上海、广州、武汉、西安等高校较为集中的城市，大学生可直接依托当地的情况开展社会实践，地域特性较强，同时与当地大学生的学习、生活、就业密切相关。二是具备社会实践开展基础，区域协同发展战略已实施多年，重点区域人口较为密集，交通较为便利，政策导向作用已经开始发挥，经济成果日益凸显，产业聚集初步完成，为大学生开展社会实践奠定了良好的物质条件和安全保障，提供了走访调研、学习参观、职业体验等社会实践行为的途径和内容。三是选题可选择范围广，区域协调发展战略涵盖了政治、经济、文化、生态、交通、教育、民生等各个领域，主题划分清晰且类型多样，大学生可依据个人兴趣和团队策划选定某一方向，从而确定更为具体的实践形式和内容。四是实践内容弹性较强，区域协同发展战略立意深远，影响久远，是一项长期性的系统工程，相关的大学生社会实践主题可以作为长期固定的重点课题坚持开展，研究内容可以追溯过去，也可以调研现状，还可以展望未来，互相关联，层层递进，为大学生社会实践提供了较大的可研究深度。

区域协调发展战略作为我国的七大战略之一，相关选题已被提及并且开展多年，在实践内容上以调查研究类为主，职业发展类次之，公益服务类较少。调查研究类选题的切入点较多，需要在地理区域、宏观方向、微观切口三个层次上逐步选择，最终确定实践选题。

这一领域社会实践的选题方向主要有：

选题具体方向一：关键地理区域调研方向。选定实践地理区域和战略主题，根据团队的设想规划和实际情况，确定是京津冀、长三角、珠三角或者是别的区域，进而再确定调研的主体是京津冀协同发展、长三角一体化、粤港澳大湾区或者是别的协调发展战略。在第一层次时建议实践区域贴近大学的所在地，一来可以减少交通成本，二来可以更高效率地利用时间，为长期实践调研做准备。同时要参考实践团队的专业背景、兴趣方向、现有基础等现实条件，大致确定是某一战略的某一方面，比如是京津冀协同发展战略下教育领域的相关内容，或者是长三角一体化战略下机械制造领域的相关内容。协调发展战略涉及面众多，问题发生的原因复杂多变，本科学生的调查研究能力往往不足以支撑完整的调研过程并得出具有实际意义的结论，因此建议实践团队在做选题选择时能与教师的研究课题相结合，在教师的指导下开展实践，或者是成员包含本硕博等多个学历层次，提高实践团队的调查研究能力。最后确定微观层面的实践切口，并最终确定实践选题、实践对象、实践目的以及需要确定的调研内容。比如团队计划调研京津冀协同发展背景下，教育领域中本科高校校区的迁移和带来的一系列影响和变化，即可形成实践选题"京津冀高校校区的转移以及影响探究"，实践对象是京津冀协同发展背景下迁移校区的本科高校和相应的政府机构，实践目的是调研校区转移情况以及转移后对学校发展的影响，调研内容包括迁移数量、迁移地区、学生规模、人才引进、师生反馈等。再比如团队计划调研长三角一体化规划下，经济领域中汽车产业生产链分布情况以及未来的发展走向，即可形成实践选题"长三角一体化进程中汽车产业链分布现状及规划调研"，实践对象是长三角一体化规划下汽车生产链上的各个公司、厂家和监管部门，实践目的是调研生产链的分布情况以及未来规划，调研内容包括汽车产业现状、生产链的聚集地、新工厂的地址、汽车行业发展前景等。

选题具体方向二：学习参观行业调研方向。此类选题以学习参观为主，切入点与所学专业和对应行业联系较为紧密。例如在京津冀地区钢铁行业较为发达，坐落着包括首钢集团、唐钢集团在内的多家大型钢铁企业和工厂，冶金、采矿等学科背景的学生可以联系钢厂，结合自己的知识架构以及所学习的技术进行参观学习，比如确定选题"＊＊钢厂连铸连轧技术参观学习实践团"，并最终形成实践报告或学习心得。如果团队具有较高的专业水平和实操能力，还可以融入科技创新、技术性问题解决等实践内容，提升项目层次，比如确定选题"＊＊钢厂连铸连轧技术优化提升实践团"。

关于区域协调发展战略相关的实践选题，在此还有几点易犯错误需要提醒。一是选题切口过大，区域协调发展战略作为国家层面的发展战略，影响着方方面面，而大学生群体时间精力有限，知识架构并不完善，因此选择小切口的实践选题更易完成，实践对象和预期实践结果更易聚焦，避免形成"假大空"的实践结果。比如"粤港澳大湾区教育现状探究"这个实践题目，从教育机构上划分有民办学校、公办学校、辅导机构等，从知识水平上划分有小学、中学、大学等，从教育主体上划分有教师和学生，面向学生调研可涉及学业成绩、心理状况、就业规划、升学情况等各方面，面向教师调研可涉及留任难易、聘任职级、科研经费等各方面，因此以学生为主体的实践团队想要全面地调查粤港澳大湾区的教育现状难度较大，因此实践选题可以更为聚焦，缩小实践切口，更改为"粤港澳高校教师薪资水平调研实践团"。二是内部分工不合理，近年来实践大团的形式越来越多见，几十人乃至上百人分成几支小队，共同完成一个实践选题，在此过程中需要注意大团内部的统筹分工，避免主题冲突，人力浪费，调研结果重复的情况。比如大团的目标是调研长三角地区的交通状况，则各个小队的选题方向可以是公路、铁路、航空、水运等不同交通主体。

第二节　典型案例

案例1：北京科技大学雄安端村镇生态发展调研实践团

北科实践团雄安端村镇调研展现新区生态治理成果

【事迹简介】

2017年4月1日，中共中央、国务院印发通知，决定设立河北雄安新区。建设过程中，习总书记特别强调，规划建设雄安新区要打造优美生态环境，构建蓝绿交织、清新明亮、水城共融的生态城市。一直以来，改善农村人居环境，建设美丽宜居乡村，是实施乡村振兴战略的一项重要任务，事关全面建成小康社会，事关广大农民根本福祉，事关农村社会文明和谐。为建设美丽宜居乡村建言献策，为国家生态建设作出服务，也展现着当代青年的责任与担当。

2018年8月，北京科技大学雄安端村镇生态发展调研实践团前往雄安端村镇，以农村实地生态调研为主要内容，以发现、推广优秀乡村生态治理模式为目标，以大学生视角发现问题，结合自身专业知识与技能解决问题，提出北科大青年学子对雄安生态治理的看法与思考。实践期间，该团参观了当地环保能源相关产业公司、大淀头村污水处理站与村史馆等地，就当地垃圾与污水处理问题调查走访了当地村民及相关场所，并以污水处理设施意见为主题对村民进行了深入访谈，在了解当地生态建设现状的同时参与了当地的日常街面清扫劳动，还为村民举办了生态知识讲座。实践团的成员身体力行地融入村民生活、调研生态状况、发现问题并切实为当地生态状况改良与巩固发表建言、作出行动。

实践期间，实践团公众号发表推送文章18篇，公众号文章阅读量多达10013人次，文章共获近3000次转发。汇集此次社会调研成果，实践团成员共同起草了《北京科技大学雄安端村镇生态发展调研实践团呈端村镇政府农村生态治理意见书》，为当地政府部门提供了参考。实践结束后，该实践团事迹于同年8月15日被撰写成题为《北京科技大学赴雄安新区开展环境调研》文章并刊登于保定日报《要闻》版面，且于8月22日在保定人民广播电台《保定新闻》节目播出。实践团微电影组、摄影组成员共同制作时长19分钟的社会实践微纪录片与一分钟短片《一分钟带你看白洋淀》也为宣传雄安新区成立以来生态治理成果起到了积极作用。

北京科技大学雄安端村镇生态发展调研实践团中的学子们，落实了习总书记对青年人提出的新要求与新期望，切实做到了知行合一、面向实际、深入实践，严谨务实、苦干实干。他们的实践活动集中见证了当代青年大学生不断学习专业知识，增长过人才干，擦亮实践底色，关心国家大政方针，勇于担当历史使命，发出时代青年之声的精神风貌！

【教师评析】

北京科技大学雄安端村镇生态发展调研实践团的选题中包含了较多的关

键信息，实践类型为调查研究类，调研的地域范围限制在雄安新区的端村镇，调研目的有关于生态发展，选题较为清晰，直接表明了实践方式、实践内容和实践目的。该选题把雄安新区、生态文明建设两大热点相结合，在雄安新区这一区域协调发展战略的大背景下，调研某一村镇的生态现状和治理模式，以点看面，具有一定的代表性和社会价值。同时该实践团虽然以调研为主要目的，但仍然开展了街面清扫劳动、举办生态知识讲座、起草《生态治理意见书》、宣传当地生态治理成果等义务行为，不仅锻炼了自身的能力，以融入群众的方式为后续的调研行为、获取一手调研数据打下基础，同时扩大了团队的影响力，较好地展示了青年的担当与责任。

但实践团仍有一些方面需要改进。一是从详细的实践内容上可以看出，实践团的调研目的是发现并推广生态治理成果，而选题中仅仅只是写明了"生态发展调研"，较为含糊，没有完全地展现实践内容和目的，可修改为"雄安端村镇生态治理模式调研推广实践团"，更为准确明了。二是在调研方式以走访参观企业、访谈当地村民为主，样本范围和调研对象数量有所不足，从而导致调研结论缺乏可靠性，具有一定的局限。建议可通过发放问卷、电话访谈等形式适当扩大调研人群范围和数量，以确保结论的真实有效。

案例2：上海海洋大学食品学院赴长三角城镇实践团

领鲜美好生活
——海大学子赴长三角城镇为牛格尔系数提高助力

【事迹简介】

买过牛奶的朋友，可能都会产生类似的疑问：国产常温奶质量安全吗？营养全面吗？生产环境卫生吗？2019年7月到8月，为了给消费者还原一个真实的、透明的牛奶，更是为了贯彻落实党中央"健康中国2030"理念——全面提高国民体质，上海海洋大学食品学院的暑期社会实践团队以"健康中国·乳业先行"为主题，零距离接近奶源地，剖析常温奶的营养与质量安全。

　　实践团成员们两两分工合作，于 7 月 12 日至 8 月 11 日，先后在浙江湖州、浙江绍兴、江苏扬州、江苏昆山及上海崇明等地区的 25 个城镇进行实地走访、面对面访谈以及问卷调查。针对消费者关注的奶源质量问题，组员们先后到达上海光明乳业、浙江一景乳业以及江苏华兴乳业等常温奶奶源基地，深入调查奶源基地的实际生产条件、品质要求以及卫生状况。调查结果发现，于奶源基地抽样的 54 份被检液态奶样品中大肠杆菌（参照国标法 GB 47893—2010）、金黄色葡萄球菌（参照国标法 GB 478910—2010）、沙门氏菌（参照国标法 GB 47894—2010）等食源性致病菌数均未超标。调研组成员深入了解到自"十二五"以来长三角地区各省市陆续取消散户养牛，积极推广智能化奶牛养殖，原料奶质量安全水平不断提升。常温奶全产业链的每个环节都精益求精，力求达到"营养、健康、美味"的卓越品质。乳制品消费领先的上海市对于奶源质量安全控制更是走在全国前列，奶源监测数据目前实行"十天一报"制度，乳制品质量实行第三方检测，以确保消费者"舌尖上的安全"。

　　调研组成员在经过了详细的了解和询问之后发现，近年来，通过政府的严格监管，企业的严格把控，长三角地区乳制品的质量安全水平达到历史最好的状态。消费者想喝优质奶，还是应选择喝本土奶、身边的奶。但实践团队成员在与农村居民进一步交流中发现，随着生活水平的提高，人民对美好生活的需求日益增长，很大一部分农村居民已经意识到不仅仅要吃饱，更是要往营养、健康的方向发展，在了解牛乳的营养价值后，他们非常愿意在日常饮食中增加乳制品消费，提高"牛格尔系数"，即增加牛乳支出总额占食品总支出总额的比重。

　　本次暑期社会实践中，实践团零距离地接触了"乳品安全"与"健康"，发现现阶段长三角地区奶源质量控制严格，奶企生产规范符合国家标准，但也发现常温奶消费存在城乡差异大，农村乳品消费相对较低等问题，值得我们关心和重视。相信通过政府、企业、零售商等多方协作形成合力，共同打造可持续发展的常温奶消费体系，农村居民也能够天天饮用常温奶，为美好生活加杯奶。

　　（相关链接：https://www.universitychina.net/shijian/diaoyan/20190813/71551.html）

【教师评析】

本选题与国家政策和民生关注结合较为紧密，一是为了贯彻落实党中央"健康中国 2030"理念，二是为了了解长三角地区关于乳制品的政策要求，检验长三角地区乳制品的产品质量，既有时代背景和政策导向，同时也有人民日常关心的民生问题和食品安全问题。本选题具有较强的社会意义和价值，实践团成员为食品学院的学生，利用自己所学的知识，深入奶源基地一线，通过科学技术剖析生产条件、品质要求以及卫生状况，为广大长三角地区人民安心饮用健康奶制品保驾护航，同时通过实地走访、当面访谈、问卷发放等方式调查奶源质量和奶制品消费情况，扩大成果和团队影响力。本选题实践周期较长，历时完整的一个月时间，且实践范围较广，先后走访了长三角地区 25 个城镇，直接获取一手数据和信息，工作量大，实践成果丰富且较为可靠。

但是本选题仍有改进空间。一是调研内容不完全仅限于食品安全方面的知识，可补充融入经济、管理、供应链、法律等专业背景的学生，完善实践团队的知识架构，得出更为准确全面的调研结论。二是可调研居民认知中奶制品的营养程度和作用，与实践得出的真实情况进行对比，发现居民认知中的不足和缺失，开展针对性地宣讲宣传，形成更强烈的社会反响，更好地达到"作贡献"这一大学生社会实践的根本目的。

案例 3：北京科技大学京津冀协同发展青年观察行动暑期社会实践团

北科大青年在千村万户的走访中感悟京津冀协同发展

【事迹简介】

《京津冀协同发展规划纲要》指出，推动京津冀协同发展是一个重大国家战略，核心是有序疏解北京非首都功能，以此调整经济结构和空间结构，促进区域协调发展。在此过程中，涉及一般性制造业、区域性物流基地和区域性批发市场、教育医疗等公共服务功能以及部分行政性事业性服务机构等非首都功能的疏解，同时北京市也在深化棚户区改造，加快治理北京"大城市病"。

京津冀政策背景下的产业疏解与棚户区改造，都涉及人口迁移和民生问题。

2017 年，北京科技大学组织京津冀协同发展青年观察行动共 6 支队伍，分别深入京津冀地区某一典型地点展开实践活动，以"民生问题"为研究视角，围绕区域性批发市场和京津冀精准扶贫等方面调查京津冀的民生现状，以"大背景、小切口、真数据"为实践原则，深入京津冀地区具有代表性的地点展开实践活动。其中，两个实践团在北京市内部选取四大代表性批发市场调研其疏解情况和民生现状，通过对 200 余户商户的实地走访、交谈，并结合问卷调查、影像拍摄等形式，调查对比北京各批发市场的疏解现状、差异。另一方面，两支实践团前往北京外迁商户的承接地河北展开实地调研，共采访了 130 余户商户及商场、物流基地的管理者，了解到河北批发市场及高碑店新发地的发展现状及前景。此外，两个团队分别在"环京津贫困带"的河北省张北县以及青龙县调研当地扶贫进展，通过与扶贫办、村委会等政府和当地龙头企业的访谈以及对当地 5 个村、40 余户村民的走访调查了解当地民生现状和贫困问题，利用座谈会以及电子平台帮助当地村民普及电商知识并拓宽当地特色农产品的销售渠道。

北科大青年在深入基层开展社会实践的过程中，共形成实践报告 6 篇，论文 9 篇，微电影、微记录共 6 部，调查手记 27 篇，新闻稿逾 20 篇，访谈录逾 30 篇，文字资料总数逾 40 万字，图像资料近 30G，同时也有多家著名媒体宣传报道团队实践活动，河北省张北县产业扶贫实践分团接受了凤凰网以及长城网的采访和报道，青龙县"一店带一村"电商扶贫实践分团的电商扶贫经历在《温州晚报》《青龙时报》均进行刊登。

京津冀协同发展，是当前中国三大国家战略之一，而目前河北省环绕京津的区域仍存在连片的贫困区，即"环京津贫困带"，影响着京津冀地区的整体城市建设和经济发展。实践过程中，实践团成员通过观察法、访谈法、座谈会等形式了解京津冀精准扶贫发展现状，在贫困村千村万户走访中，从大学生的视角感受京津冀贫困县的民生现状和脱贫进程，向村民普及电商知识并尝试为困难家庭提出改善建议。

【教师评析】

京津冀协同发展青年观察行动暑期社会实践团是以大团形式开展社会实

践，共有6支小队，聚焦民生问题，以批发市场和精准扶贫作为实践切入点，从而调查得出结论民生和脱贫相关结论。小队选题较为科学，人力分配较为合理，4支小队分别调研京内、京外批发市场的疏解情况和民生现状，采用了实地走访、问卷调查、影像记录等诸多方式，形成数据对比，直观感受京津冀协同发展政策带来的变化；2支小队确定了"环京津贫困带"的调研范围，缩小实践切口，前往河北省张北县以及青龙县走访调研，探寻当地的扶贫进展和贫困情况，同时利用大学生的知识优势在当地普及电商知识，拓宽农产品销售渠道，以实际行动展现青年风采，为当地发展作出实际贡献。实践过程中，不断更新新闻动态，结束返校后，撰写了学术性的报告和论文，又整理出了访谈录、调查手记、微电影等文字资料和影像资料，进一步丰富了成果。

本选题仍具有局限性，研究视角落在民生问题，但不论是批发市场还是产业扶贫，都只是民生问题中很小的一部分，实践切口与具体的调研内容并不相符，可将实践选题更改为批发市场视角下衍生出的民生问题探究或者是产业扶贫过程中仍存在的民生问题探究，相对而言更加合适。在调研方法上，仅选取了几个批发市场以走访调研、实地交谈为主，缺少样本量，产业扶贫也仅仅只是走访了5个村、40余户村民，亦缺少样本量，可通过网络平台、与当地扶贫办合作等方式，适当增加调研样本量，增强代表性。

📝 **案例4：南开大学赴粤港澳大湾区社会实践团**

南开港澳学子走进粤港澳开展社会实践

【事迹简介】

粤港澳大湾区的概念在2015年3月被首次正式提出，是国家定位的国际一流湾区和世界级城市群，推进建设粤港澳大湾区，有利于深化内地和港澳交流合作，对港澳参与国家发展战略，提升竞争力，保持长期繁荣稳定具有重要意义。了解粤港澳发展动态，是推动粤港澳大湾区建设的基础。让青年学生知悉粤港澳发展状况，更是新青年将自身与国家发展紧密联系的重要一环。

为了解粤港澳大湾区政策的实施现状以及发展机遇，在南开大学商学院崔连广副教授带领下，南开大学首支完全由港澳学生组成的暑期赴粤港澳大湾区社会实践队，于暑期赴广州、澳门、香港、深圳四大中心城市进行调研。

社会实践队第一站是广州。实践队参访了嘉华世达国际教育、广州泛化金融服务集团和广州浩蓝环保股份有限公司。在参访过程中，实践队员与校友企业家就粤港澳大湾区的发展机遇进行了深入的交流。校友们普遍认为粤港澳大湾区协同发展能够整合粤港澳三地资源、优势互补，促进三地合作交流，为金融、环保等产业带来巨大市场和机遇。接下来实践队前往澳门中华新青年协会进行调研。澳门中华新青年协会是一个非营利组织，以团结澳门青年服务社会为宗旨，形成了"专注为青年"的核心理念，为青年提供了众多促进个人发展的平台和机会。协会相关负责人就粤港澳大湾区的就业机会和职业生涯规划给予了实践队员建议，认为澳门是一个单一产业的城市，澳门青年人要把握大湾区所带来的机遇，做到专业与职业一致，使个人职业的被认可感得到提升。更鼓励年轻人要勇于尝试，踏出第一步，不要害怕失败。

在香港，香港华泰证券、云锋金融和长弓集团的校友热情接待了实践队员。企业负责人从历史背景及企业实际经营的角度详细分析了粤港澳大湾区成功的条件和成立的意义。同根同源的文化背景、互通的语言、日益发达的交通等条件，是粤港澳大湾区在三种货币、三个市场、三种监管体系背景下依然能够取得成功的重要条件。

实践队调研的最后一站是深圳。实践队参访了深圳市昊创投资集团有限公司、稳正资产管理有限公司及三三得玖通信技术有限公司。校友们从区位优势、产业动力、资本助力、营商环境等方面，与全球其他湾区进行对比，深入分析深圳在粤港澳大湾区中的地位和带来的机遇。在深圳经济特区"生日"的当天，实践队员踏步登上莲花山。一路上，崔连广给实践队员上了一堂生动的思想政治课，着重讲述了改革开放总设计师邓小平同志的事迹。

在南开广州校友会、深圳校友会、香港校友会的支持和帮助下，赴粤港澳大湾区暑期社会实践队集结了两个学院、三地校友、经历四个城市、涉及五个行业、九名师生、十天行程、十一家企业的实践参访，深入了解粤港澳大湾区的金融、环保、教育、科技、旅游等多个领域。实践队成员通过交流访问，结合自身专业学习，更加明确了未来发展的方向，加深了爱国情怀。

（相关链接：https://bs.nankai.edu.cn/2019/0902/c9007a197943/page.html）

【教师评析】

本选题是调查研究和学习参观相结合的一次社会实践课程。在粤港澳大湾区建设不断推进的大背景下，港澳学生组成的社会实践团队依次参观广州、香港和深圳的部分企业以及非营利社会组织，深入了解金融、环保、教育、科技、旅游等多个领域，直观感受大湾区发展新气象，把握经济前进新脉搏，体会同源文化新融合，增强港澳学生对国情、世情的了解，培育爱国主义情怀，并且结合自身专业学习，立足大湾区，面向大祖国，做好个人职业规划，寻求更好的未来发展。但本选题的实践课程需要精心设计、合理规划，既要设置新颖独特的商业课程和参观环节，又要潜移默化地融入孕育家国情怀的内容，达到提升能力、育人育心的实践目的，避免成为旅行游玩性质的实践团队。

案例5：天津商业大学"职通京津冀"实践团

天津商业大学"职通京津冀"实践团
——紧跟新时代，奋斗实践行

【事迹简介】

京津冀协同发展是一个重大国家战略，为了完成高校专业群与京津冀产业群的"集群对接"，天津商业大学"职通京津冀"实践团结合京津冀三地功能定位，以"职通京津冀、携手走生涯"为主题，以"紧跟新时代，奋斗实践行"为口号，深入多家企业开展新时代实践行活动。

实践团为寻找合适的实践企业，依托"HRM联盟俱乐部"人才服务中心，结合天津商业大学的优势学科特色专业，聚焦天津在京津冀协同发展中的定位"一基地三区"，选取天津海河乳业、中芯国际、吉利光大包装有限公司、海尔集团、天津空港白云酒店、恒银金融科技股份有限公司进行了十次实地考察学习交流。

实践团通过走访生产车间，了解到具体的产品生产流程；通过参观展览墙，看到企业的成就和实力；通过互动交流，感受到企业浓郁的企业文化。参观交流实践团对六家企业有了新的认识，将书本知识与实践有效融合，是专业教学的生动一课。实践团结合学校人才培养目标、专业设置实际及办学实力，对企业进行了问卷调查，了解用人单位看中求职者哪方面职业能力与经历、认为求职者应提升的素质能力，调查用人单位考量后毕业生具有的优势以及需要学校提供的就业指导及就业服务。通过问卷调查形成调研报告，为学校人才培养及教育指导提供理论支撑。

本次实践团遴选的企业跟实践成员专业契合度较高，为了让学生近距离接触职场人士，了解生涯人物职业发展，团队分组前往不同企业对技术岗、人力资源岗、市场营销岗、研发岗等需求较大的岗位进行了职业访谈。前期学生将感兴趣的问题汇总、整理成职业访谈提纲，现场面对面访问记录，最终制成"职业访谈"专题报道，分享给全校学生，是一次间接、快速的职业体验。同时，这次走访的企业除了在行业有较高影响力，也为国家及民族发展作了很大贡献。

实践团采取了推文报道、志愿宣讲、主题讲座等方式，丰富实践形式，扩大活动影响力。成果主要有："职业访谈"专题推文点对点推送给相关专业的学生，调研报告为学校人才培养及教育指导提供理论支撑，招生与就业处结合实践成果开展"生涯第一课"全校生涯教育讲座，制定"生涯体验周"、就业服务月等指导方案；赴天津市南开田家炳中学宣讲，为学生确定选考科目提供职业参考数据。

本次实践通过研究新时代产业升级转移现状下企业的发展及对人才的需求，为京津冀地区在不同功能定位、产业升级转移背景下实现协同发展贡献方案，帮助学生提前感知职场的竞争与发展趋势，了解当前的就业形式和企业用人需求，使学生更好地为就业做准备，提前进行科学合理的职业生涯规划，引导青年们将个人职业规划与国家民族发展相结合，为实现中国梦凝聚了更多中国力量。

（相关链接：http://mini.eastday.com/a/190925230927036.html）

【教师评析】

　　本选题以参观学习类的实践内容为主，以专业教育作为实践目的，依托"HRM联盟俱乐部"人才服务中心，结合学校的优势学科特色专业，聚焦天津在京津冀协同发展中"一基地三区"的定位，组织学生前往6家企业学习参观，包含了解生产流程、体会企业文化、了解企业历史等内容。为了增强学习效果，还组织学生在企业内部开展职业访谈，通过问卷调查了解用人单位需求，帮助学生感受职场的竞争与发展趋势，寻找自身的能力短板和经历缺失，了解当前的就业形式和企业用人需求，为将来就业打下基础。返校后为了进一步扩大实践成果，采取了多种方式宣传学习内容和调研结果，帮助更多同学理解专业课程设置、激发学习动力、做好职业生涯规划。

　　本选题仍有改进空间，为了提高学生对专业的认知，还可以融入实践教学环节以对参观教学进行补充，学生通过实习实践，更能深刻感受行业发展与职业现状，提高对所学专业的认识程度，激发学习热情。同时还可以持续拓宽参观企业范围，将参观范围扩大至京津冀地区乃至全国，增长学生的见识眼界，为未来发展奠定视野格局。现在已有的参观企业可长期保持合作关系，将其打造成为社会实践示范性基地，既有利于企业吸引优秀人才，又有利于高校培育优秀人才。

第三节　拓展阅读

拓展阅读1：京张高铁开通运营 历史和未来在这里相遇

　　12月30日，京张高铁正式开通运营，首发列车于8时30分始发。北京和张家口两地间的"轨道交通时间"将由3小时变为50分钟左右。同时，停运三年的北京北站也正式恢复运营。(12月30日新京报)

　　京张线是一条链接历史的铁路线。110年前，以詹天佑为代表的铁路人，背负起民族的希望，历经千难万险，于1909年自主修建了我国第一条铁路——京张铁路，轰动中外，极大地激发了国人的民族自信，挺起了中国的脊梁。这段写进语文课本的历史，激励了无数中国人，为祖国的崛起而奋斗。

京张高铁是一条沟通未来的高铁。在110年后的今天，京张高铁开通运营。京张高铁是世界上第一条采用北斗卫星导航系统并实现自动驾驶功能的智能高铁，实现了时速350公里的高速控制。它有"最强大脑"实现智能运行，"最强引擎"保障爬坡应急，"最强内饰"改善旅客体验，沿线还有一座世界上最深的高铁站——京张高铁八达岭长城站。这条献礼北京冬奥会的高铁，是一条建设难度大，技术含量高，智能化程度高的中国铁路巅峰之作，指引未来铁路发展自动化、智能化的大方向。

110年前，作为中国铁路开端的京张线，在110年后的今天，又以一种奇特的方式重生，引领着中国铁路发展的未来。历史没有轮回，而是在盘旋着向上发展。110年的光阴，在历史的长河里有如弹指一挥间，中华大地上却仿佛换了人间。

京张线的变迁，是我国铁路事业迅猛发展的一个缩影。从曾经的蒸汽机车、内燃机车、电力机车到如今的复兴号动车组，乃至京张线的复兴号无人驾驶智能动车组，从曾经的30km/h的速度，到后来的48.1km/h、55.2km/h到如今的350km/h，从曾经的有砟轨道、有缝钢轨，到如今无砟轨道、无缝钢轨，我们国家整个铁路系统实现了整体的脱胎换骨，我们国家的铁路事业，也实现了由"学徒"到"老师"，由"引进来"到"走出去"的历史巨变，成为了我们国家的一张名片。

京张线的变迁，也是我们一代代铁路人智慧、汗水和拼搏精神的见证。110年前，在无比艰难、备受嘲讽的时刻，以爱国工程师詹天佑为代表的铁路人，毅然挑起了重担建成了中国第一条铁路。十几年前，我们在落后世界几十年的情况下，开始了京津城际高速铁路的建设，并以"中国速度"开始了高铁领域的追赶。直到今天，我们已经是世界铁路领域的领头羊。不管是普铁还是高铁，我们从来没有什么先发优势，有的只是一代代铁路人的知耻而后勇，一代代铁路人的艰苦奋斗，一代代铁路人的开拓创新。

京张线的变迁，更是我们人民铁路为人民的意志体现。百年前的京张铁路，象征着我们国家铁路的"诞生"。然而，我们国家的铁路事业，之后并没有取得很大的进展，直到新中国成立以后，1952年成渝铁路通车，1958

年第一条电气化铁路宝成铁路开通，1992 年第一条重载列车铁路大秦线开通，直至如今京张智能高铁的开通等，我们一代代铁路人，从来没有停止奋斗的步伐，在坚持自力更生、艰苦奋斗、勤俭治国的方针下，取得了前所未有的辉煌成就，实践着"为人民服务"的伟大理想，唱响了时代的最强音。

拓展阅读 2：谱写区域协调发展"春天的故事"

谱写区域协调发展"春天的故事"
——各地干部群众热议中共中央、国务院决定设立河北雄安新区

又是一个充满生机的春天。日前，中共中央、国务院印发通知，决定设立河北雄安新区。"这必将是中国历史上影响千年的大事""雄安新区将成为支撑京津冀一体化发展的核心基点""设立雄安新区树立了政府转型更为明确的风向标"……这一消息在各地干部群众中引起热烈反响，大家纷纷表示，设立雄安新区是习近平同志为核心的党中央作出的一项重大的历史性战略选择，是千年大计、国家大事，将成为促进京津冀协同发展新的增长极，成为贯彻落实新发展理念的创新发展示范区。

具有重大现实意义和深远历史意义的战略性选择。

"党中央、国务院决定设立河北雄安新区，这是以习近平同志为核心的党中央作出的重大历史性战略选择，是千年大计、国家大事，对于实施京津冀协同发展战略，对于优化全国城市发展整体格局，对于实现'两个一百年'奋斗目标和中华民族伟大复兴的中国梦，具有重大现实意义和深远历史意义。"上海市委常委、浦东新区区委书记翁祖亮表示。"设立河北雄安新区具有全国意义。它既是北京非首都功能疏解集中承载地，也是贯彻落实新发展理念的创新发展示范区。"山东省青岛市委常委、青岛西海岸新区工委书记王建祥说，习近平总书记关于雄安新区规划建设特别是特色定位和重点任务的重要讲话精神，赋予了国家级新区新的内涵，为新区未来发展指明了方向。

陕西省西安市长安区发展和改革委员会主任屈保健认为，设立雄安新

区，是从国家层面拓展京津冀区域发展新空间的战略抉择，是从国家层面深化经济发展产业布局的战略举措。雄安新区将成为支撑京津冀地区实现一体化发展的核心基点。

"雄安新区的设立，规格高、立意远。"中诚信河南信用管理有限公司董事长兼总经理张英杰表示，雄安新区的发展将更好地发挥京津冀协同发展效应，对国家经济、政治和社会发展将产生深远影响。

"看到党中央国务院决策设立雄安新区的报道，十分振奋，这是又一个'春天的故事'。"湖南省浏阳市经开区党工委书记郭力夫说，雄安新区的建立，必将开启新一轮改革开放发展的新征程，为建设升级版的美丽中国树立新的样板和标杆。

深入推进京津冀协同发展的重大决策部署。

设立雄安新区让京津冀地区的干部群众尤为振奋。4月2日上午，河北保定市召开市委常委会（扩大）会议和全市领导干部会议，市委书记聂瑞平说："保定坚决服从拥护党中央、国务院设立河北雄安新区重大决策部署，我们将坚持新发展理念，借势推动全域承接，推动高端跨越发展。坚决保障新区开发建设万无一失，确保新区建设推进顺利、衔接有序、支持有力、拉动有效。"

雄安新区规划范围内的河北省雄县县委书记万树军表示，一定全面贯彻落实中央和省里部署要求，坚决支持、有序推动各方面工作的开展，为雄安新区建设提供坚强保障。安新县县委书记杨宝昌说，将本着对历史负责的态度，坚持世界眼光、国际标准、中国特色、高点定位，全力投身雄安新区建设，努力筑造经得起检验的历史性工程。容城县县长王占永说，将深化认识，把准方向，以新发展理念为引领，高起点高标准高水平推进新区规划建设，努力打造贯彻落实新发展理念的创新发展示范区。

"雄安新区的成立，将辐射带动周边的石家庄等地，更好地融入京津冀协同发展。"石家庄市藁城区区委党校老师马胜钟说，"我们藁城的老百姓都希望借助千载难逢的历史机遇，积极对接新区，有效融入京津，加快创新驱动、绿色发展，实现跨越式前进。"

"我们坚决拥护、坚决支持党中央、国务院的决策部署。"北京市发展改革委党组书记、主任、市推进京津冀协同发展领导小组办公室主任卢彦认为，规划建设河北雄安新区，既是积极稳妥有序疏解北京非首都功能，加快治理北京"大城市病"的必然要求，也是调整优化区域空间结构，着力打造现代化新型首都圈的战略举措，将与北京城市副中心形成新的"两翼"，优化疏解格局，意义重大、影响深远。做好北京城市副中心建设与河北雄安新区建设的协同联动，推动建设以新发展理念引领的现代化新型城区，共同探索人口经济密集地区优化开发新模式。

"雄安新区是深入推进京津冀协同发展的重大引擎，是落实新发展理念的示范区，也将是引领京津冀协同发展的一面旗帜。"天津市和平区委书记李绍洪表示，习近平总书记对新区规划建设提出的七个方面重点任务，也是对京津冀协同发展的要求，更是对我们工作的要求。我们将把思想和行动自觉融进这一具有重大历史意义的进程中，全力服务雄安新区建设。

努力打造落实新发展理念的创新发展示范区。

"设立雄安新区树立了政府转型更为明确的风向标。"重庆智库理事长王佳宁研究员认为，雄安新区是京津冀协同发展这一重大战略的延伸和载体，是尊重城市建设规律、解决"大城市病"问题的关键一招，是创新区域发展路径、打造新的经济增长极的点睛之笔，必将焕发出转型发展的强大动力。

"规划建设雄安新区七个重点任务之一是扩大全方位对外开放，打造扩大开放新高地和对外合作新平台。国家对雄安新区的定位，更让我看到中国改革开放、创新发展的决心。"中国出口信用保险公司长沙营业管理部员工苏毅说，雄安新区要建设绿色智慧新城，很高兴看到党中央在这样一项重大历史性战略选择中，高度重视生态文明。

"听到习近平总书记强调雄安新区要建设绿色智慧新城，建成国际一流、绿色、现代、智慧城市；打造优美生态环境，构建蓝绿交织、清新明亮、水城共融的生态城市，非常兴奋。"广东省深圳市排放权交易所总裁葛兴安表示，这是站在为人民谋幸福、为城市谋未来的起跑线上，为雄安新区指出了发展方向，将保证雄安新区始终坚持"城为民所建、所享、所用"的理念。

"河北雄安新区必将成为优化区域发展的样板，成为人口经济资源密集地区优化开发的典范，成为贯彻落实新发展理念、实现创新发展可持续发展的示范。"天津市南开区文化和旅游局研究员尚洁说。

📖 拓展阅读3：京津冀协同发展的河北故事

京津冀三地因协同发展战略，更加紧急相连。疏解、承接、转移……流动中不是高地一心"甩包袱"，低地充当"接盘侠"，而是在更大范围内实现了资源的优化配置和产业的转型升级，从而三地也在融合发展中互利共赢。

5岁的小诺诺被检查出了肾积水，一家人辗转于河北省保定市的几家三甲医院，却被模糊地告知"再看看"或是被建议"去北京儿童医院或儿研所看看"。"我们打听过，去北京也难。"小诺诺妈妈无奈地说，"去北京儿童医院的话至少半年才能排上队，听说一个比咱家诺诺病情还严重的孩子，用了2年时间才约上手术。"

一家人在得知北京儿童医院托管保定儿童医院的消息后，抱着试一试的心态将小诺诺送到了保定儿童医院检查。"当时医生一看就肯定地说'得做手术'。看到大夫这么胸有成竹，又听说北京儿童医院的专家会来指导手术，我们就决定在家门口的医院进行治疗。"小诺诺妈妈回忆起当时场景，无限宽慰。2017年春节前夕，住院半个月的小诺诺病愈出院了。"手术很成功。原先以为这个春节会在焦虑中度过，没想到却是最高兴的一个假期！说到底，还是京津冀协同发展给咱老百姓带来了大方便、大实惠。"小诺诺爸爸难掩激动地说道。小诺诺的主治医生杨斌也深有感触："像他这样的病，以前我们医院也能治，但没这么大的把握。因为万一有什么问题，不知找谁咨询指导。被北京儿童医院托管后，北京的专家每周来坐诊、手术、查房和讲学，他们的'传帮带'不仅提高了我们的医疗水平，而且解决了我们的后顾之忧，让我们跟家长交流起来也更有底气了。"

看诊患者2378人次，由保定儿童医院转诊至北京儿童医院的患儿226例。而保定儿童医院全年门急诊患者超过34万人次，较2015年增长3成多。健康，是人人关注的民生话题；医疗，是京津冀一体化的"探路者"。"跑北京、天津看病的少了，在家门口就诊的多了"。三地的医疗人才和技术自由流动起来，才能切实有助于北京非首都功能的疏解。目前，河北260多家2级以上医疗机构与京津达成的医疗卫生合作项目超过400个。

📖 拓展阅读4：北京大兴国际机场通航 总投资4500亿元

2019年9月25日16时22分，中国南方航空公司北京大兴至广州白云的CZ3001航班起飞，北京大兴国际机场正式通航。9月25日，北京大兴国际机场正式投入运营。随后，中国东方航空公司、中国国际航空公司等6家航司的6架客机也从北京大兴国际机场起飞。

北京大兴国际机场目前是全球建设规模最大的新建机场。机场规划了四纵两横6条民用跑道，本期建设三纵一横四条跑道、268个停机位。目前已经建成了"五纵两横"的交通网络，1小时可达京津冀。北京大兴国际机场工程建设难度世界少有，其航站楼是世界最大的减隔震建筑，建设了世界最大单块混凝土板。机场目前已创造了40余项国际、国内第一，工程验收一次合格率100%，13项关键建设指标达到世界一流。

投入运营后，北京大兴国际机场在运行效率和绿色指标方面均领先世界水平。就运行效率而言，机场航站楼是世界首个实现高铁下穿的航站楼，机场跑道在国内首次采用"全向型"布局，采用了世界最大的空管自动化系统。

就绿色指标而言，机场旅客航站楼及停车楼工程获绿色建筑三星级认证和全国首个节能建筑3A级认证，机场在全球枢纽机场中首次实现了场内通用车辆100%新能源，拥有世界最大的耦合式浅层地温能利用项目，是全国可再生能源利用率最高的机场。国内航线101条，国际航线15条。

预计到2022年，机场旅客吞吐量将达到4500万人次，国际航班占比20%；到2025年，旅客吞吐量将达到7200万人次，国际航班占比有望达到30%。北京大兴国际机场民航部分投资达1167亿元（人民币，下同），带动交通等市政配套投资达3000多亿元，总投资达到了4500亿元。

北京大兴机场与北京首都机场未来将共同打造世界首座拥有双国际枢纽的城市，两机场年旅客吞吐量将突破2.5亿人次，带动人流、物流、资金流、信息流等生产要素高效聚集，激活150平方公里的临空经济区，服务北京四个中心和雄安新区建设，为京津冀区域协调发展提供新动力。

📖 拓展阅读5：长三角一体化发展的故事：互联互通 打通断头路

2018年11月5日，长三角地区期待许久的一件事终于落地。这一天，首届中国国际进口博览会开幕式在上海举行，国家主席习近平在主旨演讲中宣布，将支持长江三角洲区域一体化发展并上升为国家战略，着力落实新发展理念，构建现代化经济体系，推进更高起点的深化改革和更高层次的对外开放，同"一带一路"建设、京津冀协同发展、长江经济带发展、粤港澳大湾区建设相互配合，完善中国改革开放空间布局。

上升为国家战略，长三角一体化站上新起点。以占全国1/26的地域面积，长三角地区创造了全国近1/4的经济总量。2017年，长三角区域沪苏浙皖四省市已先期启动一体化新布局，成立长三角区域合作办公室，2018年6月印发《长三角一体化发展三年行动计划》。

一年间，长三角一体化发展的故事很多很长，互联互通是关键词，首先连通的是断头路。

2018年6月，沪苏浙皖四省市共同签署《长三角地区打通省际断头路合作框架协议》，第一批重点推进17个省际断头路项目。10月，长三角首条省际断头路——上海青浦盈淀路与江苏昆山新乐路打通。这条1.29公里道路的连通，其意义堪比22年前长三角首条高速公路沪宁高速的建成通车。

"断桥"并没有断，不过，桥的两端砌起了几个半米高的水泥墩子，仅能容一辆两轮摩托车通过。大小型汽车均无法通过，当地村民称其为"断桥"，桥两端的新乐路、盈淀路也因此被称为断头路。

石浦港河宽约二三十米，河东是上海青浦区盈浦街道，河西是江苏昆山市淀山湖镇。"断桥"就在这条河上，原本叫北木桥，长25米，宽5米。20世纪90年代，上海浦东开发开放势头正劲，昆山对外开放刚刚起步。接轨上海、配套上海、融入上海，接受上海经济辐射与要素溢出，成为昆山上上下下的共识。接轨上海，首先要修一条连接上海的"富民路"。被寄予厚望的新乐路西起黄浦江路，东至青浦区与淀山湖镇交界的石浦港河，为双向六车道，中间有绿化带。

淀山湖镇晟泰村党委副书记张爱明回忆："当时镇领导说了，这是连接上海的'富民路'，一定要以上海的标准来修。"新乐路到了昆山与上海交界的石浦港河边就终止了。那时，淀山湖镇的百姓往来上海日益频繁，他们急切地想打通这条通往上海的"大动脉"，让新乐路与通往上海青浦城区的崧泽大道连通起来。

经过多次协商，淀山湖镇最后在石浦港河上建起了北木桥，并在桥东的上海地界修了一条约600多米长的公路——盈淀路，连接上海的道路就此打通。"为了表达诚意，淀山湖镇拿出29亩地，与青浦区进行置换，算是修盈淀路所占土地的补偿。"张爱明还记得，在石浦港河以东青浦区的地界上，还设有一个收费站，设施也比较简陋，拉起一根绳子，就向过往车辆收费了。

从淀山湖镇到昆山市区，有约30公里的路程，但从淀山湖镇到青浦区只有10多公里的路程。很多淀山湖镇人去青浦区打工、购物、做小生意，比去昆山市区频繁得多。

几年后，又一条连通上海昆山两地的道路——机场路建成。北木桥也因承载不了日益增加的车流量，成了危桥，桥两边被砌上石墩，只容自行车、摩托车通行。

昆山双护村村民丁根林在青浦做了20多年生意。天刚亮，他就会到淀山湖边的渔民家里采购一小货车鱼，再拉到青浦区三元河农贸市场去卖。小货车绕道机场路，不仅路途远，还要多花10元过路费。遇到堵车，市场摊位都被占没了，丁根林只好将鱼拉回来，这一天白干不说，还得搭上油钱。从上海到昆山淀山湖镇投资办厂的李忠也有同样的烦恼。2011年，李忠投资的塑料薄膜公司落户昆山新乐路，距离北木桥不到两公里，几乎贴着上海建起来。然而，物流运输并不容易。每天，李忠的公司要从上海洋山港进十几车原料，生产加工后把大部分产品运到上海再发往全国各地。李忠说："货车车身长，经常在机场路一堵就是两三个小时。很多时候，原定下午3点要运到的原材料，一直要等到下午6点才能到，工人们只能停工等待，一个下午就会损失数万元。"

朱建峰是公司副总经理，他白天在淀山湖镇上班，晚上住在青浦区，他说："我住的地方离公司直线距离不过10公里，但我每天必须6点半起床，不然上班要迟到。"

"刚开始的时候还好，因为两地往来的人还没有那么多，机场路还好走。"张爱明回忆，后来经济快速发展，车辆激增，很多上班族白天在青浦区上班，晚上则回到淀山湖镇居住，机场路越来越拥堵，打通"断桥"的呼声越来越高。

2015年下半年，青浦区政府仔细梳理了与江浙两地间断头路的情况。2016年底，盈淀路和新乐路连通项目动工。在长三角一体化提速的大背景下，今年10月1日建成通车。7天后，两条跨省公交线路开通。

主要参考文献

［1］马克思，恩格斯. 马克思恩格斯选集［M］. 北京：人民出版社，2012.

［2］教育部，中央文献研究室. 毛泽东 邓小平 江泽民论教育［M］. 北京：中央文献出版社，人民教育出版社，北京师范大学出版社，2002.

［3］共青团中央，中央文献研究室. 毛泽东 邓小平 江泽民论青少年和青少年工作［M］. 北京：中国青年出版社，中央文献出版社，2003.

［4］中共中央文献研究室. 毛泽东 周恩来 刘少奇 朱德 邓小平 陈云论调查研究［M］. 北京：中央文献出版社，2006.

［5］《马克思主义与社会科学方法论》编写组. 马克思主义与社会科学方法论［M］. 北京：高等教育出版社，2012.

［6］陈曦. 大学生社会实践教程［M］. 北京：机械工业出版社，2006.

［7］北京科技大学大学生社会实践课程组. 实践绘就最美青春——党的十八大以来北科大青年服务国家实践风采录［M］. 北京：电子工业出版社，2017.

［8］团中央学校部，全国学联秘书处. 青春实践路；三下乡社会实践活动指南［M］. 北京：电子工业出版社，2017.

［9］刘晓东. 大学生社会实践理论与实务［M］. 北京：高等教育出版社，2014.

［10］王小云，王辉. 大学生社会实践概论［M］. 北京：中国经济出版社，2005.

［11］王思斌. 社会学教程［M］. 北京：北京大学出版社，2010.

［12］张国栋. 大学生社会实践探索［M］. 辽宁：辽宁大学出版社，2009.

［13］胡树祥，吴满意. 大学生社会实践教育理论与方法［M］. 北京：人民出版社，2010.

［14］阮俊华. 知行合一·实践报国——大学生从社会实践走向成功［M］. 杭州：浙江大学出版社，2009.

［15］冯艾，范冰. 大学生社会实践导读［M］. 北京：社会科学文献出版社，2005.